D1943265

Kohlhammer

Der Autor

Dr. Henning Tümmers ist Privatdozent am Institut für Ethik und Geschichte der Medizin der Universität Tübingen, Lehrbeauftragter am Tübinger Seminar für Zeitgeschichte und Teilprojektleiter am Sonderforschungsbereich 923 »Bedrohte Ordnungen«. Seine Forschungsinteressen umfassen die NS-Zeit und die Geschichte beider deutscher Staaten nach 1945, die Wiedergutmachung von historischem Unrecht und den transnationalen Umgang mit gesellschaftlichen Bedrohungen im 20. und 21. Jahrhundert. Zu seinen wichtigsten Veröffentlichungen zählen Studien zur Auseinandersetzung mit den NS-Zwangssterilisationen in der Bundesrepublik und zur Immunschwächekrankheit AIDS.

Henning Tümmers

Nach Verfolgung und Vernichtung

Das Dritte Reich und die Deutschen nach 1945

Verlag W. Kohlhammer

Dieses Werk einschließlich aller seiner Teile ist urheberrechtlich geschützt. Jede Verwendung außerhalb der engen Grenzen des Urheberrechts ist ohne Zustimmung des Verlags unzulässig und strafbar. Das gilt insbesondere für Vervielfältigungen, Übersetzungen, Mikroverfilmungen und für die Einspeicherung und Verarbeitung in elektronischen Systemen.

Die Wiedergabe von Warenbezeichnungen, Handelsnamen und sonstigen Kennzeichen in diesem Buch berechtigt nicht zu der Annahme, dass diese von jedermann frei benutzt werden dürfen. Vielmehr kann es sich auch dann um eingetragene Warenzeichen oder sonstige geschützte Kennzeichen handeln, wenn sie nicht eigens als solche gekennzeichnet sind.

Es konnten nicht alle Rechtsinhaber von Abbildungen ermittelt werden. Sollte dem Verlag gegenüber der Nachweis der Rechtsinhaberschaft geführt werden, wird das branchenübliche Honorar nachträglich gezahlt.

1. Auflage 2021

Alle Rechte vorbehalten
© W. Kohlhammer GmbH, Stuttgart
Gesamtherstellung: W. Kohlhammer GmbH, Stuttgart

Print:
ISBN 978-3-17-031932-5

E-Book-Formate:
pdf: ISBN 978-3-17-031933-2
epub: ISBN 978-3-17-031934-9
mobi: ISBN 978-3-17-031935-6

Für den Inhalt abgedruckter oder verlinkter Websites ist ausschließlich der jeweilige Betreiber verantwortlich. Die W. Kohlhammer GmbH hat keinen Einfluss auf die verknüpften Seiten und übernimmt hierfür keinerlei Haftung.

Inhaltsverzeichnis

Einleitung

Die Aktion dauerte vermutlich nur ein paar Minuten: Am 12. Mai 1945, die Kapitulation der deutschen Wehrmacht lag erst wenige Tage zurück, näherten sich in Trier drei Männer dem Hotel Monopol. Dort angekommen, bestieg einer von ihnen eine Holzleiter und begann, das an der Gebäudefassade befestigte Straßenschild mit der Aufschrift »Adolf-Hitler-Str.« zu entfernen. Kontrolliert wurde die Maßnahme von einem uniformierten Leutnant der US-Armee und einem Vertreter der amerikanischen Militärpolizei in Zivil. Nachdem der Arbeiter – allem Anschein nach ein Deutscher, der für diese Tätigkeit von den Alliierten verpflichtet worden war – die Schrauben gelöst hatte, legte er diese in Blech gestanzte Erinnerung an den »Führer« in die Hände des Polizisten.

Im Handumdrehen, so könnte man meinen, entledigte man sich unmittelbar nach dem Ende des Zweiten Weltkriegs in der alten Römerstadt an der Mosel der jüngsten Vergangenheit. Ganz so einfach sollte es jedoch für die Deutschen, deren Staatsoberhaupt sich am 30. April in Berlin das Leben genommen hatte, sowohl im Frühjahr 1945 als auch in den Dekaden danach nicht werden. Zwar zeitigte diese *damnatio memoriae* Hitlers in Trier unmittelbar Wirkung: So residierte das an der Zufahrtsstraße zur Porta Nigra gelegene Hotel Monopol fortan wieder in der »Bahnhofstr.«; niemand würde es in Zukunft über eine nach dem Diktator benannte Zufahrt erreichen. Tatsächlich nahm die Auseinandersetzung der vormaligen »Volksgemeinschaft« mit dem Nationalsozialismus und seinen Verbrechen in Momenten wie diesen aber gerade erst ihren Anfang. Solche Szenen, die sich in den Tagen nach Kriegsende allerorts ereigneten, markierten den Beginn einer bis heute andauernden »zweiten Geschichte« (Reichel 2001, 9) der NS-Herrschaft, einer Geschichte der Deutschen nach der Verfolgung und Vernichtung eines Millionenheeres von »Gemeinschaftsfremden«.

Abb. 1: Austausch von Straßenschildern am Hotel Monopol in Trier unter Aufsicht des US-Offiziers Donald L. Berger (links), wenige Tage nach der Kapitulation der Wehrmacht im Mai 1945.

In ihr spielten, allerdings zu jeweils unterschiedlichen Zeiten, die nach 1933 verübten Verbrechen eine besondere Rolle, darunter die »Ausschaltung« politischer Gegner, die Ermordung von Sinti und Roma sowie geistig und körperlich Behinderter im Rahmen der »Euthanasie«-Aktion, die Verfolgung Homosexueller, »Asozialer« und weiterer Minderheiten, die Entfesselung eines »Angriffskrieges« und vor allem der industriell durchgeführte Massenmord an den Juden.

Wie zahlreiche Beispiele illustrieren, schreibt sich die »zweite Geschichte« des Dritten Reiches bis heute fort: Beispielsweise konstatierte Außenminister Heiko Maas im März 2018 in seiner Antrittsrede demonstrativ: »Ich bin wegen Auschwitz in die Politik gegangen.« Und auch Frank-Walter Steinmeier unterstrich drei Monate später den Stellenwert der nationalsozialistischen Verbrechen für die Identitätsfrage der Bundesrepublik im 21. Jahrhundert.

Anlässlich des Festakts »Zehn Jahre Denkmal für die im Nationalsozialismus verfolgten Homosexuellen« am 3. Juni 2018 in Berlin schlug der Bundespräsident einen Bogen zwischen dem Dritten Reich, der anschließenden westdeutschen Rechtsprechung und tagesaktuellen Themen. So gedachte er zwar hauptsächlich der aus sexuellen Gründen NS-Verfolgten und betonte die Notwendigkeit des Erinnerns an das ihnen widerfahrene Unrecht. Des Weiteren verurteilte er aber auch die Verfolgung von Homosexuellen *nach* 1949 durch bundesrepublikanische Organe, denn der Gesetzgeber hatte die Bestimmungen des »Schwulen-Paragrafen« 175 StGB, der Homosexualität unter Strafe stellte, erst 1969 geändert. Infolgedessen relativierte Steinmeier den Zäsurcharakter des Jahres 1945, indem er seinem Publikum die NS-Geschichte und ihre Nachgeschichte als miteinander verflochtene Zeiträume präsentierte. Der Nationalsozialismus diente dem Bundespräsidenten demnach zwar als Ausgangspunkt, jedoch nicht als Endpunkt für seinen kritischen Blick auf die jüngere deutsche Zeitgeschichte. Für Steinmeier spielte dementsprechend hierbei weniger eine Rolle, wen die Nationalsozialisten einst zum »Gegner« erklärt hatten und aus welchen Gründen. Vielmehr verwies er auf die Existenz einer universalen Menschenwürde, die nicht nur Hitler, sondern auch die ersten Kanzler der Bundesrepublik mit Füßen getreten hätten.

Gleichzeitig kritisierte Steinmeier, dass bestimmte Teile der deutschen Bevölkerung noch immer keine Lehren aus der menschenverachtenden Politik des NS-Staates gezogen hätten. Hierbei dachte er speziell an Anhänger des im 21. Jahrhundert spürbar aufkeimenden Rechtspopulismus. Vor allem ausgelöst durch die sogenannte Flüchtlingskrise von 2015 hatte in der Bundesrepublik die Alternative für Deutschland (AfD) Wähler und Wählerinnen von sich überzeugen können. Diese Partei erfreute sich sogar einer solchen Beliebtheit, dass ihr 2017 der Einzug in den Bundestag gelang; Historiker und Historikerinnen sprechen mit Blick auf diese Entwicklung beunruhigt von einer »Zäsur in der Geschichte der Bundesrepublik« (Frei/Maubach/Morina/Tändler 2019, 7).

Vor dem Hintergrund jüngster Provokationen aus ihren Reihen diente Steinmeier in Berlin das Dritte Reich als abschreckendes Beispiel, um die Bevölkerung an die Notwendigkeit von Zivilcourage und Demokratie zu erinnern. Konkret bezog sich der Bundespräsident auf eine Aussage des Parteichefs Alexander Gauland, der am 2. Juni 2018 erklärt hatte: »Hitler und die Nazis sind nur ein Vogelschiss in über 1 000 Jahren erfolgreicher deutscher Geschichte.« Dementsprechend erwiderte Steinmeier: »Wer heute den einzigartigen Bruch mit der Zivilisation leugnet, kleinredet oder relativiert, der verhöhnt nicht nur die Millionen Opfer, sondern der will ganz bewusst alte Wunden aufreißen und sät neuen Hass. Dem müssen wir uns gemeinsam entgegenstellen.«

Wer die Ereignisse aus den Jahren 1945 und 2018 miteinander vergleicht, wird zwei Dinge feststellen. Zum einen waren beide Ereignisse auf eine Demokratisierung und Werteerziehung der Deutschen ausgerichtet. Zum anderen demonstrieren Steinmeiers Ausführungen zugleich, dass sich die Qualität der Auseinandersetzung mit dem Nationalsozialismus, genauer: die Perspektive auf das Dritte Reich, im Zeitraum von mehr als sieben Dekaden auffallend verändert hat.

Darum geht es in diesem Buch. Es analysiert den Umgang der Menschen in Ost- und Westdeutschland mit ihrer NS-Vergangenheit seit dem Ende des Zweiten Weltkriegs, indem es die Entwicklung der entsprechenden Diskussionen in Gesellschaft und Politik bis in die Gegenwart hinein nachzeichnet. Dieser Umgang war (und ist) ebenso kompliziert wie komplex, denn er betraf die Strafverfolgung einzelner Verbrechen, die Wiedergutmachung von NS-Unrecht, Formen des Gedenkens, Moral- und Gerechtigkeitsvorstellungen, zeithistorische Forschungen, kulturelle Verarbeitungen und Prozesse der Identitätsfindung – zunächst im geteilten, seit 1989/90 dann im vereinten Deutschland.

Gegenwärtige Vergangenheit

Die Multidimensionalität dieser Auseinandersetzungen erklärt jedoch nur zum Teil die bemerkenswerte – von Vertretern und Vertreterinnen wiederkehrender »Schlussstrich-Debatten« oft beklagte – Präsenz des Dritten Reiches in Gesellschaft und Politik nach 1945. Die wohl bekannteste »Schlussstrich-Debatte« ereignete sich im letzten Jahrzehnt der »alten« Bundesrepublik: Am 6. Juni 1986 legte der Berliner Historiker und Faschismusexperte Ernst Nolte mit einem Essay in der *Frankfurter Allgemeinen Zeitung* den Grundstein für den »Historikerstreit«. Unter dem Titel *Vergangenheit, die nicht vergehen will* kritisierte er:

> »Das Zeitalter des Ersten Napoleon etwa wird in historischen Arbeiten immer wieder vergegenwärtigt und ebenso die Augusteische Klassik. Aber diese Vergangenheiten haben offenbar das Bedrängende verloren, das sie für die Zeitgenossen hatten. Eben deshalb können sie den Historikern überlassen werden. Die nationalsozialistische Vergangenheit dagegen unterliegt – wie kürzlich noch Hermann Lübbe hervorgehoben hat – anscheinend diesem Hinschwinden, diesem Entkräftigungsvorgang nicht, sondern sie scheint immer noch lebendiger und kraftvoller zu werden, aber nicht als Vorbild, sondern als Schreckbild, als eine Vergangenheit, die sich geradezu als Gegenwart etabliert oder die wie ein Richtschwert über der Gegenwart aufgehängt ist.«

Wenngleich Noltes Ausführungen, in deren weiteren Verlauf er den Judenmord als Angstreflex der Nationalsozialisten auf den »›Klassenmord‹ der Bolschewiki« konstruierte, zahlreiche Kritiker auf den Plan riefen, hatte er jedoch zumindest mit seiner damaligen Beobachtung Recht, wonach sich das Dritte Reich jedenfalls bis zu diesem Zeitpunkt der »Historisierung«, das heißt der professionellen Einordnung in die deutsche Geschichte des 20. Jahrhunderts, entzog.

Wie ist das zu begründen? Warum sind das Dritte Reich und seine Verbrechen in der Öffentlichkeit noch immer präsent? Die simpelste Antwort lautet, dass auch in der Gegenwart des 21. Jahrhunderts der Nationalsozialismus noch immer ein Thema ist, weil bestimmte Akteure auf ihn verweisen. Dies geschieht unter anderem im Rahmen des Schulunterrichts. Neben der Beschäftigung mit Hitler und den Verbrechen der Deutschen aus Gründen der politischen Bildung finden sich aber auch (macht-)strategisch motivierte Verweise auf die NS-Zeit. Bereits Nolte dürfte gewusst haben, dass seine Ausführungen über den Nationalsozialismus unmittelbar Aufmerksamkeit erzeugen und von den Medien aufgegriffen werden. Noch heute gilt: Wer öffentlich eine Brücke zur NS-Vergangenheit schlägt und diese für Vergleiche nutzt, kann sich sicher sein, dass sein Statement nicht unbemerkt bleibt. Der Bezug auf das Dritte Reich dient dazu, ein empfundenes Problem für andere in dramatischer Form sichtbar zu machen und einen entsprechenden Diskurs zu etablieren. Des Weiteren wird der Rekurs auf das Dritte Reich aber auch zur Selbstdarstellung instrumentalisiert: Wer dieses Kapitel deutscher Geschichte anspricht und verurteilt, präsentiert sich selbst als moralisch integer.

Abgesehen davon lassen sich auch wissenschaftliche Erkenntnisse anführen, um diese Frage zu beantworten. In Anlehnung an Zygmunt Baumans Werk *Dialektik der Ordnung* (1992) kann man argumentieren, dass das Dritte Reich nicht verblasst, weil unsere Gegenwart über fortgesetzte Gewaltakte mit dieser Vergangenheit signifikant verwoben scheint. Es ist insofern die so empfundene Ähnlichkeit zwischen neueren Grausamkeiten, die sich in der Welt von heute ereignen, und den früheren, die Diskussionen über den Nationalsozialismus befeuern. Der Soziologe Bauman konstatierte, der Holocaust sei das Ergebnis einer Reihe von Umständen und Erscheinungen der »Moderne« (der Zeit seit dem ausgehenden 19. Jahrhundert). Dazu rechnete er ein bestimmtes Ordnungsdenken, wonach Gesellschaften durch gezielte bevölkerungspolitische Eingriffe zu »optimieren« seien, aber auch hochfunktionale Verwaltungssysteme. Mit Blick auf die Gegenwart bemerkte Bauman außerdem, dass eben jene »modernen« Strukturen nicht aufgehört haben, zu existieren. Das Aufflammen neuer Formen von Massengewalt sei demnach jederzeit möglich. Tatsächlich haben die Massaker in Ruanda und Srebrenica 1994 und 1995 die Weltöffentlichkeit gelehrt, dass das Zeitalter der Genozide keineswegs 1945 endete. Aber es sind auch andere Formen von aktuellem Unrecht und gesellschaftliche Probleme, die Assoziationen an die NS-Zeit wecken, zum Beispiel Antisemitismus, Demokratieverachtung, Rassismus und die Missachtung der Menschenwürde. All dies evoziert aufgrund seiner Qualität, seinen Dimensionen oder aber auch aufgrund der Art seiner medialen Vermittlung Bezüge zu den Verbrechen des Dritten Reiches.

Schließlich lässt sich die Gegenwart des Nationalsozialismus aber auch historisch herleiten, was bedeutet, gesellschaftliche oder politische Entwicklungen mit einzubeziehen. An dieser Stelle ist einerseits auf neue Akteursgruppen hinzuweisen, andererseits auf einen Wahrnehmungswandel bezüglich der NS-Verbrechen und ihrer bundesdeutschen Nachgeschichte: Während jahrzehntelang vor allem Überlebende den »Führerstaat« und seine Taten thematisierten, formierten sich nach dem Ende des Kalten Kriegs und des Kolonialismus Opfer anderer Gewaltmaßnahmen und beklagten ihr Leid. Sie hielten den Nationalsozialismus im Gespräch, indem sie entweder ihre Verfolgung in Beziehung zum Holocaust setzten oder auf die bundesdeutsche Wiedergutmachung hinwiesen: Seit den 1990er-Jahren ist verstärkt zu beobachten, dass weltweit von Unrecht Betroffene speziell die Entschädigungspolitik Westdeutschlands betonen, weil diese in ihren Augen einen angemessenen und erfolgreichen Umgang mit »historischem Unrecht« darstellt, einem Unrecht, dessen Folgen die Gegenwart prägen (s. Barkan 2002). Öffentlich pochen sie auf die Notwendigkeit, auch in ihrem Land »westdeutsche« Maßnahmen der »Vergangenheitsbewältigung« zu etablieren. Folglich ist der Ruf nach Gerechtigkeit, Versöhnung, Wahrheit und Maßnahmen der Wiedergutmachung, die den Übergang von einer Diktatur in eine Demokratie fördern sollen, seit dem Ende des 20. Jahrhunderts immer lauter geworden.

In dieser Zeit etablierte sich unter dem Terminus »Transitional Justice« ein interdisziplinärer Forschungszweig, der sich bis heute

Prozessen und Praktiken widmet, die den Übergang von Unrechtsregimen zu demokratischen Gesellschaften prägten und prägen (s. Kritz 1995). Entsprechende Studien haben herausgestellt, wie wichtig die Auseinandersetzung mit begangenem Unrecht für Betroffene ist und dass diese verschiedene gesellschaftliche Aufgaben erfüllt. Ihr Ziel besteht vor allem darin, Vertrauen in eine neue Regierung zu schaffen und das Fundament für ein friedliches Zusammenleben zu festigen. Zu den zentralen Funktionen eines rückwärts gerichteten Blicks zählen (s. Werle/Vormbaum 2018):

- *Ein Zeichen setzen:*
  Nach dem Ende einer Gewaltherrschaft hat die gesellschaftliche Aufklärung von Großverbrechen Signalwirkung. Mit der Einleitung von Ermittlungen gegen Täter und der Eröffnung von Gerichtsverfahren kommunizieren die neuen politisch Verantwortlichen der Bevölkerung nicht nur den vorangegangenen Verstoß gegen existierende Grund- und Menschenrechte, sondern auch eine neue Zeitrechnung. Demnach gehören bisher geltende Statuten und Regierungspraktiken des Vorgängersystems der Vergangenheit an.
- *Identität stiften:*
  Die Auseinandersetzung mit der eigenen Vergangenheit evoziert Prozesse der Selbstverständigung und Selbstvergewisserung, die wiederum starken Einfluss auf die Identität von Staaten und Gruppen nehmen können. So erklärte Joachim Gauck anlässlich des 70. Jahrestags der Befreiung des größten NS-Konzentrations- und Vernichtungslagers am 27. Januar 2015 in Berlin: »Es gibt keine deutsche Identität ohne Auschwitz.« Dieses Zitat aus dem bundesdeutschen Kontext demonstriert die enge Verflechtung zwischen historischer Erinnerung und staatlichem Selbstverständnis. Dabei ist nicht nur relevant, was erinnert wird, sondern auch – darauf kam es Gauck mit seinem Verweis auf die konstitutive Rolle der NS-Verbrechen für Entscheidungen und Handlungen der Bundesrepublik nach 1949 vor allem an –, wie sich eine Nation zu ihrer Geschichte positioniert und wel-

che Schlussfolgerungen sie aus der Vergangenheit zieht. An dieser Stelle muss auf den konstruktiven Charakter der hier verhandelten Größen hingewiesen werden, denn »Geschichte« und »Identität« existieren nicht einfach, sondern werden »gemacht«. Folglich bezeichnet der Kulturwissenschaftler Wolfgang Kaschuba erstere als »ständig neu formbare Materie, die immer neue Deutungen ermöglicht«. Geschichte diene zur Durchsetzung bestimmter »Identitätsentwürfe«, wobei er diesen Aushandlungsprozess als »Identitätspolitik« bezeichnet (s. Kaschuba 2001). Neben der Fixierung eines solchen politischen Grundkonsenses stellen sich betroffenen Gesellschaften nach dem Ende der Gewaltherrschaft aber auch ganz konkrete Fragen. Sie wollen wissen, wie es überhaupt zu diesem Unrecht kommen konnte, aber auch, wie man sich in Zukunft das Zusammenleben vorzustellen hat: Auf welche Weise soll man mit den begangenen Verbrechen und den Opfern umgehen? Dabei kann es zunächst zu scharfen Grenzziehungen zwischen Tätern und Opfern kommen, die eine Versöhnung verkomplizieren. Somit werden die politischen Akteure einerseits versuchen, den Verfolgten Gerechtigkeit und Wiedergutmachung zuteilwerden zu lassen, andererseits werden sie darauf bedacht sein, die Verfestigung einer Opferidentität zu verhindern.

- *Gerechtigkeit herbeiführen*:
  Leid anzuerkennen, die Täter zu bestrafen und Opfer zu entschädigen – diese Maßnahmen können Hoffnung auf Gerechtigkeit schüren, die wiederum eine Voraussetzung für Versöhnung darstellt. Der sich transformierende Staat erklärt mit solchen Interventionen, dass er sich grundlegend von dem Vorgängersystem unterscheidet. Die offizielle Anerkennung des erlittenen Leids als symbolische Leistung vermag diesbezüglich nicht nur, den Betroffenen Genugtuung zu verschaffen. Sie macht die Opfer überhaupt erst sichtbar und ermöglicht ihnen den Weg aus ihrem Opferstatus, an dessen Ende handelnde Subjekte stehen, die vor Gericht als Zeugen auftreten oder Entschädigungsansprüche artikulieren. Dadurch werden die Opfer nicht nur in

das neue Gesellschaftssystem integriert. Strafverfahren können des Weiteren dazu dienen, mit der Erfahrung von Entwürdigung, Entrechtung und Verfolgung besser umzugehen. Zugleich gilt es, auch den Verantwortlichen für das Unrecht Gerechtigkeit widerfahren zu lassen. Der Eindruck einer Siegerjustiz ist zu vermeiden.

- *Die »Wahrheit« aufdecken und dokumentieren:*
  Dieser Aspekt beinhaltet eine individuelle und eine kollektive Dimension. Für die Angehörigen von Gewaltopfern ist es zunächst wichtig, Informationen über deren Schicksal zu erhalten. Hingegen ist es von allgemeinerer Bedeutung, die »Wahrheit« über Gräueltaten eines Regimes aufzudecken und sie publik zu machen. Damit soll verhindert werden, dass Anhänger des Gewaltregimes diese nachträglich verklären. Zugleich stellt sich dieser Prozess der Wahrheitsfindung als ein Konstruktionsprozess dar, in dem Opfer und Täter ein bestimmtes Narrativ aushandeln, das es ihnen erlaubt, Vergangenheit, Gegenwart und Zukunft mit Sinn zu versehen und rivalisierende Gruppen zu versöhnen. »Die Wahrheit über die Vergangenheit als autoritatives Narrativ wird im Sinne eines Heilungsprozesses interpretiert«, erklärt der Historiker Alexander Hasgall (2018, 42), »welcher die gesellschaftliche Versöhnung fördert. [...] Diese anerkannte Wahrheit ist somit auch die Basis eines neuen Fundierungsnarrativs der Nation – einer gemeinsamen Erzählung, welche deren Identität und grundlegende Werte beschreibt.«
- *Gewalt verhindern:*
  Mithilfe wissenschaftlicher Analysen des niedergerungenen Gewaltstaats, seiner Strukturen, Befehlsketten und der Motive der Täter, so die Hoffnung, lasse sich zukünftige Gewalt vorhersagen beziehungsweise unterbinden.
- *Politisch-moralische Grenzen ziehen:*
  Das Wissen über Unrechtsmaßnahmen kann genutzt werden, um politische und moralische Grenzen für die Gegenwart und Zukunft zu markieren. Beispielsweise rekurrieren Teilnehmer an medizinethischen Sterbehilfediskussionen seit Jahrzehnten

auf die nationalsozialistische »Euthanasie«-Aktion, um einer Entgrenzung moralischer Werte und ärztlichen Handelns in Gegenwart und Zukunft entgegenzutreten. Ein markantes Beispiel für die immer wieder beschworenen »Lehren«, die man aus der Vergangenheit zu ziehen versucht, ist die Einrichtung von Ethikkommissionen an Medizinischen Fakultäten in der zweiten Hälfte des 20. Jahrhunderts, deren Aufgabe es ist, die Forschung am Menschen – das heißt in diesem Fall: die Rechte und den Schutz des Patienten – streng zu überwachen.

Zusammenfassend bleibt mit Blick auf die »Transitional Justice«-Forschung, die seit den 1990er-Jahren politische Wandlungsprozesse untersucht und in deren Kontext die Wiedergutmachung von nationalsozialistischem Unrecht eine besondere Bedeutung spielt, festzuhalten: Die anhaltende Präsenz des Nationalsozialismus als ein öffentliches Thema basiert auch auf der Tatsache, dass sich Gesellschaften weiterhin mit Formen politischer Gewalt konfrontiert sehen.

Thema, Thesen, Fragestellung und Begriffe

Versuche, den Umgang mit der NS-Vergangenheit in Deutschland nach 1945 in einer kompakten Monografie wie dieser umfassend darzustellen, müssen zwangsläufig scheitern. Allein die Literatur für bestimmte Spezialthemen der Nachgeschichte des Nationalsozialismus ist mittlerweile stark angewachsen. Daher ist eine Schwerpunktsetzung nötig.

Bereits die eingangs zitierten Worte Frank-Walter Steinmeiers demonstrieren, dass das Dritte Reich vor allem aus einem Grund nicht in Vergessenheit gerät, nämlich wegen seiner Verbrechen. Dabei ragt der Holocaust aus der Masse an »rassisch« und politisch motivierten Gewalttaten deutlich heraus. Die vorliegende Arbeit folgt der Auffassung des Historikers Peter Longerich, der den Mord an den Juden als »das eigentlich historisch Besondere und Einzigartige an der NS-Diktatur« beziehungsweise als das »zentrale Thema der Geschichte des ›Dritten Reiches‹« (Longerich 1998, 17) betrachtet. Gleichwohl will sie sich nicht auf die postnationalsozialistische Auseinandersetzung mit dem Mord an den europäischen Juden beschränken, der seit den 1970er-Jahren auch als »Holocaust« (von griechisch »holókaustus«, übersetzt »völlig verbrannt«) bezeichnet wird. Im Zentrum steht die politische und gesellschaftliche Beschäftigung mit unterschiedlichen NS-Massenverbrechen im Verlauf der Jahrzehnte. Hierfür wurden paradigmatische Themen ausgewählt.

Die vorliegende, sich an eine interessierte Öffentlichkeit richtende Überblicksdarstellung thematisiert nicht nur den Umgang mit dem Dritten Reich in der Bundesrepublik. Aus guten Gründen wird die DDR in die Analyse mit einbezogen: Zum einen waren jene Gesellschaften, die seit 1949 getrennt voneinander lebten, zuvor im Dritten Reich gemeinsam sozialisiert und durch bestimmte Ideologeme geprägt worden. Ehemalige Nationalsozialisten fanden sich selbstverständlich auch in der DDR, wenngleich der »antifaschistische Arbeiter- und Bauernstaat« seit seinem ersten Atemzug erklärte, er stehe nicht in der Tradition des Deutschen Reichs, weshalb er auch mit den nationalsozialistischen Erblasten nichts zu schaffen habe. Demgegenüber verweisen rezente Studien auf frappierende Ähnlichkeiten im Umgang mit der NS-Vergangenheit in Ost und West. So konstatierte Katrin Hammerstein bezüglich des deutsch-deutschen Gedenkens an das Dritte Reich eine Entwicklung von einer »getrennten Erinnerung« zu einer »Gedächtnismélange« (2017, 488).

Zum anderen beeinflusste die Beobachtung des jeweiligen »Systemgegners« die Beschäftigung mit der Vergangenheit im eigenen Land. Da sich die Staaten beiderseits der Mauer jeweils selbst als die »bessere Antwort« auf »Hitler-Deutschland« verstanden, konkurrierten sie um den effizienteren Bewältigungsansatz. Die Nachgeschichte des Dritten Reichs in Deutschland muss somit als eine

Geschichte von »Verflechtung und Abgrenzung« (Kleßmann 1993) geschrieben werden. Dabei zeigt sich: Gerade in der Gegenüberstellung von Bundesrepublik und DDR offenbaren sich in aller Deutlichkeit die langen Phasen der vergangenheitspolitischen Passivität Ostdeutschlands; in Sachen Auseinandersetzung mit dem Nationalsozialismus geschah nur wenig.

Die zeithistorische Forschung hat sich vor allem seit den 1980er-Jahren dem Umgang mit dem Dritten Reich in Deutschland nach 1945 gewidmet, etwa den Nürnberger Prozessen oder den parlamentarischen Debatten über die NS-Vergangenheit im Bundestag (s. Weinke 2006; Dubiel 1999). Sie hat des Weiteren Studien zur deutsch-deutschen Auseinandersetzung mit NS-Verbrechen vorgelegt (s. Herf 1998). Diese Arbeiten betrachten allerdings entweder nur einen begrenzten Zeitraum oder sie untersuchen bestimmte Ereignisse in lediglich einem der beiden deutschen Staaten.

Im Unterschied dazu umfasst die vorliegende Darstellung, die als Gesamtschau angelegt ist und den aktuellen Stand der Forschung repräsentiert, die Auseinandersetzung mit den NS-Verbrechen über die gesamte Epoche der Zweistaatlichkeit hinweg und verlängert den Untersuchungszeitraum sogar bis in die »Berliner Republik« beziehungsweise in die Gegenwart des 21. Jahrhunderts. Diese Analyse der Beschäftigung mit dem Dritten Reich in drei deutschen Staaten basiert auf Erkenntnissen anderer Historiker und Historikerinnen sowie auf eigenen Studien. Aufgrund der Konzeption der Reihe *zeitgeschichte aktuell* wird auf die bisherigen Forschungsergebnisse nur in aller Kürze verwiesen. Nichtsdestoweniger werden zumindest zentrale Werke und die Fundstellen der zitierten Texte angeführt.

Gleichwohl stellt dieses Buch, das in vier Kapiteln die vergangenheitspolitischen Entwicklungen in Deutschland nachzeichnet, mehr dar als lediglich ein Literaturbericht. Denn nicht nur die bereits erwähnte Zusammenschau von Ereignissen in der Bundesrepublik und der DDR ist über den hier angesetzten Untersuchungszeitraum innovativ. Durch die Gegenüberstellung von politischen, gesellschaftlichen und erstmalig auch kulturellen Umgangsformen mit dem NS-Unrecht – Peter Reichel hat jene künstlerisch-ästhetische Thematisierung als »erfundene Erinnerung« (Reichel, 2004, 13) bezeichnet – werden abweichende Bewertungen hinsichtlich der Qualität des Umgangs mit der NS-Vergangenheit offenbar, was wiederum zu anderen Periodisierungen führt. So schlägt dieses Buch im Gegensatz zu Arbeiten, die in engeren Abständen Wegmarken setzen und Wendepunkte konstatieren, im dritten Kapitel einen größeren Zeitbogen, der die 1960er- bis 1980er-Jahre umfasst. Zudem treten im Rahmen einer solchen Gesamtschau die Ungleichzeitigkeiten im Umgang mit den NS-Verbrechen deutlicher hervor.

Dabei lautet die Grundannahme dieser Studie, dass sich aus der Nachgeschichte des Dritten Reiches die Demokratisierungs- und Liberalisierungsfortschritte der ehemaligen »Volksgemeinschaft« nach 1945 ableiten lassen. Die Auseinandersetzung mit den NS-Verbrechen dient insofern als Sonde, mit deren Hilfe die damaligen Aushandlungsprozesse bezüglich des Umgangs mit entrechteten Gruppen, Unrecht, Menschenbildern, Schuld und Moral besonders sichtbar werden. Aus der Vogelperspektive lassen sich dadurch die Prägekraft eines verbrecherischen politischen Systems ebenso wie soziale Wandlungsprozesse im zeitlichen Längsschnitt studieren. Diese Beschäftigung mit dem Dritten Reich verlief dabei keineswegs geradlinig und stellte für bestimmte Zeiträume alles andere als eine Erfolgsgeschichte dar. Was sie beeinflusste, waren maßgeblich vier Faktoren:

1. die »volksgemeinschaftliche« Sozialisation der Deutschen, die sich auch nach dem Ende des Zweiten Weltkriegs durch tradierte Denkmuster und Feindbilder auszeichnete;
2. der Anschluss an »westliche« beziehungsweise »östliche« Wertsysteme und Staatsformen;
3. die Teilung Deutschlands, die zu dem bereits erwähnten Systemwettstreit führte;
4. die Betonung grundlegender Menschenrechte gegen Ende des 20. Jahrhunderts.

Zu diesem Zeitpunkt, so eine weitere Annahme, begann sich die politische Aussprache über den »Führerstaat« durch eine neue Qualität auszuzeichnen. Während sich die wissenschaftliche Forschung kontinuierlich der Aufklärung verpflichtet fühlte, begann der inhaltliche Diskurs über die NS-Zeit in der Öffentlichkeit zu verflachen; konkrete historische Ereignisse oder Taten besaßen immer weniger Bedeutung. Genau genommen ist es deshalb falsch, die Gegenwart nur *einer* NS-Geschichte zu postulieren. Wer genau hinsieht, erkennt vielmehr unterschiedliche Geschicht*en*, die heutzutage parallel zueinander aus unterschiedlichen Motiven erzählt werden.

Im Mittelpunkt dieses Buchs stehen folgende Fragen: Wer waren die Träger der Auseinandersetzung mit dem NS-Unrecht im 20. und 21. Jahrhundert und was waren ihre Motive? Welche Themen wurden wann angesprochen? Auf welchen gesellschaftlichen Ordnungsentwürfen basierte die Beschäftigung mit den NS-Verbrechen? Wie hat sich die Auseinandersetzung mit dem Dritten Reich über die Jahrzehnte hinweg verändert und welche Faktoren waren dafür verantwortlich? Wie unterschieden sich die Auseinandersetzungen in der Bundesrepublik und der DDR, welche Gemeinsamkeiten wiesen sie auf, und wie prägte der Mauerfall den Umgang mit der NS-Zeit?

In den Antworten, die dieses Buch gibt, finden sich unterschiedliche Begriffe, die sich in der Historiografie zur Nachgeschichte des Dritten Reiches etabliert haben. Zu den gängigsten zählen »Vergangenheitsbewältigung« beziehungsweise »Vergangenheitsaufarbeitung«, »Geschichts-« und »Erinnerungspolitik« sowie »Vergangenheitspolitik«.

»Vergangenheitsbewältigung« und »Vergangenheitsaufarbeitung« stellen ursprünglich Termini der Zeitgenossen dar. Bereits in den 1950er-Jahren wurden sie in Westdeutschland von Intellektuellen wie Theodor W. Adorno genutzt, zumeist jedoch negativ konnotiert: Wer von »Aufarbeitung der Vergangenheit« spreche, so Adorno, wolle einen Schlussstrich ziehen und das Dritte Reich aus der Erinnerung »wegwischen« (Adorno 1971, 125). Des Weiteren fiel das Wort Vergangenheitsbewältigung – nun allerdings mit dem Adjektiv »unzureichende« versehen – immer dann, wenn Kritiker die Defizite der alliierten Entnazifizierung lautstark anprangerten. Sie störten sich auch an der appellativen, moralisch-pädagogischen Aufladung dieses Schlagworts und bemerkten, dass es sich allein auf jene Generationen beziehen könne, die den Nationalsozialismus miterlebt hätten; eine Entkoppelung von diesen Personenkreisen schließe sich *per definitionem* aus. Überhaupt, so ein weiterer Einwand, sei unklar, wann das Ziel dieser »Bewältigung« erreicht sei: Der Umgang mit Vergangenheit im Allgemeinen und der nationalsozialistischen im Besonderen müsse als infiniter Prozess begriffen werden.

Erst in den 1990er-Jahren erfuhr der Begriff eine Definitionserweiterung. Diese – zitiert wird an dieser Stelle Helmut König (1998, 375) – erinnert an jene, die man mit dem Forschungsschwerpunkt »Transitional Justice« verbindet:

> »Unter Vergangenheitsbewältigung ist die Gesamtheit jener Handlungen und jenes Wissens zu verstehen, mit der sich die jeweiligen neuen demokratischen Systeme zu ihren nichtdemokratischen Vorgängerstaaten verhalten. Es geht dabei vor allem um die Frage, wie die neu etablierten Demokratien mit den strukturellen, personellen und mentalen Hinterlassenschaften ihrer Vorgängerstaaten umgehen und wie sie sich in ihrer Selbstdefinition und in ihrer politischen Kultur zu ihrer jeweiligen belastenden Geschichte stellen.«

Demgegenüber ist »Geschichtspolitik« ein Begriff, der in Deutschland erstmals im Rahmen des »Historikerstreits« Ende der 1980er-Jahre aufkam und der inzwischen eng an das Konzept der »Erinnerungskultur« gekoppelt ist. Ursprünglich negativ aufgeladen, verstanden als eine politisch-ideologisch instrumentalisierte Arbeit verschiedener Akteure wie Regierenden, Historikern und Historikerinnen sowie Publizisten und Publizistinnen an Geschichte, hat sich »Geschichtspolitik« seit Edgar Wolfrums gleichnamiger Habilitationsschrift zu einer Forschungsperspektive entwickelt. Dem Zeithistoriker zufolge ist sie differenzierter zu fassen, als

> »ein Handlungs- und Politikfeld, auf dem verschiedene Akteure Geschichte mit ihren spezifischen Interessen befrachten und politisch zu nutzen suchen. Sie zielt auf Öffentlichkeit und trachtet nach legitimierenden, mobilisierenden, polarisierenden, skandalisierenden, diffamierenden u. a. Wirkungen in der politischen Auseinandersetzung« (Wolfrum 1999, 24 f.).

Peter Reichel (1995) führte überdies den Terminus »Erinnerungspolitik« ein, der auf den Bereich der politischen und kulturellen Auseinandersetzung mit der Vergangenheit (Errichtung von Museen, Gedenkstätten usw.) rekurriert.

Die größte Diskursmacht scheint jedoch der Ausdruck »Vergangenheitspolitik« zu besitzen. Im Gegensatz zu den konkurrierenden Termini ist dieser von Norbert Frei geprägte Neologismus kein Quellen-, sondern ein Analysebegriff. »Vergangenheitspolitik« bezieht sich auf die Jahre zwischen 1949 und 1955 und bezeichnet »einen politischen Prozeß, der [...] durch hohe gesellschaftliche Akzeptanz gekennzeichnet war, ja geradezu kollektiv erwartet wurde« (Frei 1996, 13 f.). Gemeint ist damit die soziale und berufliche Integration ehemaliger NSDAP-Mitglieder in die junge Bundesrepublik in Verbindung mit der Aufhebung von Haftstrafen, die unmittelbar nach 1945 verhängt worden waren.

»Vergangenheitspolitik« steht in seiner ursprünglichen Bedeutung für die »Geschichte der Bewältigung der frühen NS-Bewältigung« (Frei 1996, 13). Inzwischen, das belegen zahlreiche Buchtitel, erfährt »Vergangenheitspolitik« als Interpretament sowohl eine zeitliche als auch thematische Ausdehnung: Der Begriff wird als Synonym für den Umgang mit der NS-Vergangenheit schlechthin verwendet. In beiden Lesarten – sowohl seiner ursprünglichen Version als auch seiner erweiterten – findet er auch in dieser Darstellung Verwendung.

1

Demokratisierungsversuche nach Hitler

Im Frühjahr 1945 erlebten die Deutschen das Vorrücken der alliierten Streitkräfte und damit das Ende des Zweiten Weltkriegs auf unterschiedliche Weise. Manche, darunter Adolf Hitler, bilanzierten in jenen Tagen schriftlich ihr Leben und ihre Taten, versuchten, der Nachwelt die Motive ihrer Entscheidungen begreiflich zu machen und zogen schließlich den Freitod einer Bestrafung durch die »Feinde« des Dritten Reiches vor. Andere hingegen wie Ruth Klüger oder Konrad Adenauer blickten dem Einrücken der Amerikaner erwartungsvoll entgegen, gleichzeitig aber bereitete ihnen Sorgen, was nun auf sie zukommen würde. Ruth Klüger, der 1931 in Wien geborenen jüdischen Arzttochter, war Monate zuvor bei einem Transport vom KZ-Außenlager Christianstadt ins KZ

Bergen-Belsen die Flucht geglückt. Im April 1945 wartete sie im bayerischen Straubing auf das Ende der NS-Herrschaft:

> »Und eines Tages waren sie da, die Amis. Das Wetter war schön, es war Frühling geworden, sie hatten die Stadt eingenommen, indem sie mit ihren Panzern und Jeeps voranfuhren, und es hatte keine Schlacht um Straubing gegeben. Der lange Spuk, der mein Leben gewesen war, diese sieben bösen Jahre, seit Hitlers Truppen, auch sie ohne Kampf, in Österreich einmarschierten, war mit einem Mal vorbei. Wir waren am Ziel. Wir hatten nie weitergeplant als bis zu diesem Moment. Wir [...] gingen in das Stadtzentrum, sahen einander verdutzt an, und fragten uns, ›Was nun?‹« (Klüger 1992, 188).

Andernorts war der Krieg bereits vor Wochen beendet worden: Konrad Adenauer war im November 1944 aus dem Messelager Köln entlassen worden. Dorthin hatte man das Zentrumsmitglied im Rahmen einer umfassenden Verhaftungsaktion der Gestapo nach dem 20. Juli 1944 verbracht. Nach der Freilassung erreichte Adenauer über Umwege sein Haus in Rhöndorf, wo er mit seiner Familie im März 1945 die Zeit der letzten Kampfhandlungen zwischen US-Streitkräften und Deutschen in seinem Weinkeller zubrachte:

> »Dann rückten die Amerikaner in Rhöndorf ein, die Beschießungen hörten auf. Die deutschen Truppen, die im Wald hinter meinem Haus in Schützengräben lagen, zogen sich zurück. Die Anordnungen der Amerikaner waren zwar hart und drückend, aber für uns war der Kampf, der Krieg und der Nationalsozialismus vorbei, und das tröstete über manches hinweg« (Adenauer 1965, 19).

Wenig später markierten die Kapitulationserklärungen der Wehrmacht am 8. Mai 1945 in Reims und am 9. Mai in Berlin-Karlshorst den offiziellen Zusammenbruch des »Führerstaats«. Zurück lagen zwölf Jahre NS-Herrschaft, einerseits geprägt von Terror, Verfolgung und Ermordung vermeintlicher politischer und »rassischer« Gegner – vor allem in der Sowjetunion und in Polen waren, wie man heute genauer als damals weiß, von der SS, den SD-Einsatzgruppen und dem Personal der Vernichtungslager unvorstellbare

Massenmorde an Juden und anderen Bevölkerungsgruppen verübt worden. Schätzungsweise mehr als 5,5 Millionen Juden, 3 Millionen sowjetische Kriegsgefangene, mindestens 100 000 Sinti und Roma und 120 000 behinderte oder psychisch kranke Menschen waren »liquidiert« worden. Unzählige waren nach 1933 Opfer der NS-Verfolgung geworden. Wer im Mai 1945 als »Gemeinschaftsfremder« noch am Leben war, trug nicht selten schwere körperliche und seelische Schäden davon.

Andererseits hatte die Zeit des Dritten Reiches eine ideologisch respektive emotional motivierte Bindung der »Volksgenossen« zu ihrem »Führer« offenbart, die erst im Chaos der letzten Kriegsmonate einer wachsenden Ernüchterung gewichen war. Insofern löste die Besatzungsherrschaft der Sieger unter den Deutschen ambivalente Gefühle aus: Jene, die von den Alliierten aus den Folterkellern der SS, aus den Arbeits-, Konzentrations- und Vernichtungslagern befreit wurden, begrüßten dankbar ihre Retter. Jene hingegen, die Hitler sekundiert und ihm zugejubelt hatten, blickten ängstlich in die Zukunft und fürchteten nicht zu Unrecht die Bestrafung der Siegermächte. Der »Führer« selbst war im Berliner Bunker in seinen letzten Tagen nicht mehr sonderlich an der Zukunft des deutschen Volkes interessiert. Vielmehr hatte sich am Ende sein sozialdarwinistisch getränkter Destruktionswille gegen seine »Volksgemeinschaft« gerichtet. Deutschland, hatte er Albert Speer im März 1945 gegenüber geäußert, solle vollständig zugrunde gehen. Schließlich habe der Krieg bewiesen, dass die Deutschen anderen Völkern biologisch unterlegen seien.

Eine solche Indolenz konnten sich die Alliierten 1945 nicht leisten. Den Siegern stand nach der Kapitulation »Nazi-Deutschlands« sogleich die nächste Herausforderung bevor. Am Anfang der bis heute währenden Nachgeschichte des Dritten Reiches stellte sich aus Sicht der Alliierten die Frage, wie der niedergerungene NS-Staat umerzogen und demokratisiert werden könne: durch Vergessen und Amnestie oder durch schonungslose Strafverfolgung der Täter und Ahndung ihrer Taten? Wie sollte ein Neubeginn für Deutschland aussehen? Hierüber waren bereits während des Kriegs unter Vertretern der USA, Großbritanniens, der Sowjetunion und Frankreichs, aber auch unter den Verfolgten der NS-Diktatur Kontroversen entbrannt. Einige der hieraus resultierenden Konzepte wie das Internationale Militärtribunal in Nürnberg 1945/46 besaßen im 20. Jahrhundert Pioniercharakter.

Schließlich einigte man sich auf der Potsdamer Konferenz im Juli/August 1945 auf eine Politik der Demilitarisierung, Denazifizierung, Dezentralisierung und Demokratisierung. Mithilfe dieser »vier D's« wollten die USA, die Sowjetunion, Großbritannien und Frankreich das deutsche Volk befrieden und umerziehen. Dass dies keine einfache Aufgabe werden würde, merkten die Verantwortlichen schnell, denn es galt hierbei, vieles zu beachten: So sollte etwa die Privilegierung von NS-Verfolgten zugunsten des Aufbaus einer funktionierenden Gesellschaft ausgeschlossen werden, mehr noch: Man musste gegen die Opferkonkurrenz innerhalb der heterogenen Gruppe von Opfern des NS-Terrors vorgehen, denn bestimmte Gruppen erklärten, sie seien rücksichtsloser verfolgt und drangsaliert worden als andere. Selbstverständlich sahen die Besatzungsmächte vor, den Betroffenen soziale Unterstützung zuteilwerden zu lassen. Darüber hinaus fiel ihr Blick aber auch auf ein Millionenheer ehemaliger NSDAP-Parteigenossen, die nicht kollektiv zur Verantwortung gezogen werden, sondern in die Nachkriegsgesellschaft integriert werden sollten. Diesbezüglich stellte sich für die Besatzungs- und Entnazifizierungspolitik auch die Frage, welche Rolle Deutschland im aufkeimenden Kalten Krieg und in der Systemkonkurrenz zwischen Kommunismus und Kapitalismus spielen sollte. Überdies wollte man Fehler der Vergangenheit vermeiden. Das betraf vor allem die Höhe der potenziellen Reparationszahlungen. Denn nach Auffassung der westlichen Siegermächte war Deutschlands finanzielle Belastung nach dem Ersten Weltkrieg für die Instabilität der Weimarer Republik mitverantwortlich. Man hatte aus dem Untergang der ersten deutschen Demokratie zwischen 1918 und 1933 gelernt; ein »zweites Versailles« sollte es nicht geben.

So wundert es kaum, dass sich die konkrete Umsetzung der »vier D's« in den einzelnen Besatzungszonen unterschiedlich gestaltete. Vor allem verfolgte die Militärregierung der sowjetischen Zone das Ziel, den Nationalsozialismus radikal auszulöschen. Doch deren Bemühungen gingen noch einen Schritt weiter: Während die westlichen Mächte für Deutschland ein demokratisches und liberalkapitalistisches System vorsahen, wollte die Sowjetunion ihre Zone nach sozialistischem Vorbild umgestalten. Infolgedessen setzten unmittelbar nach 1945 in der SBZ die Verstaatlichung der Industrie sowie die Errichtung einer Einparteiherrschaft ein, nämlich die der SED, einer Zwangsvereinigung von SPD und KPD. Die in Moskau und unter den Verantwortlichen für die SBZ kursierenden Faschismustheorien erklärten den Nationalsozialismus zu einer terroristischen Herrschaftsform des »Finanzkapitals«, die sich gegen die Arbeiterbewegung gerichtet habe. Das Ziel, nach Möglichkeit zu verhindern, dass ein solches Regime je wieder in Deutschland Fuß fasse, lag demzufolge darin, das »Kapital« zu zerschlagen.

Aufgrund ihrer divergierenden Ideologien verhärteten sich in den ersten Nachkriegsjahren sukzessive die Fronten zwischen den westlichen Siegermächten und der Sowjetunion. Dass eine gemeinsame Deutschlandpolitik vor diesem Hintergrund unmöglich war, erklärte in aller Deutlichkeit spätestens die sogenannte Truman-Doktrin, in der der US-Präsident Harry S. Truman Kommunismus und Demokratie als inkommensurabel bezeichnete. Im Fadenkreuz dieses ideologischen Systemwettstreits bewegte sich das besiegte Deutschland, dessen Zukunft letztlich nicht nur vom Durchsetzungswillen der Siegermächte im Bereich der Entnazifizierung abhing, sondern auch von der jeweiligen Bedrohungswahrnehmung der konkurrierenden Großmächte USA und Sowjetunion. Überdies galt es, sich mit der jüngsten Vergangenheit zu konfrontieren. Die diesbezüglichen Schritte wurden von den Alliierten dirigiert, denn die wenigsten Deutschen hatten Interesse daran. Wenn überhaupt, waren es Vertreter der »Opfergesellschaft«, die versuchten, als Schrittmacher der Auseinandersetzung zu agieren. Hierbei offenbarte sich zugleich eine hochselektive Sicht auf den Nationalsozialismus: Die Thematisierung bestimmter Verbrechen fand in der deutschen Gesellschaft nicht statt.

Nachfolgend fokussiert die Darstellung exemplarisch den frühen, von den Alliierten diktierten und sich danach in begrenztem Maße verselbstständigten Umgang mit den NS-Verbrechen in Deutschland während der Besatzungszeit bis 1949. Dabei werden Außen- und Innenperspektiven verfolgt: die der Siegermächte und die der Bevölkerung. Zu den von außen initiierten Auseinandersetzungen der postdiktatorischen Gesellschaft zählen *erstens* die Entnazifizierungspolitik der Alliierten, *zweitens* der »Jahrhundertprozess« vor dem Internationalen Militärtribunal in Nürnberg und *drittens* die Anfänge der Wiedergutmachung für NS-Opfer. Diese Beispiele verweisen auf die Grenzen einer oktroyierten Umerziehung, die vor allem juristischen und politischen, weniger jedoch genuin moralischen Gesichtspunkten folgte. Danach gewähren *viertens* die innerdeutschen Reflexionen über die »Schuldfrage« als Exkulpationsstrategie gegen von außen erhobene Kollektivvorwürfe und *fünftens* kulturell-künstlerische Produktionen, die in der unmittelbaren Nachkriegszeit NS-Verbrechen thematisierten, Einblicke in die Mentalität der Bevölkerung, ihre Wahrnehmung der Vergangenheit und die Qualität ihrer Eigenmotivation, sich mit den NS-Verbrechen zu befassen.

Trauerspiele

»Das ganze ist ein Trauerspiel, das auch durch die Erkenntnis, daß die Alliierten angesichts der Verhältnisse keine andere Wahl hatten, nicht weniger traurig wird.« Das Urteil, das Hannah Arendt in ihrem 1950 erstmals publizierten Essay *Besuch in Deutschland* (1993, 49) über das Entnazifizierungsprogramm der Siegermächte fällte, war niederschmetternd. Die Intellektuelle, die 1949/50 im Auftrag der *Jewish Cultural Reconstruction Corporation* jüdische Kulturgüter von Deutschland nach Israel oder in die USA schaffen sollte, attestierte den Deutschen eine »brutale [...] Weigerung«, sich ihrer jüngsten Vergangenheit zu stellen. Aber auch die Westalliierten seien mit ihrem Vorhaben, die ehemaligen »Volksgenossen« zu »denazifizieren«, ja, sie moralisch wieder in den Sattel zu heben, gescheitert. Ihr Ansatz sei zu kompliziert gewesen, er habe die Realität des NS-Staates nicht abbilden können: Arbeiter, die aus Berufsgründen in die NSDAP eingetreten waren, kritisierte Arendt, seien mit ideologisch Überzeugten in einen Topf geworfen worden – und selbst Mitglieder des Widerstands hätten sich »im selben Netz wie ihre Feinde« verfangen (1993, 42). Überhaupt, referierte die Journalistin die Auffassungen ihrer deutschen Gesprächspartner, hätten der moralische Zeigefinger der Besatzer respektive ihre Schuldvorwürfe die geistige Abwehr der Bevölkerung erst erzeugt.

Rückblick:

Pläne für eine Zeit nach dem Nationalsozialismus hatte es bereits während seiner Konsolidierungsphase gegeben. Zwar in Detailfragen unterschiedlich nuanciert, in ihrem Hauptziel, Deutschland nach dem Zweiten Weltkrieg politisch zu säubern jedoch homogen, war bis 1945 eine Vielzahl von Konzepten in Kreisen des deutschen Widerstands entstanden. Während SPD-Größen in ihrem »Prager Manifest« vorsahen, den Staatsapparat in ein Herrschaftsinstrument des Volkes zu verwandeln, die Schuldigen aus Politik, Bürokratie und Justiz abzuurteilen und das sogenannte kapitalistisch-feudale System zu enteignen, schlugen nationalkonservative Oppositionelle wie Carl Goerdeler vor, ausschließlich mit jenen abzurechnen, die »unanständig« und aus strafrechtlicher Sicht schuldig geworden seien. Die Frage nach der Zugehörigkeit zur NSDAP oder einer ihrer Organisationen spielte weniger eine Rolle.

Den Nationalsozialismus auszurotten stellte im Februar 1945 auch das erklärte Ziel der Siegermächte dar. Auf der Konferenz von Jalta vereinbarten Franklin D. Roosevelt, Winston Churchill und Josef Stalin eine Herkulesarbeit:

> »Es ist unsere unbeugsame Absicht, den deutschen Militarismus und Nazismus zu zerstören und sicherzustellen, daß Deutschland nie wieder in der Lage sein wird, den Weltfrieden zu stören. Wir sind entschlossen, alle bewaffneten deutschen Streitkräfte zu entwaffnen und aufzulösen; den deutschen Generalstab für alle Zeiten zu zerschlagen, der wiederholt das Wiedererstehen des deutschen Militarismus zuwege gebracht hat; alle militärischen Einrichtungen Deutschlands zu beseitigen oder zu zerstören; alle deutschen Industrien auszumerzen oder zu kontrollieren, die für die Rüstungsproduktion verwendet werden könnten; alle Kriegsverbrecher einer gerechten und schnellen Strafe zuzuführen sowie angemessene Natural-Reparationen für die Zerstörungen zu fordern, die von den Deutschen verursacht worden sind; die Nazi-Partei, Nazi-Gesetze, Organisationen und Einrichtungen aufzuheben; alle nazistischen und militärischen Einflüsse aus öffentlichen Ämtern und aus dem kulturellen und wirtschaftlichen Leben des deutschen Volkes zu entfernen und in gegenseitigem Einvernehmen diejenigen anderen Maßnahmen in Deutschland zu ergreifen, die für den zukünftigen Frieden und die Sicherheit der Welt notwendig sein können. Es ist nicht unsere Absicht, das deutsche Volk zu vernichten; doch nur dann, wenn Nazismus und Militarismus ausgerottet sind, besteht für die Deutschen Hoffnung auf ein ordentliches Leben und einen Platz in der Gemeinschaft der Nationen« (Kappe-Hardenberg 1987, 560).

Seit April 1945 konkretisierte die Besatzungsdirektive »JCS 1067« der US-Militärregierung, die im *Reeducation*-Programm der Deutschen die Federführung übernahm, die Praxis der Entnazifizierung. Die Direktive beinhaltete Regelungen zur Entfernung von Trägern des Nationalsozialismus, den »aktiven« NSDAP-Mitgliedern, aus öffentlichen Stellen und ordnete die Verhaftung von Kriegsverbrechern an. Einige Monate später bestimmte das auf Druck der US-Öffentlichkeit erlassene Militärgesetz Nr. 8, NSDAP-Mitglieder aus sämtlichen Bereichen der Wirtschaft zu entfernen. Ferner lag im Januar 1946 mit der Direktive Nr. 24 des Alliierten Kontrollrats ein umfangreicher Kriterienkatalog für die Suspendierung bestimmter Personengruppen aus öffentlichen Ämtern in ganz Deutschland vor. Mitglieder der NSDAP, die der Partei nicht nur »nominell« angehört hatten, und Personen, die die Besatzungspolitik der Alliierten zu torpedieren versuchten, sollten ihre Sachen packen.

Nichtsdestoweniger führten diese Schritte zu keiner einheitlichen Handhabung: Während in der sowjetischen Besatzungszone die politische Säuberung restriktiv zum Umbau der gesellschaftlichen Ordnung nach sowjetischem Vorbild durchgeführt wurde, beschränkten sich die Westzonen auf Entlassungen und Verhaftungen tatsächlich oder vermeintlich Belasteter. Bis August 1945 waren schätzungsweise 80 000 Mitglieder der SS, des SD, der Gestapo und des Korps der Politischen Leiter der NSDAP im Zuge des bereits 1944 beschlossenen »automatischen Arrests« inhaftiert, 70 000 Personen waren aus dem Dienst entlassen worden. Den amerikanischen Besatzungsbehörden war in einer Münchener Papierfabrik die Zentralkartei der NSDAP in die Hände gefallen, was diese Serienverhaftungen erheblich erleichterte.

Im Gegensatz zur amerikanischen, britischen und französischen Zone griff man in der SBZ hinsichtlich der Besetzung wichtiger Ämter anschließend auf KPD-/SED-Mitglieder zurück, die meist aus der Gruppe der Verfolgten stammten. Dieser Schritt zielte auf die Ausschaltung »bürgerlicher« und konservativer Kräfte, die nach Meinung der Verantwortlichen einer sozialistischen Umgestaltung der Gesellschaft, aber auch der Verstaatlichung von Banken und Wirtschaftsbetrieben im Wege standen. Stattdessen rückte man die Arbeiterschaft ins Zentrum. Im Westen hingegen kamen Vertreter der Demokratie zum Zuge; einige von ihnen hatten bereits in der Weimarer Republik politische Ämter bekleidet.

Zur Identifizierung potenzieller Träger des politischen Wiederaufbaus diente der sogenannte Fragebogen, ein vielfach von den Deutschen kritisiertes Instrument der politischen Säuberung, von dem eine Wiederanstellung beziehungsweise Strafverfolgung abhing. Mithilfe von 131 Einzelfragen sollte ab Juli 1945 die politische Vergangenheit der ehemaligen »Volksgenossen« durchleuchtet werden. Bis November 1945 hatte die hierfür verantwortliche *Special Branch* der US-Streitkräfte rund 780 000 Bögen ausgewertet und 164 000 Entlassungen angeordnet. Der Schriftsteller und Antidemokrat Ernst von Salomon persiflierte 1951 dieses Verfahren in seinem ebenso autobiografischen wie apologetischen Roman *Der*

Fragebogen, in dem er NS-Verbrechen mit den politischen Maßnahmen der Alliierten nach 1945 verglich.

In den Monaten nach Kriegsende offenbarten sich mehr und mehr die Defizite des westalliierten Säuberungsprogramms, das in der US-Zone anfangs ungleich gründlicher und restriktiver durchgeführt worden war als in den Besatzungszonen der Briten und Franzosen, in denen man sich entweder vor allem auf den Austausch von Eliten oder besonders verbrecherische Fälle konzentriert hatte. Gleichwohl sprach der Historiker Clemens Vollnhals von einer »Personalkatastrophe« (1991, 12), die ganze Zweige des öffentlichen Lebens paralysiert habe. Dazu gesellten sich die von Hannah Arendt beschriebenen psychologischen Folgen, die die Besiegten in Konfrontationsstellung zu den Siegern brachten. Eine Änderung der Entnazifizierungspolitik schien immer nötiger zu werden: Am 5. März 1946 trat in der US-Zone daher das *Gesetz zur Befreiung von Nationalsozialismus und Militarismus* (Befreiungsgesetz) in Kraft, das die Entnazifizierung deutschen Stellen übertrug. Die Besiegten sollten demnach der Welt demonstrieren, dass sie reif für ihre eigene innere Demokratisierung seien.

Fortan erfolgte die Auswertung der Fragebögen durch Spruchkammern, deren Mitarbeiter »äußere Merkmale« wie eine Parteimitgliedschaft weniger stark gewichteten als die individuelle Verantwortlichkeit und Haltung des oder der Betroffenen zum Nationalsozialismus. Damit verbunden waren eine gerechtere Verfahrensweise, allerdings auch zeitaufwändige Einzelfallentscheidungen und eine Kategorisierung in fünf Gruppen: 1. »Hauptschuldige«, 2. »Belastete«, 3. »Minderbelastete«, 4. »Mitläufer« und 5. »Entlastete«. Personen über 18 Jahren mussten vor diesen Kammern ihre Schuld widerlegen. Dies geschah häufig mithilfe von »Persilscheinen« – Erklärungen von Freunden und Bekannten, die die Tadellosigkeit des oder der Betreffenden versicherten.

Anfang 1948 drängte Washington auf einen baldigen Abschluss der politischen Säuberung. Zu diesem Zeitpunkt hatten die Kammern jedoch vor allem Fälle der Kategorien drei bis fünf bearbeitet; die komplizierteren Verfahren der Kategorien eins und zwei

Abb. 2: Offenlegung der eigenen Vergangenheit: Wie hier in der britischen Zone, in der Nähe von Hamburg, mussten unmittelbar nach 1945 volljährige Deutsche Fragebögen ausfüllen und Angaben zu Mitgliedschaften in Organisationen des ehemaligen NS-Staates machen.

waren aus Zeitgründen häufig zurückgestellt worden. Diverse Amnestiewellen, milde Entscheidungen zugunsten von NS-Funktionären und anderen Trägern des NS-Systems, die sich in einer »Tendenz zur Herabstufung« äußerten (Niethammer 1972, 622), aber auch eine Änderung des Befreiungsgesetzes, wonach von einem Moment auf den nächsten aus »Belasteten« »Mitläufer« wurden, führten schließlich dazu, dass Historiker und Historikerinnen die Entnazifizierung als »Mitläuferfabrik« (Niethammer 1972, 617) oder als »gescheiterte[s] Experiment« (Vollnhals 1991, 7) kritisieren: »In dem langwierigen Entnazifizierungsprozeß hatte sich das Personal der NS-Diktatur mehr oder weniger in Nichts aufgelöst«, bilanzierte Vollnhals (1991, 23).

Drei Jahre nach Kriegsende mochten sich die Westalliierten der kritikwürdigen Bilanz ihrer Entnazifizierungsbemühungen gewiss bewusst gewesen sein, doch entscheidend war für sie auch, nach vorne zu schauen. So versuchte US-Außenminister George C. Marshall mit dem nach ihm benannten Hilfsprogramm, das zerstörte Europa zu stabilisieren. Dazu zählte auch Deutschlands Integration in die westliche Staatengemeinschaft. Der im April 1948 in die Wege geleitete Marshall-Plan, von dem sich Moskau distanzierte, zielte auf die Etablierung internationaler Wirtschaftsbeziehungen, die Öffnung von Grenzen und Märkten, die Eindämmung der Wirtschaftskrise, ein ausgewogenes Mächteverhältnis in Westeuropa und die als *containment* bekannt gewordene Einhegung kommunistischer Expansion. Insgesamt profitierten 16 Staaten von diesem Programm, in das bis 1952 rund 14 Milliarden US-Dollar flossen. Für Westdeutschland bedeutete der Marshall-Plan, nicht länger »Verfügungsmasse« der Alliierten zu sein, sondern sich als ein Teil Europas zu verstehen, der als Bündnis- und Wirtschaftspartner Handlungsmacht besaß.

Zur gleichen Zeit forcierte man in der SBZ mit eiserner Hand die Entnazifizierung. Dazu dienten auch zehn sogenannte Speziallager, die erst zu DDR-Zeiten aufgelöst wurden, und – je nach Schätzung – insgesamt zwischen 120 000 bis 260 000 Insassen aufwiesen. Diese zehn Stätten, teilweise auf dem Gelände ehemaliger Konzentrationslager wie Buchenwald und Sachsenhausen errichtet, dienten jedoch nicht nur der Bestrafung von Angehörigen der SS, der Gestapo und anderer Stellen des ehemaligen NS-Staates. Im Gegensatz zu den Internierungslagern in den Westzonen, in denen bessere Lebensbedingungen herrschten, fanden sich dort auch Personen wieder, die als Opponenten der sowjetischen Besatzungspolitik im Speziellen und des Sozialismus im Allgemeinen galten. Folter, Krankheiten und Unterernährung gehörten zum Alltag und kosteten etwa 65 000 Menschen das Leben. Mit der Auflösung der Speziallager endete die Inhaftierung zahlreicher Gefangener jedoch nicht: Sie wurden zur Zwangsarbeit in die Sowjetunion verbracht oder in Zuchthäuser der DDR überstellt. Über 3 400 Personen verurteilte das Landgericht Chemnitz zwischen April und Juni 1950 in den berühmt-berüchtigten Waldheimer Prozessen zu

Zuchthausstrafen oder gar zum Tode. Ungleich größere Aufmerksamkeit zog zwischen 1945 und 1949 indes ein internationales Gerichtsverfahren auf sich, das als »Jahrhundertprozess« in die Geschichte einging.

»Nürnberg«

Strafprozesse gegen Repräsentanten von Diktaturen gründen sich im Wesentlichen auf vier verschiedenen politischen Motiven:

1. Sie dienen der Aufklärung, indem sie Dokumente und Fakten über das vormalige System zusammentragen und sichern.
2. Sie haben Symbolcharakter, denn der Öffentlichkeit wird durch sie kommuniziert, dass hier und heute eine neue Epoche beginnt.
3. Sie sollen abschreckende Wirkung erzielen und zukünftige Verbrechen verhindern.
4. Sie können einen Ausweg aus »wilden« Abrechnungen aufzeigen und die Spirale von Gewalt und Rache auf eine »zivile« Art durchbrechen (König 1998, 382).

Die Nürnberger Prozesse – das Internationale Militärtribunal von November 1945 bis Oktober 1946 (IMT) und dessen zwölf Nachfolgeprozesse 1946–1949 (NMT) – verfolgten ebendiese Ziele.

»Nürnberg« stellte im Bereich der historischen Diktaturfolgenbewältigung im 20. Jahrhundert ein Novum dar: Inmitten einer Atmosphäre, in der ehemalige »Volksgenossen« von »Siegerjustiz« sprachen, und beeinflusst durch die Politiken des aufziehenden Kalten Krieges, versuchten die USA, die Sowjetunion, Großbritannien und Frankreich, am symbolträchtigen Ort der einstigen »Reichsparteitage« und »Rassengesetze« einen fairen Prozess gegen die Verantwortlichen und Funktionseliten des NS-Staates zu führen, politische Gewalttaten und Kriegsverbrechen in einem bis dahin unbekannten Ausmaß zu verurteilen und die Ursachen für den nationalsozialistischen Vernichtungskrieg zu ergründen. Die Richter dieses Medienereignisses erster Güte sollten über Verbrechen urteilen, die außerhalb des Kriegsrechts standen, die also während des Krieges, aber nicht als genuine Kriegshandlungen begangen worden waren. Zudem kreiste der Prozess um den sogenannten Angriffskrieg selbst. Hierzu führten die juristischen Architekten des IMT Innovationen in das Rechtssystem ein: Zum einen erklärten sie Gewalttaten gegen eigene Staatsangehörige, die vor Kriegsbeginn 1939 verübt worden waren, zu einer kriminellen Verschwörung zum Krieg und damit zu einer Verletzung des Kriegs- und Völkerrechts. Zum anderen erklärten sie bestimmte NS-Organisationen *per se* für kriminell, sodass allein eine Mitgliedschaft eine Strafbarkeit herleitete.

Der amerikanische Chefankläger Robert H. Jackson betrachtete »Nürnberg« als historische Chance, eine internationale Friedensordnung zu etablieren, basierend auf den Prinzipien »Recht« und »Gerechtigkeit«. Tatsächlich unterstrichen Prozessbeobachter die Unvoreingenommenheit der alliierten Richter. Der junge Privatdozent Alexander Mitscherlich, der im Auftrag der Westdeutschen Ärztekammern über den sogenannten Ärzteprozess von 1946/47 berichten sollte, konstatierte:

> »Und wenn wir uns der ›Justiz‹ erinnerten, die im deutschen Namen etwa unter den Sondergesetzen für Polen ausgeübt wurde, so mußten wir die Geduld und Unvoreingenommenheit des Gerichtshofes bewundern. Hier wurde jedenfalls blinder Haß nicht mit blinder Rache vergolten, vielmehr in einer ernsten Bemühung die Distanz für Reflexion geschaffen.« (Mitscherlich/Mielke 1960, 11)

Die Idee, ein Gerichtsverfahren gegen die Regierung und weitere Eliten des Dritten Reichs anzustrengen, war noch im letzten Kriegsjahr geboren worden. Der Plan des amerikanischen Kriegsministers Henry Stimson, führenden Nationalsozialisten den Prozess zu machen und damit die Demokratisierung eines niedergerungenen Hitler-Deutschlands zu fördern, hatte sich in den USA gegen alternative Konzepte wie den Morgenthau-Plan durchsetzen können. »Morgenthau« stand dafür, Deutschland politisch und wirtschaftlich an die Kandare zu nehmen und in einen steinzeitlichen Agrarstaat zu verwandeln. Zuvor waren sogar Überlegungen kursiert, die Hauptverantwortlichen standrechtlich erschießen zu lassen. Man wollte ihnen kein Forum geben, um sich zu verteidigen und ihre Ideologien zu propagieren; ein prominenter Verfechter dieses Vorgehens war der britische Premier Winston Churchill.

Im August 1945 unterzeichneten dann jedoch die vier alliierten Mächte das Londoner Statut für den Internationalen Militärgerichtshof. Artikel 6 dieser Charta definierte verschiedene Verbrechenskomplexe, wobei der Tatbestand »Verbrechen gegen den Frieden« zentrale Bedeutung besaß. Es ging dabei um die Planung, Entfesselung und Durchführung eines »Angriffskrieges«. Auf diesem Verbrechenstatbestand lag das Hauptaugenmerk des IMT. Nach Ansicht der Alliierten bildete er nämlich das zentrale Verbrechen – er habe alle weiteren Gräueltaten ermöglicht. Ferner nannte die Charta »Kriegsverbrechen«, also die Verletzung der geltenden Kriegsgesetze und -konventionen, und »Verbrechen gegen die Menschlichkeit«, mit dem Verbrechen gegen die Zivilbevölkerung vor und nach 1939 gemeint waren. Dieser Tatbestand gewann insbesondere in den Nachfolgeprozessen an Bedeutung. Bedeutsam war schließlich auch Artikel 7. Er besagte, dass Staatsoberhäupter und Regierungsangehörige grundsätzlich für ihr Handeln straffähig seien.

1945/46 mussten die Alliierten in der hochemotionalen Situation des Kriegsendes in Nürnberg rationale Entscheidungen treffen. Weil sich das IMT ein rechtsstaatliches Verfahren auf die Fahne schrieb, mussten die Richter es notfalls auch hinnehmen, Angeklagte freizusprechen, falls die Beweise für eine Verurteilung nicht ausreichten. Ihr hehres Ansinnen nach rechtlicher Fairness schützte gleichwohl nicht vor einer gewissen Willkür, sie betraf vor allem die Auswahl der Angeklagten. Denn nach Hitlers, Himmlers und Goebbels' Suiziden nahm auf der Nürnberger Anklagebank überhaupt nur Platz, wer greifbar war und – als ein Ergebnis von internen Aushandlungsprozessen – von den Alliierten als Vorzeigerepräsentant des NS-Staates betrachtet wurde. Dies waren letztlich 24 Vertreter aus Politik, Wirtschaft und Militär, darunter Admiral Karl Dönitz, der Generalgouverneur in Polen Hans Frank, Reichsinnenminister Wilhelm Frick und Hermann Göring. Des Weiteren verhandelte das IMT über sechs Organisationen des Dritten Reiches. In 218 Sitzungen traten insgesamt 240 Zeugen auf. Die Gerichtsschreiber produzierten Protokolle mit einem Gesamtumfang von über 16 000 Seiten. Am Ende, im Oktober 1946, sprachen die Richter zwölf Todesurteile. Sieben Beschuldigte wurden zu langjährigen Haftstrafen verurteilt. Drei Verfahren endeten mit einem Freispruch, zwei weitere stellte der Gerichtshof aus gesundheitlichen Gründen der NS-Täter beziehungsweise aufgrund eines Suizids ein. Die Verurteilten, die sich bereits zu Beginn der Verhandlung »nicht schuldig« bekannt hatten, waren sich noch immer keiner Schuld bewusst. Sie beriefen sich stattdessen auf den »Befehlsnotstand«, ihren Eid auf den »Führer« oder ihr Pflichtbewusstsein als Beamter oder Offizier.

Nach dem Ende des IMT 1946 machte sich der aufkeimende Ost-West-Konflikt bemerkbar. Die britische Regierung sprach sich gegen einen zweiten Viermächteprozess aus. Dieser, so lauteten ihre Argumente, würde keine annähernd große Aufmerksamkeit wie das IMT erregen und im Grunde nur unnötige Kosten verursachen. Ferner war man der Ansicht, Deutschland müsse politisch alsbald wieder aufgerichtet werden. Es sollte als »Hauptstütze eines zentraleuropäischen Machtblocks dienen, der den Vormarsch des Kommunismus aufhalten sollte« (Bloxham 2013, 505). Derartige Überlegungen stellte auch Washington an, wenngleich dies nicht bedeuten sollte, Nachsicht mit den gefangenen NS-Funktionseliten zu üben. So saßen in den Nachfolgeprozessen, nun unter alleiniger Verantwortung der USA, unter anderem Ärzte, Juristen, Industrielle sowie Mitglieder der SS und Polizei auf der Anklagebank im Nürnberger Justizpalast.

Im kollektiven Gedächtnis der Deutschen firmiert »Nürnberg« als ein pädagogisches Programm der Alliierten und eine Weiterentwicklung des Völkerrechts. Der »Jahrhundertprozess« gilt außerdem als Wegbereiter des Internationalen Strafgerichtshofs in Den Haag. Tatsächlich existieren jedoch gute Gründe, um – jedenfalls aus heutiger Sicht – an diesem Großprojekt auch Kritik zu üben: Aufgrund des Hauptaugenmerks der Ankläger auf Vergehen, die im Kontext des Zweiten Weltkriegs verübt worden waren, besaßen andere NS-Verbrechen kaum Relevanz. Folglich war die Verfolgung von politischen Gegnern, »Zigeunern« und »Erbkranken« für das IMT nicht zentral. Auch der Holocaust wurde nicht als Verbrechen *sui generis* betrachtet. Er galt vielmehr als eine Folge der Kriegshandlungen: Die »Endlösung«, konstatiert Donald Bloxham (2013, 513), wurde gleichsam als Nebenprodukt der Eroberungspläne perzipiert. Allerdings wird diese Konzentration auf den Tatbestand des deutschen »Angriffskrieges« verständlicher, sobald man die Prämisse der Amerikaner berücksichtigt, einen fairen, rechtsstaatlichen Prozess zu führen. Danach galt es, den Angeklagten die Verletzung internationaler Abkommen nachzuweisen wie beispielsweise die des Versailler Vertrags von 1919, der Deutschlands militärische Rüstung beschränkt hatte. Nichtsdestotrotz arbeitete das Bemühen, einen gerechten Prozess zu führen, einer deutschen Selbstexkulpation entgegen. Denn der amerikanische Chefankläger Robert H. Jackson differenzierte zwischen der Masse der Bevölkerung und jenen Verantwortlichen, die in Nürnberg auf ihr Urteil warteten, wodurch er eine Kollektivschuld der Deutschen bestritt. Dadurch entlastete er das Gewissen all jener, die der Militärpolizei hatten entkommen können, »Mitläufer« waren oder bei der Verfolgung von sogenannten »Gemeinschaftsfremden« schlichtweg »hingeschaut und weggesehen« (Galletely) hatten.

Der daraus resultierende Verzicht auf Selbstreflexion offenbarte sich beispielsweise in der deutschen Ärzteschaft. Nachdem Mitscherlich in seinem Bericht über den Ärzteprozess feststellte, rund 350 Mediziner hätten nach 1933 Verbrechen begangen, fühlte sich

Abb. 3: Der amerikanische Hauptanklagevertreter Robert H. Jackson im Nürnberger Justizpalast, November 1945.

in den nächsten Jahrzehnten kaum ein Mediziner genötigt, die Untaten der NS-Ärzte gründlicher aufzuklären. Für die Arbeitsgemeinschaft der Westdeutschen Ärztekammern bedeutete dies vielmehr: »Die Masse der deutschen Ärzte hat unter der Diktatur des Nationalsozialismus ihre Pflichten getreu den Forderungen des Hippokratischen Eides erfüllt, von den Vorgängen nichts gewußt und mit ihnen nicht im Zusammenhang gestanden« (Mitscherlich/Mielke 1949, V). Mitscherlichs Ausführungen waren damit wissentlich verkürzt wiedergegeben worden. Die Zahl »350« stammte freilich von ihm. Allerdings hatte er überdies, wie er es später in einer überarbeiteten Fassung des Prozessberichts mit dem Titel *Medizin ohne Menschlichkeit* nannte, jenen »Apparat« (Mitscherlich/Mielke 1960, 13) kritisiert, der die Medizinverbrechen erst ermöglicht hatte. Als verhängnisvoll war von ihm die fortschreitende Technisierung der Medizin und die widerstandslose Verquickung des ärztlichen Berufsstands mit der Hitler-Regierung erachtet worden.

Im Wesentlichen scheiterte der Versuch der Alliierten, die Deutschen durch das Verfahren gegen die Hauptkriegsverbrecher kollektiv vom Unrechtscharakter des NS-Staates zu überzeugen und im großen Stil kritische Selbstreflexionsprozesse in Gang zu setzen. Die Forderungen nach Freilassung der Angeklagten, aber auch das Diktum der »Siegerjustiz« aus den Reihen der ehemaligen »Volksgemeinschaft« offenbarten vielmehr die anhaltende Verbundenheit zum toten »Führer«. Vor allem Vertreter der Kirchen schlugen zuweilen nationalistische Töne gegen die Besatzer an, deren Streben nach Sühne sie infrage stellten. Infolgedessen beklagte der Philosoph Karl Jaspers im Winter 1945 die geistige Situation in Deutschland: »Man mag nicht hören von Schuld, von Vergangenheit, man ist nicht betroffen von der Weltgeschichte. Man will einfach aufhören zu leiden, will heraus aus dem Elend, will leben, aber nicht nachdenken.« (Jaspers 1946, 29). Ernüchternd präsentierten sich zudem die juristischen Folgen des IMT. Bezüglich der Anwendung der Nürnberger Prinzipien in der unmittelbaren Nachkriegszeit kommt Annette Weinke (2006, 57) jedenfalls zu dem Ergebnis, »dass die geschaffenen Standards entgegen des selbstgesetzten universalistischen Anspruchs auch danach keine Verbindlichkeit erhielten«. Weder wurden rückwirkend ähnliche Verbrechen nach dem Nürnberger Vorbild geahndet noch Verbrechen gegen Zivilisten im Nachgang der Prozesse.

Diesen Defiziten gegenüber stehen die Erfolge der Prozesse: Sie hatten ostentativ die Grenzen staatlicher Macht markiert, in zahlreichen Punkten ein vertieftes Wissen über den Nationalsozialismus und dessen Verbrechen generiert, im Rahmen der Nachfolgeprozesse den Tatbestand »Verbrechen gegen die Menschlichkeit« schärfer konturiert und Bestimmungen etabliert, auf die sich in der Folgezeit Gerichte beziehen konnten. Dazu zählte der »Nürnberger Kodex«, der Verfahrensrichtlinien zum Schutz der Versuchspersonen bei medizinischen Humanexperimenten normierte.

Prozesse, wie die Alliierten sie gegen NS-Täter in Nürnberg führten, waren nach 1945 kein Einzelfall. Bis zur Gründung der Bundesrepublik und der DDR fanden auch an anderen Orten entsprechende Verfahren statt. In den westlichen Besatzungszonen saßen nach 1945 schätzungsweise 5 000 Angeklagte vor Gericht, circa 800 von ihnen wurden zum Tode verurteilt (s. Raim 2013). In der US-Zone war vor 1949 vor allem das ehemalige Konzentrationslager Dachau der Ort, an dem man versuchte, NS-Verbrechen zu justizieren, danach oblag es dann auch deutschen Gerichten, dies zu tun. Wie der sogenannte Grafeneck-Prozess in Tübingen 1949 paradigmatisch zeigte, waren solche Verfahren aber weder bei den Richtern noch in der lokalen Bevölkerung sonderlich populär. Niemand in der kleinen Universitätsstadt hatte großes Interesse daran, als Richter den Prozess zu führen beziehungsweise als Zuschauer den Ausführungen der Angeklagten zu folgen. Die fünf Verantwortlichen, derer man hatte habhaft werden können, verließen entweder als freie Männer und Frauen den Gerichtssaal oder wurden mit kurzen Gefängnisstrafen belegt. Denn nach damaliger Rechtsprechung konnte man sie nicht wegen Mord verurteilen, sondern lediglich wegen Beihilfe zum Mord. Verantwortlich für die Krankenmorde waren nach Auffassung des Gerichts Hitler und die von ihm Beauftragten, beispielsweise sein Leibarzt Karl Brandt.

Es sollte noch einige Jahre dauern, ehe die westlichen Alliierten den Deutschen die volle Gerichtshoheit einräumten. Erst mit dem Überleitungsvertrag von 1955 endete offiziell die Besatzungszeit. Ferner verpflichtete er die Bundesrepublik zur Wiedergutmachung nationalsozialistischen Unrechts. Die Gesetze, die der westdeutsche Staat fortan auf diesem Rechtsgebiet erlassen sollte, durften laut Vertrag nicht hinter die Regelungen zugunsten der Anspruchsberechtigten zurückfallen, die zwischen 1945 und 1949 in der US-Zone geschaffen worden waren.

Konfliktreiche Kompensation

Wie das an ihnen begangene Unrecht kompensiert werden sollte – das hatten NS-Verfolgte, allen voran jüdische Opfer und Vertreter der politischen Opposition gegen Hitler, bereits lange vor der Einrichtung der Besatzungszonen diskutiert. Die »Wiedergutmachung« des erlittenen Leids galt unter ihnen als zentrale Voraussetzung eines politischen und gesellschaftlichen Neuanfangs. Mit ihrer Hilfe sollte ferner die bipolare Ordnung zwischen Vertretern der »Opfergesellschaft« einerseits und den Tätern andererseits in der postnationalsozialistischen Gesellschaft demonstrativ unterstrichen werden. Die Frage der individuellen Wiedergutmachung, die sich 1945 dann tatsächlich stellte, tangierte insofern auch Fragen von Anerkennung und nationaler Identität.

Mit dem Begriff »Wiedergutmachung« konnten sich die Betroffenen allerdings nur schwer arrangieren. Man könne, so lautete das vorherrschende Argument, die Verbrechen des Nationalsozialismus nicht einfach durch bestimmte Leistungen wie finanzielle Zahlungen für die Verfolgten ungeschehen machen und gleichsam den Status quo ante wiederherstellen. Was überhaupt sei das Leben eines Ermordeten wert? Mit wie viel Geld könne man die Inhaftierung in einem Lager entschädigen? Folglich benutzte der spätere israelische Außenminister Moshe Sharett in diesem Zusammenhang lieber den Begriff »Shilumin«, einen weniger moralisch-normativen Ausdruck, der finanzielle Zahlungen bezeichnet, mit denen nicht automatisch auch Vergebung einhergeht. Gleichwohl setzte sich spätestens nach 1945 Wiedergutmachung als Hyperonym für seine zwei zentralen Rechtsgebiete – die individuelle Entschädigung und die Restitution geraubter Vermögenswerte – durch.

Fragen der Wiedergutmachung hatten noch vor Ende des Kriegs jedoch nicht nur Verfolgte, sondern auch Deutschlands Kriegsgegner erörtert, insbesondere die USA. Anlass waren jedoch nicht moralische Motive, sondern wirtschaftliche Eigeninteressen, denn bis

1945 war etwa eine halbe Million deutscher Flüchtlinge in amerikanische Großstädte geströmt. Diese Migration prägte nicht nur die Wahrnehmung der US-Regierung vom nationalsozialistischen Terror – es waren vor allem Personen, die aus »rassischen«, politischen oder religiösen Gründen Zuflucht suchten. Die Zuwanderungen stellten des Weiteren eine finanzielle Belastung und soziale Herausforderung für die durch die Weltwirtschaftskrise gebeutelte US-Gesellschaft dar. Infolgedessen hatte Washington großes Interesse daran, dass Deutschland nach dem Krieg diesen Verfolgten ihr Eigentum zurückerstatte und monetäre Kompensation gewähre.

Nach dem 8. Mai 1945 avancierten die Bestimmungen in der US-Besatzungszone zum Vorreiter einer zonenübergreifenden Entschädigungs- und Rückerstattungspolitik. Derartige Regelungen trafen innerhalb der ehemaligen »Volksgemeinschaft« allerdings nur begrenzt auf Akzeptanz. Zwar befürworteten rund 60 Prozent der Deutschen die Rückerstattung geraubten Vermögens von Juden. Anderen Verfolgten sollten jedoch keine Mittel zuteilwerden. Diese Haltung resultierte aus der Wahrnehmung, man hätte vor allem »Asoziale« und »Berufsverbrecher« in die nationalsozialistischen Lager gesperrt. Vor dem Hintergrund solcher und anderer Widerstände konstatierte der jüdische Journalist Ernst Landau am 11. Oktober 1946 in der *Süddeutschen Zeitung*, das »Gefühl für die Pflicht zur Wiedergutmachung« sei im Nachkriegsdeutschland noch nicht erwacht. Die Entschädigung sah er als einen »Prüfstein der deutschen Demokratie« an.

Zu diesem Zeitpunkt stand der Terminus »Wiedergutmachung« noch nicht für hoch dotierte Einmalzahlungen oder laufende Leistungen an Individuen. Unmittelbar nach 1945 rückten nämlich sozialfürsorgliche Aspekte ins Zentrum, vor allem die Versorgung der NS-Opfer mit Lebensmitteln und Wohnraum. Entsprechend hatte sich eine Reihe improvisierter Hilfsaktionen für die Befreiten aus den Konzentrationslagern sowie Verfolgtenorganisationen etabliert. Einzelne Länder errichteten Betreuungsstellen, deren Leitung oftmals Verfolgte (wie Marcel Frenkel in Nordrhein-Westfalen oder Philipp Auerbach in Bayern) übernahmen. Nicht zuletzt sollten diese Institutionen die Re-Integration der Opfer in die deutsche Gesellschaft beschleunigen und die Ausbildung einer Opferidentität als soziales Distinktionsmerkmal verhindern.

Darüber hinaus haftete den Maßnahmen auch ein pädagogisches Motiv an. Denn in Gestalt dieser Begünstigungen sollte den Deutschen kommuniziert werden, dass eine angemessene »Gratifikation« nur erhielt, wer als Gegner des Dritten Reiches gelitten hatte. Damit drängte sich automatisch die Frage auf, wer nach 1945 zum Kreis der Anspruchsberechtigten zählen sollte. Während in der US-Zone vor allem jüdische Verfolgte Leistungen empfangen sollten, zielten sowjetische Delegierte auf die Unterstützung der politisch Verfolgten, nämlich der Kommunisten. Für andere Gruppen – beispielsweise Homosexuelle, Zeugen Jehovas oder Opfer der Zwangssterilisation – wurde ein entschädigungsrechtlicher Verfolgungstatbestand verneint. Gesetze zur Zwangssterilisation geistig oder körperlich Behinderter, so hieß es, hätte es in den 1930er-Jahren auch in anderen Staaten gegeben. Die zwangsweise Unfruchtbarmachung sei daher kein »typisches« – und damit entschädigungswürdiges – NS-Unrecht.

In der SBZ kümmerten sich, anfangs noch in Eigenregie, die Ausschüsse der *Opfer des Faschismus* (OdF) um die Versorgung der Verfolgten. Bald jedoch wurden sie in die kommunalen Sozialämter integriert. Ähnlich wie im Westen gestaltete sich auch im Osten die Wahrnehmung der »NS-Verfolgung« hochselektiv. Vorgaben des Berliner OdF-»Hauptausschusses« besagten, nur Personen, die »aktiv« gegen den Faschismus gekämpft hätten, kämen in den Genuss von Vergünstigungen wie Lebensmittelkarten, einer kostenlosen ärztlichen Versorgung oder Wohnraum. Wer hingegen nur »gelitten« habe wie »Bibelforscher« oder »Zigeuner«, wurde an die allgemeine Fürsorge verwiesen. Seit September 1945 waren auch jüdische Verfolgte leistungsberechtigt. Doch nicht nur die OdF-Ausschüsse hierarchisierten Verfolgungsschicksale, sondern auch die Betroffenen. Jean-Michel Chaumont (2001) hat dieses Phänomen als »Konkurrenz der Opfer« bezeichnet: Innerhalb der heterogenen Gesellschaft der Verfolgten glaubten manche, anderen moralisch überlegen zu sein. So wollten etwa politisch Verfolgte, die nicht selten unter Lebensgefahr Widerstand gegen das NS-Regime geleistet hatten, nicht mit anderen Konzentrationslagerhäftlingen wie »Asozialen« oder »Berufsverbrechern« in einem Atemzug genannt werden. Ferner wehrten sie sich dagegen, dass Opfer der Zwangssterilisation Leistungen erhielten; mit »Halb-« und »Vollidioten« wollte man nichts zu tun haben.

1946 versuchte man in der US-Zone, die Soforthilfe für NS-Verfolgte in eine umfassende Entschädigung zu überführen. Die Mitglieder des Stuttgarter Länderrats, dem Koordinierungsforum für die einzelnen Länder in der amerikanischen Besatzungszone, erörterten Regelungen, die nicht nur maßgebend für die eigene Zone werden sollten; sie beeinflussten ab 1953 auch die Bundesentschädigungsgesetzgebung. Einmal mehr jedoch sperrten sich die politisch Verfolgten unter den Länderratsmitgliedern gegen eine Einbeziehung bestimmter Gruppen wie Deserteure oder »Asoziale« in das geplante US-Entschädigungsgesetz. Tradierte Ressentiments, fiskalische Bedenken und der Wunsch nach einer »gerechten« Anerkennung waren hierfür ursächlich. Infolgedessen normierte der Gesetzentwurf lediglich finanzielle Ansprüche von »rassisch«, politisch und religiös Verfolgten. Laut diesem Papier konnte Entschädigung unter anderem für »Schaden am Leben, Körper, Gesundheit, Freiheit und Eigentum« beantragt werden. Im August 1949 trat das erste Entschädigungsgesetz der US-Zone, das USEG, schließlich in Kraft. Frankreich und Großbritannien zogen nach: Deren Entschädigungsregelungen orientierten sich im Wesentlichen an der US-Norm. Zwar hatte die amerikanische Militärregierung dieses Gesetz initiiert, für seine konkrete Ausgestaltung waren aber vor allem deutsche Verfolgte im Stuttgarter Länderrat verantwortlich.

Anders entwickelte sich die Wiedergutmachung in Ostdeutschland. Nach längerem Hin und Her trat dort zwei Tage vor Gründung der DDR die »Anordnung zur Sicherung der rechtlichen Stellung der anerkannten Verfolgten des Naziregimes« in Kraft, die eine verbesserte Sozialfürsorge (Rentenmaßnahmen, Studienbeihilfen für Kinder usw.) für anerkannte Verfolgte des Nationalsozialismus vorsah. Weil eine »antifaschistisch-demokratische« Haltung eine Grundvoraussetzung für den Erhalt von Leistungen darstellte, glich die ostdeutsche »Wiedergutmachung« einer »Wohlverhaltensprämie« (Goschler 2005, 99). Des Weiteren schloss die sowjetische Militärregierung eine Restitution der einst »arisierten« Vermögenswerte an die jüdischen Besitzer schon allein aus praktischen Gründen aus – mehrheitlich hatte die sowjetische Besatzungsmacht diese bereits in »Volkseigentum« umgewandelt. Zwar machten bis 1949 einzelne Länder oder Organisationen wiederholt Vorstöße, um die Rückerstattungsfrage zugunsten der jüdischen Verfolgten zu regeln (teilweise war eine Restitution sogar möglich, aber meistens nur dann, wenn jüdische Gemeinden betroffen waren). Für einzelne Opfer der »Arisierung« war die Eigentumsrückführung aber in der Regel unmöglich: Die sowjetische Militäradministration wollte vor dem Hintergrund der »Sowjetisierung« Ostdeutschlands weder Vermögenswerte ins Ausland transferieren, noch wollte sie die Bevölkerung verprellen und »jüdischen Kapitalisten« Sondervergünstigungen einräumen.

In den Westzonen hingegen setzten die Verantwortlichen Restitutionsbestimmungen auch gegen die Ablehnung der Deutschen durch. Im April 1946 beauftragte die amerikanische Militärregierung den Stuttgarter Länderrat mit der Erarbeitung eines entsprechenden Gesetzentwurfs. Insbesondere der US-Militärgouverneur Lucius D. Clay engagierte sich für die Forderungen von amerikanischen und internationalen jüdischen Organisationen. Am 10. November verkündete die US-Militärregierung das Rückerstattungsgesetz Nr. 59 (USREG). Es regelte die Restitution von geraubten Vermögenswerten in Fällen einer »rassischen, religiösen oder politischen« Verfolgung. Bis 1949 traten auch in der französischen und britischen Zone entsprechende Normen in Kraft. Allerdings enthielten sie keine Bestimmungen über den Umgang mit »erbenlosem Eigentum«, also mit Eigentum, dessen potenzielle Erben dem nationalsozialistischen Massenmord zum Opfer gefallen waren. Erst 1950 erlaubte London der zuständigen *Jewish Trust Company* (JTC), auf dem Gebiet der ehemaligen britischen Zone tätig zu werden.

Schuldfragen

Während der Besatzungszeit überließ ein Teil der Deutschen die Auseinandersetzung mit dem Nationalsozialismus nicht allein den Siegermächten. Insbesondere Intellektuelle präsentierten Deutungen der jüngsten Vergangenheit, wobei ihre Analysen mutig einen neuralgischen Punkt berührten, nämlich die Frage, wer die Schuld für jene Verbrechen trage, die zwischen 1933 und 1945 begangen worden waren.

Diese Schuldfrage in Deutschland öffentlich zu stellen, wagten nach 1945 meist nur ehemals Verfolgte. Während das Gros der Bevölkerung über die letzten Jahre geflissentlich schwieg und die Besatzung durch die Alliierten als Schmach und Zumutung empfand, erhoben einige Akademiker ihre Stimme, die der NS-Staat noch kurz zuvor drangsaliert oder gar entschieden verfolgt hatte. So mancher von ihnen hatte nach der »Machtergreifung« Zuflucht im Ausland gesucht, andere hatten die »innere Emigration« vorgezogen. Des Weiteren erschienen schockierende Berichte von Überlebenden der nationalsozialistischen Lager und auch Vertreter der Kirchen meldeten sich zu Wort. Dabei fand die Frage einer deutschen »Kollektivschuld« schnell Eingang in die Diskussionen der Nachkriegszeit. »Diese Schandtaten: Eure Schuld!« klagte ein Plakat in der amerikanischen Besatzungszone die Deutschen öffentlich an und präsentierte Fotografien von Leichenbergen im Konzentrationslager Dachau. »Alle«, bemerkte der Politologe Dolf Sternberger 1946, »wurden zunächst in einen Topf geworfen. Eigentum und Wohnungen wurden beschlagnahmt ganz ohne Ansehen der Person. Statt des goldenen Zeitalters, das man ironisch ›das vierte Reich‹ genannt hatte, begann die Epoche der Kollektivschuld und der Fragebogen.« (Sternberger 1946, 12)

Abb. 4: Plakat: »Diese Schandtaten: Eure Schuld!« Dieses Plakat der US-Militärverwaltung aus dem Jahr 1945 konfrontierte die Deutschen mit den Verbrechen im Konzentrationslager Dachau und erklärte sie zu Mitschuldigen.

Einer, der sich dezidiert mit der Kollektivschuldfrage auseinandersetzte, war Karl Jaspers. Als der Philosoph im Wintersemester 1945/46 an der wiedereröffneten Universität Heidelberg vor seine Studierenden trat, tat er dies mit gemischten Gefühlen. Einerseits blickte der 61-Jährige dankbar auf die vergangenen Monate und Wochen zurück, denn das Einrücken der US-Armee in Heidelberg am 30. März 1945 hatte ihn und seine jüdische Ehefrau vor der Deportation in ein Konzentrationslager bewahrt. Andererseits war ihm bewusst, dass das, was die jungen Deutschen von ihm im Rahmen seiner Vorlesung über die geistige Situation in Deutschland zu hören bekommen sollten, auf Widerstände stoßen werde. Jaspers, der 1937 in den Ruhestand versetzt und kurz darauf durch ein Publikationsverbot mundtot gemacht worden war, versuchte, eine Brücke zwischen den Besatzern und dem geistigen Nachwuchs Deutschlands zu schlagen. Entschieden wollte er dem Eindruck begegnen, deutsche Professoren seien – wie einst unter Hitler – lediglich Marionetten des politischen Systems:

> »Meine Damen und Herren! Wer von Ihnen in den letzten Jahren als Student in diesen Räumen saß, wird jetzt vielleicht denken: Es klingt plötzlich alles ganz anders; die Szene hat gewechselt; der Gang der politischen Ereignisse stellt die Dozenten als Puppen heraus, einmal diese, einmal jene; als Organe der Macht sagen sie ihr Verslein her; ob sie so oder so reden; keinem ist zu trauen« (Jaspers 1946, 11).

Niemand, erklärte Jaspers den Studierenden, würde ihm eine bestimmte Geisteshaltung aufzwingen; endlich seien Wissenschaftler wie er wieder »frei für die Wahrheit« (Jaspers 1946, 12).

Jaspers Gedanken erreichten im Winter 1945/46 nicht nur seine Zuhörer in Heidelberg. Der Philosoph arbeitete seine Analyse über die Schuld der Deutschen am Nationalsozialismus aus und veröffentlichte sie 1946 unter dem Titel *Die Schuldfrage.* Darin legte er vier Formen von Schuld dar: die kriminelle, die politische, die moralische und die metaphysische. Zugleich rückte Jaspers die Frage der »Kollektivschuld« in den Mittelpunkt seiner Betrachtung: »Fast die gesamte Welt erhebt Anklage gegen Deutschland und gegen die Deutschen« – mit diesen Worten beginnt sein »Schuldbuch«. Die ehrliche Auseinandersetzung der Bevölkerung mit all diesen, durchaus miteinander verbundenen Schuldfragen erklärte Jaspers zu einer Voraussetzung für einen politisch-moralischen Neuanfang. Seine Ausdifferenzierung sollte helfen, die »Flachheit des Schuldgeredes, in dem alles stufenlos auf eine einzige Ebene gezogen wird« (Jaspers 1946, 32) zu überwinden.

Die »kriminelle Schuld« koppelte der Philosoph an individuelle Handlungen, die gegen Gesetze verstoßen hatten und von Gerichten geahndet werden konnten, so wie es seinerzeit in Nürnberg geschah. Jaspers postulierte insofern einen selektiven Täterbegriff. »Täter« waren für ihn jene Eliten, die augenblicklich in der Stadt der »Rassengesetze« auf ihr Urteil warteten.

»Politische Schuld« bestand seiner Auffassung nach »in den Handlungen der Staatsmänner und in der Staatsbürgerschaft eines Staates, infolge derer ich die Folgen der Handlungen dieses Staates tragen muß, dessen Gewalt ich unterstellt bin, und durch dessen Ordnung ich mein Dasein habe. Es ist jedes Menschen Mitverantwortung, wie er regiert wird« (Jaspers 1946, 31). Folglich sei die »politische Schuld« der Deutschen eine kollektive gewesen, seien sie doch dafür verantwortlich gewesen, dass das NS-Regime überhaupt an die Macht kommen konnte: »Der Sinn politischer Haftung erlaubt es niemandem, auszuweichen« (Jaspers 1946, 56). Als Konsequenz, konstatierte Jaspers, müsse das deutsche Volk »Wiedergutmachung« leisten und sich den Plänen der Alliierten beugen.

Die Kollektivschuld der Deutschen lasse sich allerdings nicht auf andere Formen von Schuld übertragen. So dürfe man die Bürger etwa hinsichtlich der »moralischen Schuld« nicht über einen Kamm scheren. Denn jene stehe für Handlungen, die der Einzelne verübte, obgleich sie schwer auf seinem Gewissen lasteten. Diesbezüglich habe jeder Deutsche, der über ein Gewissen verfüge und das Wort »Reue« kenne, die Aufgabe, sich selbst zu durchleuchten. Moralisch schuldig seien »die Sühnefähigen, die, die wussten oder wissen konnten, und die doch Wege gingen, die sie in der Selbstdurchleuchtung als ein schuldiges Irren verstehen, – sei es, daß sie sich bequem verschleierten, was geschah, oder daß sie sich betäuben und verführen ließen, oder sich kaufen ließen durch persönliche Vorteile, oder daß sie aus Angst gehorchten« (Jaspers 1946, 58).

Die vierte Schuldform, die »metaphysische Schuld«, definierte der Philosoph als einen »Mangel an der absoluten Solidarität mit dem Menschen als Menschen« (Jaspers 1946, 64). Diese Schuld treffe all jene, die nicht ihr eigenes Leben zum Schutze anderer eingesetzt hätten. Nach dem Untergang der NS-Herrschaft sei daher die »Reinigung der Seele« notwendig (Jaspers 1946, 104), um politische Freiheit zu erlangen: »Ohne den Weg der Reinigung aus der Tiefe des Schuldbewußtseins«, konstatierte Jaspers, »ist keine Wahrheit für den Deutschen zu verwirklichen« (Jaspers 1946, 101).

Über die gesellschaftspolitische Wirkmacht von Jaspers Schrift existieren in der Forschung unterschiedliche Meinungen (s. Schefczyk 2014, 204-212). Ob man von einem »politisch-philosophischen Gründungsdokument der Bundesrepublik« (Ebd., 204) sprechen kann, sei mit Blick auf das Entstehungsdatum des Werks dahingestellt. Jaspers selbst klagte rund 20 Jahre später jedenfalls in einem *Spiegel*-Interview über die geringe Resonanz seines Werks. Der Philosoph Michael Schefczyk (2014, 207) spekuliert, dass sich die Rezeptionsweise der *Schuldfrage* just in dem Moment änderte, als Jaspers 1948 in die Schweiz übersiedelte. Durch dessen Abwesenheit einer kritischen Gegenstimme beraubt, hätten in Deutschland seitdem vor allem Apologeten *Die Schuldfrage* als Referenz angeführt.

Im August 1946 erschien in Deutschland ein weiteres Buch, dessen Titel allein schon Anlass zur Diskussion bot. Es stammte aus der Feder des 83-jährigen Friedrich Meinecke, Spiritus rector der Ideengeschichte, und trug die Überschrift *Die deutsche Katastrophe.* Wie der Untertitel *Betrachtungen und Erinnerungen* demonstrierte, beanspruchte es zugleich einen autobiografischen Charakter. Worauf bezog Meinecke aber diese »Katastrophe« – auf »1933« oder auf »1945«? Stellte seiner Ansicht nach die alliierte Besetzung eine »deutsche Katastrophe« dar oder bezog sich dieser Ausdruck auf Hitler, der die Deutschen in die Katastrophe geführt habe? So oder so: Der Begriff »Katastrophe« verwies darauf, dass sie keineswegs als anthropogen verstanden werden sollte, wurden Katastrophen doch gemeinhin als ein von außen hereinbrechendes Unglück wie Erdbeben und Hochwasser perzipiert, das den Menschen unvermittelt und plötzlich trifft. Diese Metaphorisierung führte Meinecke in seinem Buch stringent fort. So schrieb er unter anderem kryptisch von »Quellgewässern des Nationalsozialismus« (Meinecke 1946, 38).

Aber auch an anderen Stellen offenbarte sich, dass der Historiker mit *Die deutsche Katastrophe* eine ideologisch motivierte, auf die Moderne zurückzuführende Katastrophe *für* die Deutschen und Deutschland thematisierte. Diesbezüglich skizzierte er eine geschichtliche Fehlentwicklung, die nicht etwa mit Hitler begann, sondern bereits im 19. Jahrhundert. Hart ging Meinecke mit dem preußischen Militarismus, dem deutschen Imperialismus und einem übersteigerten Nationalismus ins Gericht. Letztlich attestierte er damit dem Nationalsozialismus eine über hundertjährige Vorgeschichte. Nicolas Berg bezeichnet *Die deutsche Katastrophe* daher auch als ein »Schlüsselbuch der NS-Deutungsgeschichte«, das die Genese des Dritten Reiches als mehrstufige Niedergangsgeschichte erzählt, als »Verrat am deutschen Kulturauftrag« (Berg 2004, 72).

In seinem Werk widmete sich Meinecke zunächst dem »goldenen Zeitalter« der Goethezeit, die für ihn als ideale Synthese von »abendländischer« und nationaler Kultur firmierte. Darauf aufbauend erklärte er, eine Rettung der Deutschen sei nur durch die Rückbesinnung auf diese Kulturleistung möglich. Die Entstehung der industrialisierten Welt, die wiederum zu einer demografischen »Vermassung« geführt habe, sei für zwei Strömungen verantwortlich: den Sozialismus und den Nationalismus, die fortan koexistierten und sowohl ein »kulturfähiges« als auch ein »kulturwidriges« (Meinecke 1946, 23) Moment beinhalteten. Diese Entwicklung sei allerdings kein genuin deutsches Phänomen gewesen, man fände sie auch in den Nachbarländern. Allerdings hätten diese beiden Stränge Deutschland »schärfer« als woanders »durchquert« (Meinecke 1946, 19). Nach dem Ersten Weltkrieg wären sie miteinander verschmolzen, mit dem Ergebnis, dass das Negative in Gestalt eines unverhältnismäßigen Militarismus, Machtstrebens, Machiavellismus und Nationalismus in den Vordergrund trat und sukzessive – bei einem gleichzeitigen Verlust von humanistischen und christlichen Werten – zu einer autoritären »Menschenlenkung« geführt habe (Meinecke 1946, 16). Hierzu hätten auch die »Überbetonung« (Meinecke 1946, 68) von Technisierung und Rationalisierung des gesellschaftlichen Lebens beigetragen.

Als eigentliche Opfer dieser Entwicklung galten für Meinecke die deutsche Kultur und die Deutschen selbst. Dieses Narrativ eines »Entartungsprozesses« (Meinecke 1946, 41) untermauerte zudem seine Äußerung, ein »Verbrecherklub« (Meinecke 1946, 140) habe das Volk unter seine Herrschaft gezwungen. Indem Meinecke die Schuldfrage derartig verklärte, war es ihm möglich, die Frage nach der Schuld all jener, die nicht zu diesem »Verbrecherklub« gezählt hatten, zu umgehen: »Das deutsche Volk war nicht etwa von Grund aus an verbrecherischer Gesinnung erkrankt, sondern litt nur an einer einmaligen schweren Infektion durch ein ihm beigebrachtes Gift« (1946, 140). Die »dämonische Persönlichkeit« Hitlers sei hierfür verantwortlich gewesen (1946, 141). Entsprechend einer solch sakralen Argumentation postulierte Meinecke einen ebenso sakralen Ausweg, nämlich die »Reinigung« der Seele (1946, 142), die neu gegründete »Goethegemeinden« als ein Hort der Kultur und des Geisteslebens ermöglichen sollten. Explizit thematisierte *Die deutsche Katastrophe* sogar die Gaskammern in den nationalsozialistischen Lagern – allerdings nicht, um der dort Ermordeten zu gedenken. Vielmehr rekurrierte Meinecke erneut auf den Untergang der deutschen Kultur. Denn dort »erstarb schließlich auch der letzte Hauch christlich-abendländischer Gesittung und Menschlichkeit« (1946, 125).

Die Reaktionen auf Meineckes Buch waren ambivalent. Manche begrüßten seine Exkulpation der Deutschen. Der Philosoph und Psychologe Eduard Spranger beispielsweise lobte *Die deutsche Katastrophe* gerade dafür, dass Meinecke die Schuldfrage marginalisiert habe. Das Buch, so Spranger, sei »von milder Weisheit« und weise ein »Höchstmaß an Gerechtigkeit« auf (Brief Sprangers an Meinecke, 25.9.1946; Meinecke 1962, 597). Andere hingegen kritisierten Meineckes Interpretation der deutschen Geschichte. Der Historiker Gerhard Ritter wehrte sich gegen Meineckes seiner Meinung nach geradezu beschmutzende Darstellung des Kaiserreichs, des Preußentums und gegen die von Meinecke gezeichneten Kontinuitätslinien vom 19. ins 20. Jahrhundert.

Neben Analysen bekannter Geisteswissenschaftler erschienen in Deutschland unmittelbar nach dem Ende des Dritten Reiches auch Berichte von bis dahin meist unbekannten NS-Verfolgten. Nachdem sie den Lagerterror überlebt hatten, machten sie sich daran, das Ausmaß der Verbrechen und Gräuel schonungslos für die Öffentlichkeit zu dokumentieren. Berg betrachtet *Die deutsche Katastrophe* daher geradezu als ein »Gegenbuch« (2004, 104) zu diesen Erlebnisberichten von Opfern, die – im Gegensatz zu Meinecke – die Frage von Verantwortung und Schuld dediziert adressierten.

In diesem Kontext stellt Eugen Kogons *Der SS-Staat. Das System der deutschen Konzentrationslager* aus dem Jahr 1946 die wohl bekannteste Veröffentlichung dar. Der ehemalige Buchenwald-Häftling hatte im Auftrag der *Psychological Warfare Division* für das Hauptquartier der Alliierten Expeditionsstreitkräfte gemeinsam mit anderen Häftlingen einen Bericht über das Lager auf dem Ettersberg bei Weimar erarbeitet, der die Basis für sein Standardwerk über das Konzentrationslagersystem bildete. Kogon verstand seinen *SS-Staat* als ein »soziologisches Werk« (Kogon 1946, XIV). Es ging ihm darum, das System der Lager zu analysieren, deren Abläufe und Strukturmechanismen anhand von Dokumenten, eigenen Erinnerungen und Berichten von Häftlingen aus anderen Lagern darzulegen. Tatsächlich legte Kogon eine profunde Darstellung über die Ziele des NS-Staates, den Aufbau und die Entwicklung des Lagersystems, aber auch über das Wachpersonal, die Häftlinge und den Massenmord an Juden und Behinderten vor. Gleichzeitig jedoch, das demonstrierte allein der Titel seines Werks, zeichnete er das Bild eines durchorganisierten, sämtliche Lebensbereiche erfassenden Terrorstaates, in dem Fanatiker agierten. Die Frage, inwieweit der einfache »Volksgenosse« die Ansichten des NS-Regimes teilte, blieb bei Kogon ein weißer Fleck.

Im Kapitel *Das deutsche Volk und die Konzentrationslager* thematisierte Kogon Schuldfragen. Bereits auf den ersten Seiten, auf denen er Hitler als Volksverführer, der die »Humanität strangulierte«, darstellte (Kogon 1946, 327), deutete sich an, dass er einer Kollektivschuld nicht das Wort redete. Mehr noch: Kogon kritisierte den moralischen Zeigefinger der Alliierten, der lediglich die innere »Abwehr« (Kogon 1946, 328) der Deutschen verstärkt habe. Mit der ehemaligen »Volksgemeinschaft« ging er hart ins Gericht: Die Existenz der Konzentrationslager sei der Bevölkerung bewusst gewesen, und doch hätte sie auf dieses Unrecht nicht geschlossen reagiert. Dass lediglich Einzelne und kleinere Gruppen versucht hätten, Widerstand zu leisten, erklärte Kogon mit einer »fast bedingungslose[n] Autoritätsgläubigkeit« (1946, 336) und einem »Mangel an freiheitlichem Mut« (337). Dieser sei darauf zurückzuführen, dass das deutsche Volk »niemals eine politisch prägende nationale Gemeinschaft hervorgebracht« habe (334). Gewissermaßen sei es noch immer auf der Suche nach nationaler Identität. »Schuld« assoziierte Kogon mit individuellen Verfehlungen: »Der Geistliche, der nicht geholfen und die Gelegenheit nicht gesucht hat, wo er helfen konnte, ist schuldig. Der Richter, der nicht [...] genau die Art und die Länge der zu verhängenden Freiheitsstrafe abwog, um zu verhindern, daß der Verurteilte ein KL-Opfer der Gestapo wurde, ist schuldig [...]« (Kogon 1946, 337).

Mit seinen Ausführungen richtete Kogon das Augenmerk auf die Institution Kirche, die sich inmitten des politischen Vakuums der Besatzungszeit als zentrale Moralinstanz verstand und sich deshalb aufmachte, Wege eines Neuanfangs aufzuzeigen. Eine frühe Stellungnahme zur Haltung der evangelischen Kirche zum Nationalsozialismus verfassten Hans Asmussen und Otto Dibelius, vormals Vertreter der gegen Hitler opponierenden *Bekennenden Kirche evangelischer Christen,* auf einer Ratstagung in Stuttgart. Dieses *Stuttgarter Schuldbekenntnis* wurde am 19. Oktober 1945 in Anwesenheit von Mitgliedern des Ökumenischen Rates der Kirchen verlesen. Darin erklärte man:

> »Wohl haben wir lange Jahre hindurch im Namen Jesu Christi gegen den Geist gekämpft, der im nationalsozialistischen Gewaltregime seinen furchtbaren Ausdruck gefunden hat; aber wir klagen uns an, daß wir nicht mutiger bekannt, nicht treuer gebetet, nicht fröhlicher geglaubt und nicht brennender geliebt haben. Nun soll in unseren Kirchen ein neuer Anfang gemacht werden.«

Das *Stuttgarter Schuldbekenntnis,* das dazu diente, Vertretern des Ökumenischen Rates zu demonstrieren, dass in Deutschland eine neue Zeit angebrochen sei, war das Resultat verschiedener Entwürfe. Asmussen formulierte: »Wir wissen, daß es unsere Volksgenossen waren, welche unendliches Leid über ganz Europa und auch nach außereuropäischen Ländern gebracht haben.« Dibelius wies hingegen darauf hin, dass auch die Deutschen Opfer geworden seien, indem er konstatierte: »Wir sind für diesen Besuch um so dankbarer, als wir uns mit unserem Volk nicht nur in einer großen Gemeinschaft der Leiden wissen, sondern auch in einer Solidarität der Schuld« (zitiert nach Greschat 1982, 100 f.). Beide wollten dazu beitragen, den »Geist der Rache« aus den Besatzungszonen zu verbannen. Und wenngleich das *Schuldbekenntnis* den Judenmord verschwieg, weisen Notizen der Verfasser doch darauf hin, dass sie über diese Geschehnisse informiert waren und diese Verbrechen auch bei der Abfassung des Bekenntnisses vor Augen hatten. Eine entsprechende Mitverantwortung der Kirche wurde allerdings nicht expliziert.

Obwohl das *Stuttgarter Schuldbekenntnis* nicht zur Veröffentlichung bestimmt war – es stellte eine rein interne kirchliche Erklärung dar –, gelangte es an die Presse und wurde nach dem 19. Oktober publik. Manche, wie der *Kieler Kurier* am 27. Oktober 1945, verzerrten den Inhalt der Erklärung und titelten: »Evangelische Kirche bekennt Deutschlands Kriegsschuld.« Daraufhin mehrte sich nach dem 19. Oktober 1945 die Zahl der Kirchenaustritte. Die Kirche dürfe nicht politisch sein, protestierten Kritiker, sie stelle sich auf die Seite der Alliierten. Anders nimmt sich die heutige Bewertung aus. Der Historiker Wolfgang Wippermann bezeichnete das *Schuldbekenntnis* mit Blick auf die Betonung eigener Widerstandstätigkeit als »einen kollektiven ›Persilschein‹« (2006, 183). Doch das war kein Alleinstellungsmerkmal des *Schuldbekenntnisses*. Wie schwer den Verantwortlichen seinerzeit eine profunde Selbstreflexion fiel, demonstrierte zwei Jahre später auch das *Darmstädter Wort*, das der Bruderrat der Evangelischen Kirche in Deutschland am 8. August 1947 herausgab. Darin hieß es verklausuliert, man sei »in die Irre gegangen«.

Insgesamt wiesen die Schulddiskussionen in den Jahren 1945 bis 1950 einen inhaltlich beschränkten beziehungsweise verklärenden Charakter auf. Kirchliche Schuldbekenntnisse, die eine juristische

Schuld strikt verneinten, zeichneten sich durch nebulöse Formulierungen aus. Eine Kollektivschuld, verstanden als Mitverantwortung für die Massenmorde »der Nationalsozialisten«, wiesen die Deutschen weit von sich. Wenn überhaupt, seien sie – im Sinne Jaspers' – lediglich in einer Hinsicht kollektiv schuldig geworden: Von einer »politischen Schuld« konnten sie sich nicht ganz freisprechen. Selbst Verfolgte wie Kogon kolportierten diese Ansicht. Mithilfe einer solch eingeschränkten Interpretation versuchte die Bevölkerung, den Vorwurf der Kollektivschuld von sich zu weisen.

Wenngleich entsprechende Thesen in der Forschung existieren: Sicherlich war der Kollektivschuldvorwurf nicht gänzlich hausgemacht, denn tatsächlich kursierten zumindest in der US-Zone Plakate, die die Gräuel der Lager offenbarten und die Deutschen dafür verantwortlich erklärten. Gleichzeitig jedoch hatten die Ankläger im Nürnberger Prozess die Kollektivschuld der Deutschen explizit verneint. Ungeachtet dessen wurde sie jedoch Gegenstand eines entsprechenden Diskurses in Deutschland. In der Konsequenz sah sich Theodor Heuss 1949 sogar genötigt, den Begriff der »Kollektivschuld« zu einer (offensichtlich weniger belastenden) »Kollektivscham« umzucodieren:

> »Aber etwas wie eine Kollektivscham ist aus dieser Zeit gewachsen und geblieben. Das Schlimmste, was Hitler uns angetan hat – und er hat uns viel angetan –, ist doch dies gewesen, daß er uns in die Scham gezwungen hat, mit ihm und seinen Gesellen gemeinsam den Namen Deutsche zu tragen« (Heuss 1949/1965, 101).

Letztlich erfüllte der innerdeutsche Meinungsaustausch über eine exklusiv als »kriminelle Schuld« verstandene Kollektivschuld zwei Funktionen:

- *Erstens* diente sie dazu, der Welt und sich zu demonstrieren, dass nicht alle Deutschen nach 1933 zu Verbrechern geworden waren.
- *Zweitens* diente sie Opfern der NS-Herrschaft wie Eugen Kogon dazu, sich in die deutsche Gesellschaft zu re-integrieren, ohne

gleichzeitig darauf verzichten zu müssen, den kleineren Kreis der Täter scharf zu verurteilen.

Selbstfindung durch Universalisierung

Einige Monate vor dem Ende des Zweiten Weltkriegs formulierte die Schriftstellerin Anna Seghers 1944 im Exil ihre Programmatik *Aufgaben der Kunst.* Das auf das postnationalsozialistische Deutschland ausgerichtete Kunstkonzept der 1900 Geborenen, deren Bücher die NS-Führung verboten und die in den 1930er-Jahren in der Schweiz, dann in Paris und schließlich in Mexiko Zuflucht gesucht hatte, umfasste Forderungen an eine zukünftige, »antifaschistische« Literatur. Danach sollten vor allem Exilschriftsteller und -schriftstellerinnen die Nachkriegssituation des deutschen Volkes, die Folgen der Zustimmung zu Hitler und die politische Ohnmacht der Besiegten so schonungslos wie möglich thematisieren und darüber hinaus ihre positiven Erfahrungen mit fremden Kulturen im Exil schildern, um gesellschaftliche Vorurteile abzubauen. Literaten sollten sich einer offenen und modernen Schreibform bedienen, die sich von der Sprache der Nationalsozialisten distanziere.

Ähnliche Programmatiken verfassten nach Kriegsende auch andere Schriftsteller und Schriftstellerinnen, die jetzt entweder aus dem Exil heimkehrten oder aber in »innerer Emigration« in Deutschland verblieben waren und mit ihren Werken nach 1945 einen Beitrag zur Demokratisierung leisten wollten. Als entsprechendes Forum firmierte die Zeitschrift *Der Ruf. Unabhängige Blätter der jungen Generation*, die Hans Werner Richter und Alfred Andersch 1946 gründeten. Diese junge Generation bestand aus einem bunten Zusammenschluss von Publizisten und Literaten, aus dem später die »Gruppe 47« hervorging. Sie trat für einen literarischen Neuanfang ein und wollte das »deutsche Geistesleben« grundlegend erneuern.

UNABHÄNGIGE BLÄTTER

DER RUF

DER JUNGEN GENERATION

NR. 1 / 1. JAHRG. PREIS 90 PF. MÜNCHEN, 15. AUGUST 1946

Das junge Europa formt sein Gesicht

Abb. 5: Titelblatt der ersten Ausgabe der Zeitschrift »Der Ruf« vom 15. August 1946.

Die Literaturwissenschaft rechnet Seghers Werke aus den späten 1940er-Jahren zur sogenannten Trümmerliteratur, einem Genre, das sich internationalen und nichtrassistischen Themen widmete und das Ziel verfolgte, in einfacher Sprache das Innere der Deutschen nach dem Zweiten Weltkrieg darzustellen. Die damaligen Publikationen repräsentierten frühe erinnerungspolitische Aushandlungsprozesse, in deren Zentrum die nationale Identität, Deutungen des Nationalsozialismus oder die Suche nach der Sinnhaftigkeit des Kriegs standen. Bezüglich der Art und Weise, in der sich Schriftsteller mit dem Nationalsozialismus auseinandersetzen wollten, spielte es jedoch eine entscheidende Rolle, in welcher Besatzungszone man sich befand. Denn die an sie gestellten Anforderungen unterschieden sich in der SBZ und den Westzonen erheblich, schließlich betrachteten die Besatzungsmächte ihre Kulturpolitik als Teil des *Reeducation*-Programms, das unterschiedliche Arenen vereinnahmte: Neben der Umstrukturierung von Rundfunk und Presse und der Umgestaltung der Schulbildung dienten auch Dokumentarfilme über die Konzentrationslager wie die 1945 ausgestrahlte Produktion *Die Todesmühlen* der Aufklärung.

Auch auf der Bühne korrespondierten Einordnungsversuche der jüngsten Vergangenheit mit einer lautstarken Kritik am Kriegsgeschehen und seinen Folgen: Das »Zeitstück« war geboren. Ein sensationeller Erfolg wurde insbesondere Wolfgang Borcherts Heimkehrerdrama *Draußen vor der Tür* zuteil, das 1947 zunächst als Hörspiel das Publikum erreichte. Borcherts Stationendrama, in fünf Szenen gegliedert, erzählt die Geschichte des Heimkehrers Beckmann, der seinen Platz in der deutschen Nachkriegsgesellschaft sucht, aber nicht finden kann. Auf dem Weg durch seine Heimatstadt trifft er niemanden, dem er die Verantwortung für den Tod ihm unterstellter Soldaten zuschieben könnte. Beckmanns Eltern, überzeugte Anhänger des NS-Systems, so erfährt er, hätten bei Kriegsende Selbstmord begangen, sein Vater hätte bis zuletzt die Juden für den Krieg verantwortlich gemacht. »Wohin soll ich denn?«, fragt Beckmann in Borcherts Drama hilflos, »verraten sind wir. Furchtbar verraten«.

Borchert, der im Dritten Reich wegen Defätismus inhaftiert worden war, gelang es, die Gefühlswelt und Wahrnehmung jener Soldaten einzufangen, die sich von Hitler, seinen Funktionseliten und direkten Vorgesetzten betrogen sahen. Lautstark spendete ihm Applaus, wer sich in seinem Werk wiederfinden konnte: im Gefühl des Fremdseins in der eigenen Familie und der eigenen Heimat. Das Drama bediente in Zeiten alliierter Besatzung das Bedürfnis vieler, sich als Betrogene zu sehen, verraten und missbraucht von Vorgesetzten und anderen Entscheidungsträgern des NS-Systems. Insofern vollzog sich hier eine bemerkenswerte gesellschaftliche Metamorphose, nämlich die Umwandlung der nationalsozialistischen »Volksgemeinschaft« in eine deutsche »Opfergemeinschaft«.

Gleichzeitig blieben bestimmte Themen ein Tabu. So kritisierte Jan Philipp Reemtsma 1996 mit Blick auf die blinden Flecken des Dramas: »*Draußen vor der Tür* lieferte die Formel und Bilder, mit deren Hilfe sich ein deutsches Publikum von seiner Vergangenheit lossagen konnte, ohne die Frage nach Verantwortung und Schuld stellen, geschweige denn beantworten zu müssen« (Reemtsma 1996, 239). *Draußen vor der Tür* spaltete aber auch schon damals die deutsche Öffentlichkeit: Während sich die professionelle Theaterkritik mit Lob zurückhielt, schien Borcherts Drama den Bürgern aus der Seele zu sprechen – wenngleich Stimmen existierten, die sein Negativbild der Wehrmacht rügten oder sich angesichts des Kriegselends nun positivere Stücke wünschten. Borcherts Erfolg gründete sich folglich auf der Tatsache, dass sein Stück rührselige Einblicke in den Gemütszustand des Typus »Kriegsheimkehrer« ermöglichte, gleichzeitig jedoch das Kriegsgeschehen oder gar den Judenmord beschwieg. Vielmehr erschien der Zweite Weltkrieg historisch dekontextualisiert, stilisiert zu einem katastrophischen Ereignis.

Eine dezidierte Auseinandersetzung mit dem Nationalsozialismus und seinen Verbrechen vermochte aber auch Carl Zuckmayers *Des Teufels General* nicht zu leisten. Im Gegensatz zu Borchert skizzierte Zuckmayer einen anderen Typus von Kriegsteilnehmer. Sein General Harras, dessen Vorbild Zuckmayers Freund Ernst Udet war, verkörpert einen typischen Profiteur des Dritten Reiches. Das 1947 uraufgeführte Stück handelt von mehreren Sabotageakten an Kriegsflugzeugen, deren Urheber Harras binnen weniger Tage ermitteln soll. Harras ist sich bewusst, dass er mit dem »Teufel« paktiert, allerdings kann er anfangs seine Verachtung gegenüber dem NS-Regime noch mit Alkohol und Frauenbekanntschaften kompensieren. Erst im Laufe des Stücks erkennt der General seine Mitverantwortung am politischen Zustand des Reiches. Im dritten Akt schließlich gesteht ihm sein Chefingenieur Oderbruch, verantwortlich für die Manipulationen der Flugzeuge zu sein. Einen Untersuchungsbericht hinterlassend, der ihn selbst als Saboteur ausweist, fliegt Harras mit einer solchen Maschine in den Tod.

Des Teufels General erntete Lob und Tadel. Manche Zuschauer warfen Zuckmayer vor, den Offiziersstand zu verherrlichen. In der SBZ wurde das Stück daher nicht aufgeführt. Dennoch war Zuckmayers Erfolg nicht zu stoppen: 1955 kam *Des Teufels General* mit Curd Jürgens als Harras sogar in die westdeutschen Kinos. Ähnlich wie bei Borcherts Beckmann verdichtete Zuckmayers Harras Eigenschaften und Zuschreibungen, die eine bestimmte Retrospektive der Bevölkerung auf das Dritte Reich zu spiegeln schienen. Hierbei handelte es sich vor allem um die Dämonisierung des Nationalsozialismus, vor dessen Hintergrund die Figur des heroischen wie sympathischen Generals umso schillernder leuchtete. Man unterstrich das Rückgrat der Hauptfigur, die selbst in der Gestapohaft nicht zusammenbrach und jüdischen Freunden half. Der international angesehene Zuckmayer trug damit positive Tugenden des deutschen Generals, der im Zweiten Weltkrieg seinem Land gedient hatte, hinaus in die Welt.

Neben den »Zeitstücken« etablierte sich Mitte der 1940er-Jahre das Genre der »Zeitfilme«, die sich mitunter auch der Judenverfolgung und einzelnen Kriegsverbrechen widmeten. Am 15. Oktober 1946 wurde im Berliner Admiralspalast Wolfgang Staudtes *Die Mörder sind unter uns* ausgestrahlt. Staudte, der 1940 noch als Schauspieler im NS-Propagandastreifen *Jud Süß* zu sehen war, hatte mit seinem Werk in der SBZ nicht nur den ersten deutschen »Trümmerfilm« produziert. Im Gegensatz zu Produktionen in den Westzonen behandelte *Die Mörder sind unter uns* darüber hinaus ein Verbrechen, das man dort tabuisierte: die Erschießung polnischer Zivilisten. Während der amerikanische Kontrolloffizier für den deutschen Film, Peter van Eyck, Staudtes Filmidee eine Absage erteilte – man wollte die *Reeducation* der Deutschen ungern aus der Hand geben –, versprach der sowjetische Kulturoffizier Alexander Dymschitz, Staudtes Film zu realisieren. Ähnlich wie die Trümmerliteratur sollten auch Trümmerfilme wie *Die Mörder sind unter uns* realitätsnah das Leben der Deutschen nach dem Untergang des Dritten Reiches darstellen und bei den Zuschauern die Auseinandersetzung mit dem Nationalsozialismus fördern, dessen Ästhetik man gleichzeitig überwinden wollte.

Der Film spielt im ausgebombten Berlin des Jahres 1945 und erzählt die Geschichte des Chirurgen Hans Mertens, den seine Mitschuld an einer Massenerschießung 1942 in Polen nicht zur Ruhe kommen lässt. Als Mertens seinen damaligen Vorgesetzten Brückner wieder trifft, der sich in der Nachkriegsgesellschaft bequem eingerichtet hat, beschließt er kurzerhand, ihn zu töten. Im letzten Moment kann Mertens Geliebte, 1945 aus der Konzentrationslagerhaft zurückgekehrt, ihn jedoch zurückhalten: Kriegsverbrechen, so lautete die von Dymschitz diktierte Botschaft des Films, dürfen nicht durch persönliche Racheakte gesühnt werden, sondern allein durch die Justiz.

Bis Ende der 1940er-Jahre hatten rund fünf Millionen Deutsche *Die Mörder sind unter uns* gesehen. Der Film wurde als aufrüttelnde Mahnung verstanden, sich mit der jüngsten Vergangenheit auseinanderzusetzen. Den Zuschauern gefiel die Produktion – nicht zuletzt auch deshalb, weil Staudte, wie andere seiner Kollegen auch, die Grausamkeiten der zurückliegenden Jahre schönte: So stieg die von Hildegard Knef gespielte KZ-Überlebende und Geliebte Mertens, Susanne Wallner, gut genährt und äußerlich makellos in Berlin aus dem Zug. Nur wenige, wie der Schriftsteller Wolfdietrich Schnurre kritisierten die eindimensionale Darstellung von Schuld und Verantwortlichkeit in Staudtes Trümmerfilm: Schnurre zufolge lebten die Mörder nicht *unter* den Deutschen, die Deutschen *seien* die Mörder. Auch der Chirurg Mertens, der nicht entschieden genug gegen die »Liquidierung« der polnischen Geiseln interveniert habe, müsse Verantwortung übernehmen, konstatierte der Kritiker.

Der deutsche Trümmerfilm appellierte bis 1950 an den Lebensmut und den Aufbauwillen der Bevölkerung. Danach konnte sich dieses Genre nicht länger halten, zu groß war das allgemeine Bedürfnis, Abstand zur NS-Zeit zu gewinnen. Das Handeln ihrer Darsteller und Darstellerinnen zeugte stets von Humanität, die als Voraussetzung für einen Neuanfang galt. Gleichzeitig versuchten die Filmemacher, bestimmte Themen sensibel anzufassen: Daher verzichteten sie auf eine realistische dokumentarische Abbildung von NS-Verbrechen. Wie Hildegard Knefs Auftritt in *Die Mörder sind unter uns* verdeutlichte, übten sich die Filmemacher im Spagat: Unter den Auspizien der Alliierten galt es einerseits, NS-Unrecht nicht gänzlich zu tabuisieren, andererseits musste der Grad des Zumutbaren vor dem Hintergrund hoffnungsvoller Botschaften bezüglich der Zukunft Deutschlands austariert werden.

Insgesamt präsentieren sich die Jahre vor der Gründung der beiden deutschen Staaten als Phase eines zähen Demokratisierungsprozesses der ehemaligen »Volksgemeinschaft«, dessen Ergebnisse unterschiedliche Reichweiten besaßen. Zu einer Zeit, in der die Deutschen keine intrinsische Motivation zur Auseinandersetzung mit dem Dritten Reich verspürten, sorgten Impulse von außen zumindest dafür, dass Verantwortliche für NS-Verbrechen vor Gericht gestellt und bestraft wurden. Ohne das Diktat der Alliierten, sich der jüngsten Vergangenheit zu stellen, und ohne deren massiven, wenngleich im Ergebnis oft begrenzten Eingriffe in Sachen Strafverfolgung, Entnazifizierung und Wiedergutmachung wären die zwölf Jahre NS-Herrschaft wohl kaum öffentlich thematisiert worden. Wie gleich mehrere Beispiele in diesem Kapitel gezeigt haben, verstanden sich jene Deutsche, die nicht vom NS-Staat verfolgt worden waren, nach 1945 als eine Gesellschaft, die von Hitler und seinen Granden »verraten« worden war: Das ans Licht kommende Ausmaß der nationalsozialistischen Verbrechen erstaunte, man hatte – so ein Narrativ der »Volksgemeinschaft«, die sich nun in eine »Opfergemeinschaft« umdefinierte – doch von all dem nichts gewusst. Infolgedessen konnten die Schuldvorwürfe der Alliierten die Abwehrhaltung der Bevölkerung verstärken.

Daneben existierte die große Gruppe der NS-Opfer, die es schwer hatte, sich in die Gesellschaft zu integrieren. Zusätzlich führten die untereinander ausgetragenen Anerkennungskämpfe um Entschädigung zu Spaltungen innerhalb dieser Gruppe. Gleichwohl setzten nach 1945 unterschiedliche Versuche von innen ein, die auf eine Auseinandersetzung der Deutschen mit dem Nationalsozialismus zielten. Allerdings waren diese in der Minderheit und häufig von bestimmten Sagbarkeitsregeln geprägt, die eine Thematisierung bestimmter Gräueltaten als unzumutbar ausschlossen. Intellektuelle wie Karl Jaspers oder Friedrich Meinecke trugen derweil mit ihren Deutungsangeboten der NS-Vergangenheit dazu bei, sich als Deutscher mit den Folgen des verlorenen Weltkriegs mental besser zu arrangieren. Erst 1949, mit dem Ende der Besatzungszeit, die in der Gründung zweier deutscher Staaten mündete, begann sich diese gedrückte Bewusstseins- und Gefühlslage zu wandeln.

2

Nach der Besatzung: Staatenkonsolidierung und Systemwettstreit

In den Jahren nach Kriegsende zogen sich die alliierten Sieger sukzessive aus den gesellschaftlichen und politischen Angelegenheiten Deutschlands zurück. 1949 konstituierten sich die Bundesrepublik und die DDR als zwei eigenständige deutsche Staaten und mit dem Inkrafttreten des Überleitungsvertrags 1955 endete das Besatzungsrecht. In diesen Zeiten wiedererlangter Autonomie war den Deutschen die kritische Auseinandersetzung mit dem Dritten Reich und der eigenen Schuld kein vorrangiges Bedürfnis. Vielmehr gingen die ersten Schritte der jungen Regierungen in Bonn und Ost-

Berlin in die entgegengesetzte Richtung, wie exemplarisch der 1952 in Westdeutschland eingeführte »Volkstrauertag« zeigte: An ihm wurde das Gedenken an die Opfer des Nationalsozialismus mit der Erinnerung an die Kriegstoten verschmolzen. Der Wunsch, Abstand von der Vergangenheit zu nehmen, kollidierte indes mit Problemen, die aus dem Zusammenbruch des NS-Staates resultierten und nun einer Lösung harrten, um die soziale Ordnung in beiden Staaten nicht zu gefährden: Welcher Weg sollte hinsichtlich der Entschädigung der noch lebenden Opfer eingeschlagen werden? Wie sollte man mit NS-Tätern und einstigen Trägern des »Führerstaates« verfahren?

Zumindest in dieser zweiten Frage wurde man sich in Bonn schnell einig: »Im Anfang war, noch vor Adenauer, die Idee der Amnestie.« Mit diesem Worten spitzte Norbert Frei (1997, 29) die Grundzüge einer (Vergangenheits-)Politik zu, in deren Zentrum der frühe Umgang der Westdeutschen mit ihrer NS-Vergangenheit stand. Die eilig in die Wege geleitete Amnestierung belasteter Nationalsozialisten war nicht nur durch die wiedererlangte staatliche Handlungsmacht möglich geworden, sie war ferner von der politischen Klasse der Bundesrepublik gewollt und wurde bewusst forciert. Denn die gesellschaftliche Integration von Trägern und Tätern des Dritten Reiches galt als Prämisse für den Aufbau eines funktionierenden politischen Systems. Ein solches den Alliierten präsentieren zu können, war ein wichtiger Lackmustest, um der Bundesrepublik die Souveränität zu sichern. Während in der Frage der einstigen Funktionsträger des Nationalsozialismus und anderer Gruppen die Zeichen auf Inklusion standen, sollte sich ausgerechnet die Entschädigungsgesetzgebung durch Ausgrenzung auszeichnen: Bestimmte Verfolgtengruppen fielen aufgrund tradierter Ressentiments durch das Netz der bundesdeutschen Wiedergutmachung.

Die Integrationsangebote für politisch »Belastete« und der Ausschluss einzelner Opfer von staatlichen Leistungen stellten allerdings keine Alleinstellungsmerkmale der Bundesrepublik dar. Auch die Regierung Ostdeutschlands hielt über ehemalige Nationalsozialisten ihre schützende Hand und ignorierte das Schicksal diverser NS-Verfolgter. Zugleich kommunizierte Ost-Berlin der eigenen Bevölkerung wiederholt, dass sich die DDR in einem »Systemwettstreit« befände. In diesem Kontext begann man, die vorherrschende »Täterschutzpolitik« massiv zu skandalisieren – allerdings nur jene, die sich im Herrschaftsbereich des kapitalistischen »Systemkonkurrenten« Bundesrepublik abspielte: Inmitten des Kalten Kriegs der 1950er-Jahre setzte unter der Bezeichnung »Blutrichter-Kampagne« eine gegen Westdeutschland gerichtete Negativpropaganda ein, die bezweckte, die DDR den eigenen Bürgern und der Weltöffentlichkeit als das humanere und sozialere Deutschland zu präsentieren. Während in Bonn weiterhin »Alt-Nazis« an den Schaltstellen der Macht säßen, so hieß es, habe die SED-Regierung restriktiv und konsequent die ideologischen und personellen Überbleibsel des NS-Staates beseitigt. Materialisierter Ausdruck dieses »Antifaschismus« stellten die in den 1950er-Jahren gegründeten nationalen Gedenkstätten wie Buchenwald dar, die ostdeutsche Schulklassen im Rahmen der »antifaschistischen Erziehung« besuchen mussten.

Dieses Kapitel markiert anhand vier interdependenter Fallbeispiele Gemeinsamkeiten und Unterschiede beider deutscher Staaten im Umgang mit dem Nationalsozialismus nach dem Ende der Besatzungszeit. Neben *erstens* der Vergangenheitspolitik gegenüber ehemaligen NSDAP-Mitgliedern vor und hinter der deutsch-deutschen Grenze, *zweitens* der ost- und westdeutschen Wiedergutmachungspolitik und *drittens* der »Blutrichter-Kampagne« – deren Analysen zeigen, dass eine auf die innere Konsolidierung zielende Politik und nicht etwa moralische Gründe handlungsleitend waren – widmet das Kapitel sich *viertens* der Geburt der Zeitgeschichte als wissenschaftlicher Disziplin. Dieses letzte Fallbeispiel offenbart nicht nur den komplizierten Umgang deutscher Historiker mit Verfolgten und die Vorbehalte gegenüber bestimmten Themen der jüngsten Vergangenheit. Es demonstriert zugleich den Beginn einer entschiedenen Politisierung von Wissenschaft in der DDR.

Vergangenheitspolitik beiderseits der Mauer

Für Regierungsmaßnahmen, die der inneren Stabilisierung des westdeutschen Staates dienten, prägte Norbert Frei 1997 den Begriff »Vergangenheitspolitik«. Dieses »›Konzept‹ der weitgefaßten Pardonierung« (1997, 14) dominierte den Zeitraum von 1949 bis Mitte der 1950er-Jahre und wurde von den Bürgern und Bürgerinnen der Bundesrepublik geradezu erwartet:

> »In erster Linie ging es dabei um Strafaufhebungen und Integrationsleistungen zugunsten eines Millionenheers ehemaliger Parteigenossen, die fast ausnahmslos in ihren sozialen, beruflichen und staatsbürgerlichen – nicht jedoch politischen – Status quo ante versetzt wurden, den sie im Zuge der Entnazifizierung, Internierung oder der Ahndung ›politischer‹ Straftaten verloren hatten. In zweiter Linie, gewissermaßen flankierend, ging es um die politische und justitielle Grenzziehung gegenüber den ideologischen Restgruppen des Nationalsozialismus; dem jeweiligen Bedarf entsprechend, wurde der anti-nationalsozialistische Gründungskonsens der Nachkriegsdemokratie dabei punktuell neu kodifiziert. Was als Vergangenheitspolitik verstanden und untersucht werden muß, konstituiert sich somit aus den Elementen Amnestie, Integration und Abgrenzung.« (Frei 1997, 13 f.)

Vergangenheitspolitik wurde im Westen unmittelbar nach der konstituierenden Sitzung des Bundestags 1949 gemacht. Bis in die 1950er-Jahre hinein lässt sich die Entwicklung eines inhaltlich geschlossenen Konglomerats entsprechender Entscheidungen und Gesetze nachverfolgen, die auf das Ende der Politik der Vorjahre zielten – beziehungsweise darauf, sie rückgängig zu machen. Die Profiteure dieser Vergangenheitspolitik waren die »Geschädigten« der Entnazifizierung, darunter entlassene Beamte, »Mitläufer« und Kriegsverbrecher, die man in der Bundesrepublik apologetisch »Kriegsverurteilte« nannte. Gleichzeitig hatte die Adenauer-Regierung nicht völlig freie Hand: Vergangenheitspolitische Vorstöße mussten mit den Alliierten abgestimmt werden, die sich aber zu Konzessionen bereit erklärten.

Vor allem in den gesetzgeberischen Maßnahmen der westdeutschen Regierung offenbarte sich der Wunsch nach einem »Schlussstrich«: Das als »Bundesamnestie« annoncierte Straffreiheitsgesetz von 1949, parlamentarische Diskussionen über das Ende der Entnazifizierung, das berühmte 131er-Gesetz von 1951 und das zweite Straffreiheitsgesetz von 1954, das bestimmte »Endphaseverbrechen« amnestierte – sie alle markierten Meilensteine auf dem Weg der Bundesrepublik in eine Zukunft, die der NS-Zeit dezidiert den Rücken kehren wollte. Wie stark dieses Bedürfnis war, verdeutlichte allein das Faktum, dass noch im Gründungsjahr der Bonner Republik – gegen Vorbehalte der Alliierten Hohen Kommission, jedoch mit Unterstützung des gesamten Parlaments – das Straffreiheitsgesetz die Verantwortlichen von Taten begnadigte, die bis zum 15. September 1949 begangen worden waren und mit einer Gefängnisstrafe von maximal sechs Monaten beziehungsweise einer einjährigen Bewährungsstrafe geahndet werden konnten. Diese Norm, die über eine beträchtliche Signalwirkung verfügte und insgesamt über 790 000 Personen zugutekam, bezog sich auch auf NS-Taten wie Körperverletzung und Raub, die während der »Reichskristallnacht« verübt worden waren. Ferner profitierten von dem Gesetz die »Illegalen«, die es nach dem »Zusammenbruch« vorgezogen hatten, eine falsche Identität anzunehmen, unterzutauchen und sich der Entnazifizierung zu entziehen.

Nur kurze Zeit später nahm der Staat auch seine ehemaligen Beamten in Schutz. Das 1951 in Kraft getretene *Gesetz zur Regelung der Rechtsverhältnisse der unter Artikel 131 des Grundgesetzes fallenden Personen*, das sogenannte 131er-Gesetz, ermöglichte über 300 000 entlassenen Beamten und Berufssoldaten die Rückkehr an ihren früheren Arbeitsplatz. Weil sich darunter eine Reihe von Gestapobeamten befand, bezeichnet Frei das 131er-Gesetz als »vergangenheitspolitischen Dammbruch« (1997, 19). Und auch diese Norm hatte Signalcharakter: So adressierten in der Folgezeit unter anderem Mitglieder der ehemaligen Waffen-SS Versorgungsansprüche an die zuständigen Stellen. Eine Strafverfolgung befürchteten sie nicht.

Ein weiteres Charakteristikum bundesdeutscher Vergangenheitspolitik zur Integration von Tätern und Belasteten offenbarte sich in der Kriegsverbrecherfrage. Mit großem Engagement versuchten nach 1945 zunächst die Kirchen, Begnadigungen für zum Tode Verurteilte herbeizuführen. Dahinter verbarg sich allerdings nicht die Ablehnung der Todesstrafe als solche aus ethischen Gründen, sondern Aversionen gegenüber der alliierten »Siegerjustiz«. Doch auch entsprechende Lobbygruppen, wie etwa der Heidelberger »Juristenkreis« – eine Gruppe um die Nürnberger Verteidiger – sowie hochrangige Militärs übten Druck auf die Regierung aus. In Bonn existierte seit 1950 in Gestalt der an das Justizministerium angegliederten Zentralen Rechtsschutzstelle eine Institution, die systematisch Häftlingen im Ausland und in den alliierten Gefängnissen in Deutschland Strafverteidiger zur Seite stellte. Für die Fürsprecher der »Kriegsverurteilten« ging es um nicht weniger als um eine moralische Rehabilitierung ihrer Professionen, aber auch um die Wiedererlangung von Führungsansprüchen und Handlungsmacht. Argumentativ spielte gerade hochrangigen Vertretern der Armee der Kalte Krieg in die Hände: Vor dem Hintergrund des Koreakriegs zwischen 1950 und 1953 lautete ihre Ansage an die Politik: Ehe man die »Kameraden« nicht aus den Gefängnissen der Alliierten befreie, werde es aus der Bundesrepublik keine Unterstützung zur Verteidigung des Westens geben.

Bundeskanzler Adenauer machte sich derweil vor der Alliierten Hohen Kommission für NS-Täter stark und konnte eine Revision der Urteile erwirken. Besonders John McCloy, Hoher Kommissar der USA und damit deren höchster Vertreter in Westdeutschland, zeigte sich angesichts des Protests vonseiten der Bevölkerung, Politik und Medien offen für die Reduzierung von Gefängnisstrafen und die Überprüfung von Todesurteilen; seiner Meinung nach sollte das Thema die Beziehung beider Staaten nicht unnötig belasten. Im Januar 1951 lag das Ergebnis für 102 Landsberger Häftlinge vor. Rund ein Drittel der zu Haftstrafen Verurteilten sollte begnadigt werden, und von insgesamt 28 Todesurteilen wurden 21 kassiert. McCloy hielt jedoch am Todesurteil für den Einsatzgruppenführer Otto Ohlendorf fest und auch Oswald Pohl, der Leiter des SS-Wirtschafts- und Verwaltungshauptamts, wurde im Juni 1951 in Landsberg hingerichtet. Ein gutes Jahrfünft später saß nur noch eine Handvoll Verurteilter weiterhin in den Gefängnissen der Alliierten. Der Großteil genoss bereits die Freiheit.

Ferner wurden zwischen 1949 und 1955 die Diskursregeln in Bezug auf Nationalsozialismus und Judenfeindlichkeit ausgehandelt. Als Arenen der Auseinandersetzung fungierten die Gerichtssäle der Bundesrepublik, in denen Richter darüber zu entscheiden hatten, wie man mit Rechtfertigungen des Massenmords an den Juden umgehen sollte. Im Bonner Bundeshaus machten sich derweil die Parteien für das Verbot der rechten Sozialistischen Reichspartei (SRP) als Nachfolger der NSDAP stark. Ab 1952 gehörte sie der Vergangenheit an. Überdies wurden Themen verhandelt, mit denen Carl Zuckmayer die Öffentlichkeit in Gestalt seines *Des Teufels General* Jahre zuvor konfrontiert hatte. Hierbei ging es um den Widerstand gegen Hitler im Allgemeinen und den militärischen Widerstand im Besonderen. Gerade die Auseinandersetzung mit der militärischen Opposition, insbesondere den Männern des »20. Juli«, stellte für die Politik ein heißes Eisen dar: Die moralische Leistung der Hitler-Attentäter um Graf von Stauffenberg zu betonen, hätte das Ansehen der Deutschen in der internationalen Welt steigern können. Allerdings hätte man damit in Kauf genommen, die Mehrheit der »pflichtbewussten« Soldaten des Zweiten Weltkriegs zu verprellen. Besonders diese Personengruppe jedoch benötigte die Regierung für den Wiederaufbau einer Armee. Der »Aufstand des Gewissens«, konturiert Peter Reichel (2004, 62) die Dilemmata der politisch Verantwortlichen, »war ein wichtiges, aber eben auch umstrittenes politisches Gründungskapital für die Bundesrepublik«. Denn schließlich berührte der Umgang mit den Widerständlern die Frage des soldatischen Leitbilds: Wie sollte sich der neue Bundeswehrsoldat verhalten – pflichtbewusst und unbedingt gehorsam oder seinen eigenen moralischen Überzeugungen nach handelnd? Erschwerend kam hinzu, dass die Widerstandskämpfer im Bendlerblock und ihre Gleichgesinnten in den Augen der Mehrheit »Verräter« darstellten: 1951 äußerten sich lediglich 40 Prozent der Westdeutschen positiv über jene Militärs, die Goebbels 1944 zu »ehrlosen Lumpen« erklärt hatte. Auch der »Remer-Prozess« 1952, in dem die Richter den Unrechtscharakter des Dritten Reichs unterstrichen und Otto Ernst Remers Vorwurf, die Männer des 20. Juli seien Landesverräter gewesen, zurückwiesen, dürfte daran nur wenig geändert haben. Nach Ansicht einiger Regisseure wie Alfred Weidenmann und Drehbuchautoren wie Erich Ebermayer und Herbert Reinecker war es daher an der Zeit, gegen diese Position anzugehen. Sie widmeten sich der umstrittenen Thematik, um die Erinnerung an die mutigen Frauen und Männer des Widerstands wachzuhalten. Ihr Film *Canaris*, der das Dilemma von Loyalität und Widerstand aus christlichen Motiven ins Zentrum rückte, wurde 1955 mehrfach prämiert. Aber auch das Bombenattentat vom Sommer 1944 brachten die Regisseure Falk Harnack, einem Mitbegründer des Antifaschistischen Komitees *Freies Deutschland*, und Georg Wilhelm Pabst 1955 voneinander getrennt, jedoch mit fast identischen Titeln ins Kino: *Der 20. Juli* nannte Harnack seine Produktion, die auch das Netzwerk der Beteiligten thematisierte. Pabst hingegen beschränkte sich in *Es geschah am 20. Juli* ausschließlich auf die zeitliche Abfolge der Ereignisse an diesem Schicksalstag.

Vom ambivalenten Verhältnis der Justiz zum deutschen Widerstand in diesen Jahren zeugt das Fallbeispiel des ehemaligen NSDAP-Mitglieds Wolfgang Hedler, der im November 1949 im »Deutschen Haus« in Einfeld bei Neumünster die Widerstandskämpfer als »Landesverräter« bezeichnet und antisemitische Parolen krakeelt hatte. Der Bundestag reagierte prompt und hob Hedlers Immunität auf. Parallel dazu begann die Ermittlung der Staatsanwaltschaft Kiel. Im Januar 1950 wurde Hedler der Prozess gemacht, der mit einem Freispruch endete. Die Zeugenaussagen, erklärte der Richter, hätten die Vorwürfe nicht bestätigen können. Die Bundesregierung rügte das Urteil. Die SPD, deren Mitglieder im Dritten Reich den Nationalsozialismus bekämpft hatten, tobte und versuchte, durch Gesetzentwürfe Derartiges in Zukunft zu verhindern. Die Sozialdemokraten forderten einerseits Regelungen zur Bestrafung von »Feinden der Demokratie«, andererseits einen rechtlichen Schutz für das Ansehen der Widerstandskämpfer. Zudem verlangten sie die Annullierung von NS-Unrechtsurteilen. Erfolg war diesen Vorstößen nicht beschieden.

Der Fall Hedler warf brisante Fragen auf, die dem Staat und seinen Organen eine Positionierung abverlangte: Dürfen »Alt-Nazis« Widerstandskämpfer öffentlich beleidigen und die Verfolgung der Juden gutheißen? Gleichzeitig demonstrierte dieses Kapitel in der Nachgeschichte des Nationalsozialismus den Unwillen der Justiz, solche Entgleisungen konsequent zu ahnden. »Aus eigenem Antrieb«, bilanziert Frei, »so wird man angesichts der wachsenden rechtsradikalen Szene der frühen fünfziger Jahre sagen müssen, trug die Justiz der jungen Bundesrepublik zur normativen Abgrenzung gegenüber nationalsozialistischen Positionen und Reorganisationsversuchen wenig bei« (1997, 323). Im Fall Hedler waren erst öffentlicher Druck und eine parlamentarische Debatte nötig, ehe das Oberlandesgericht Kiel den Angeklagten schließlich doch zu neun Monaten Gefängnis verurteilte.

Auch in Ostdeutschland – das wusste die Regierung in Ost-Berlin ebenso wie die in Bonn – war ohne ehemalige NSDAP-Parteimitglieder kein Staat zu machen. Wie sehr man nach 1949 zugunsten der Konsolidierung und inneren Befriedung der Deutschen Demokratischen Republik bereit war, über die Vergangenheit hinwegzusehen, offenbarte allein die Umdeutung des Täterbegriffs, die unmittelbar auf den Kalten Krieg reagierte. So ließ sich der SED-Politiker und Vertreter der *Vereinigung der Verfolgten des Naziregimes* (VVN), Georg Spielmann, dazu hinreißen, den Begriff »Nazi« neu zu definieren. Die eigentlichen »Nazis« seien ihm zufolge jene, die den Imperialismus des Westens befeuerten, nämlich die Feinde des Sozialismus. Den ehemaligen NSDAP-Mitgliedern hingegen müsse man zum Wohle der »Volksbewegung« die Hand reichen (vgl. Weinke 2002, 63 f.). Tatsächlich hatte die KPD – gegen die Haltung der sowjetischen Militäradministration und gegen die Vorbehalte der verfolgten Kommunisten – noch zu Zeiten der SBZ damit begonnen, sich für die Integration der Minderbelasteten einzusetzen. »Von der Mobilmachung hunderttausender ehemaliger NSDAP-Anhänger«, erklärt Annette Weinke (2002, 64), »erhoffte sich die Parteiführung nicht nur Befestigung der eigenen Machtbasis, sondern sie zielte mit diesem Schritt zudem auch darauf ab, die unerwünschten gesellschaftlichen Folgen der rigorosen Enteignungs- und Entnazifizierungspolitik abzumildern«.

Dieses Beispiel und andere Beispiele zeigen: Vergangenheitspolitische Maßnahmen hatten im Osten früher eingesetzt als im Westen. Im August 1947 hatte die SMAD mit ihrem Befehl Nr. 201 eine Amnestie für nominelle Parteimitglieder verfügt; weiter wollte man nicht gehen, um die revolutionäre Umwälzung der Gesellschaft im Sinne des Sozialismus nicht zu gefährden. Man könne, so hieß es, auf diesen Personenkreis beim Wiederaufbau nicht verzichten; »aktive« Faschisten seien jedoch strafrechtlich zu verfolgen. Ähnlich wie es später im Westen geschehen sollte, eröffnete der SMAD-Befehl Nr. 35 bereits 1948 ehemaligen Pg's die Möglichkeit, in den Verwaltungsdienst zurückzukehren. Im gleichen Jahr folgten Bestimmungen, die eine Amnestie von Personen vorsahen, die Gerichte zu Freiheitsstrafen von bis zu einem Jahr verurteilt hatten. Nach der Gründung der DDR verabschiedete die Volkskammer am geschichtsträchtigen 9. November 1949 das sogenannte Gleichberechtigungsgesetz. Es räumte nominellen Parteimitgliedern und Wehrmachtsangehörigen das aktive Wahlrecht ein und erlaubte unter bestimmten Voraussetzungen eine Beschäftigung im öffentlichen Dienst.

Einen symbolischen Wert besaßen für die DDR darüber hinaus die bereits erwähnten Waldheimer Schau- und Massenprozesse zwischen April und Juni 1950. Mit diesem »Kriegsverbrechertribunal«, das 3 400 Personen aburteilte und mehrheitlich Freiheitsstrafen zwischen 15 und 25 Jahren verhängte, wollte die SED einen demonstrativen Schlussstrich unter die NS-Zeit ziehen. Als Parteichef Walter Ulbricht schließlich im Sommer 1952 die »antifaschistisch-demokratische Umwälzung« in Ostdeutschland für beendet erklärte, war die gesellschaftliche Integration der »Minderbelasteten« weitgehend abgeschlossen. Im Ergebnis bedeutete dies, dass rund ein Zehntel aller SED-Genossen eine NSDAP-Vergangenheit hatte; in manchen SED-Ortsgruppen lag der Anteil sogar bei 30 Prozent.

Ende der 1950er-Jahre gehörten 56 ehemalige Pg's der insgesamt 400 mitgliederstarken Volkskammer an. Auch in der Wissenschaft war die Integrationsleistung der DDR beachtlich, vor allem in der Medizin. An ihren Fakultäten betrug der Anteil von belasteten Professoren rund 45 Prozent. Gegenüber der Öffentlichkeit stilisierte die SED ihre vergangenheitspolitischen Gesetze derweil als Erfolge der ostdeutschen »Demokratisierung«. Seite an Seite würden nun ehemalige NSDAP-Mitglieder und kommunistische Widerstandskämpfer das Projekt »Sozialismus« vorantreiben. Nach Gründung des Ministeriums für Staatssicherheit (MfS) 1950 wies Erich Mielke, der spätere Minister für Staatssicherheit, seine Mitarbeiter sogar an, gezielt ehemalige »Faschisten« als Spitzel zu rekrutieren. Sie seien wegen ihrer »Anpassungsfähigkeit, Beweglichkeit und Reaktionsfähigkeit« für die Tätigkeit als Inoffizielle Mitarbeiter (IM) prädestiniert (Leide 2005, 56). Mit Widerstand war kaum zu rechnen, denn der neue Geheimdienst, der sich als »Schild und Schwert der Partei« verstand, hatte meist belastendes Material in der Hand, mit dem es ehemalige SA-, SS- und Gestapoangehörige unter Druck setzen konnte. Zielgruppen der Anwerbung waren ferner Häftlinge aus den Gefängnissen der DDR und UdSSR, die durch diverse Amnestien frei kamen.

Um sich im deutsch-deutschen »Systemwettstreit« strategische Vorteile zu sichern, drückte das MfS hinsichtlich der früheren Taten ihrer Informanten gern ein Auge zu. Etwa im Fall des ehemaligen Gestapobeamten Willy Läritz bedeutete dies, einen Mann anzuwerben, der nach 1933 in Leipzig für die Bekämpfung der KPD zuständig war und deren Mitglieder brutal gefoltert hatte. Ferner hatte Läritz in der Pogromnacht an einer »Sonderaktion« teilgenommen, die mit der Verhaftung von 500 Juden endete. Nach dem Krieg hatte er sich für sowjetische Sicherheitsorgane verdient gemacht und gegen andere NS-Täter ausgesagt. 1948 war er vom Landgericht Leipzig zwar wegen Verbrechen gegen die Menschlichkeit zu zwölf Jahren Zuchthaus verurteilt worden, allerdings wurde er 1956 amnestiert. Das MfS hatte mit Läritz große Pläne: Er sollte sich als Spion ins westdeutsche Bundesamt für Verfassungsschutz einschleichen. Zwar sperrte sich Läritz gegen diesen konkreten Einsatz in der Bundesrepublik. Das hinderte ihn jedoch nicht daran, jahrelang das Ministerium für Staatssicherheit mit Informationen über ehemalige SS-Mitglieder zu versorgen, die in der DDR ihren Wohnsitz genommen hatten.

Ebenfalls schaute der Staat weg, wenn die Strafverfolgung von NS-Tätern dem Ansehen der DDR hätte schaden können. Von diesem Verhalten profitierten vor allem Beteiligte am nationalsozialistischen Krankenmord. Als *Der Spiegel* im August 1960 über Professor Werner Catel berichtete, der während des Zweiten Weltkriegs in Leipzig als Kinderarzt behinderte Kinder getötet beziehungsweise über deren Tod entschieden hatte, geriet auch dessen damaliger Assistent Hans-Christoph Hempel ins Fadenkreuz der Ermittler. Im Gegensatz zu Catel, der sich zu diesem Zeitpunkt in Westdeutschland aufhielt und im Anschluss der Enthüllungen vorzeitig emeritiert wurde, arbeitete Hempel als Oberarzt an der Kinderklinik der Karl-Marx-Universität in Leipzig. Das MfS führte daraufhin im September 1960 Ermittlungen durch, in dessen Rahmen die Stasi über 1 000 Patientenakten sichtete – nicht zuletzt auch, um belastendes Material gegen westdeutsche Ärzte zu sichern. Geplant war überdies die Vernehmung von Krankenschwestern, die in den 1940er-Jahren für Hempel gearbeitet hatten. Nur einige Tage später, am 23. September 1960, ergingen aus Ost-Berlin neue Instruktionen. Oberstleutnant Paul Kienberg von der Hauptabteilung V des MfS wies an, die Auswertung des Materials zu unterlassen, »da sie größeren Schaden als Nutzen bringen könnte«. Man wolle »die Aufmerksamkeit nicht auf unsere Ärzte lenken« (zitiert nach Leide 2005, 335). Anfang 1961 stellte die Staatssicherheit sämtliche Ermittlungen ein. Neben der Sorge vor einem Imageverlust der antifaschistischen DDR, in der seit 1949 offiziell keine NS-Täter mehr zu finden waren, spielte Hempel auch die Sorge der Regierung in die Hände, er und andere NS-Täter könnten nach Westdeutschland abwandern. Vor dem Hintergrund des Ärztemangels in Ostdeutschland war dies keine unberechtigte Befürchtung.

Hempel aber blieb. 1962 avancierte er zum Ärztlichen Direktor eines Krankenhauses in Karl-Marx-Stadt. Neben Catels ehemaligem Assistenten ermittelte das MfS in den 1960er-Jahren in weiteren Fällen gegen Akteure und Akteurinnen der »Aktion T4«. Die Staatssicherheit hatte Mediziner und Medizinerinnen der Landesheilanstalten Stadtroda im Fadenkreuz, darunter Johannes Schenk, Margarete Hielscher und Rosemarie Albrecht. Vor Gericht stellte man sie aber nicht. Henry Leide, Mitarbeiter der Behörde des Bundesbeauftragten für die Stasi-Unterlagen in Rostock, bilanziert hinsichtlich der »Täterschutzpolitik« (2005, 347) des MfS: »Ganz offenkundig war der Verfolgungswille erlahmt, weil die Aufdeckung weiterer, noch dazu im DDR-Gesundheitswesen mittlerweile profilierter Mediziner als Euthanasieverbrecher, die [...] bemühte Einzelfallthese bedenklich ins Wanken gebracht hätte« (Leide 2005, 342 f.). Die Strafverfolgung von NS-Tätern fand in Ostdeutschland dort ihre Grenze, wo sie den ostdeutschen, antifaschistischen Gründungsmythos der DDR zu konterkarieren drohte. Nazis, das bläute die Regierung der Bevölkerung seit 1949 ein, waren im Osten nicht zu finden. Diese Propaganda fruchtete: Hitler – um es mit dem Historiker und Publizisten Peter Bender (1989, 48) auszudrücken – war für die DDR-Bürger gleichsam ein Westdeutscher.

Letztlich hatte die in beiden Teilen Deutschlands betriebene Vergangenheitspolitik nicht nur Konsequenzen für die Gruppe der NS-Täter und NSDAP-Parteimitglieder. Die Integrationsangebote zugunsten von Trägern und Tätern des »Führerstaates« standen ferner in einem direkten Zusammenhang zu zwei weiteren Kapiteln einer Nachgeschichte des Dritten Reiches: der ostdeutschen »Blutrichter-Kampagne« und der bundesdeutschen Wiedergutmachung nationalsozialistischen Unrechts.

Braune Justiz

Die in den 1950er-Jahren von Ost-Berlin initiierte »Blutrichter-Kampagne« stellte einen direkten Reflex auf die Vergangenheitspolitik der Bonner Regierung dar. Sie ist darüber hinaus ein Paradebeispiel für die wechselseitige Beobachtung der beiden »Systemgegner« im Kalten Krieg und für Versuche der DDR, den westdeutschen »Kontrahenten« zu diskreditieren. Auslöser dieser Skandalisierung bundesrepublikanischer Personalpolitik vonseiten Ost-Berlins war der divergierende Umgang mit NS-Juristen in beiden Teilen Deutschlands nach 1945: Während die sowjetische Militäradministration diese Elite frühzeitig durch »Volksrichter« ersetzt hatte – Anwärter mussten eine »antifaschistische Gesinnung« mitbringen und gelangten nach kurzer Ausbildung im Hauruckverfahren zu ihrer Robe –, hatten in Westdeutschland pragmatische Entscheidungen Vorrang vor ideologischen. Zwar waren die westlichen Besatzungsmächte ebenfalls an der Ausschaltung von Richtern interessiert, die nach 1933 Unrecht gesprochen hatten. Die Sorge vor einer überbordenden Kriminalität und einem dysfunktionalen Justizapparat hatte 1946 allerdings dazu geführt, dass Juristen, die das Entnazifizierungsverfahren (mit all seinen systemimmanenten Mängeln) durchlaufen hatten, wieder beschäftigt wurden und in den 1950er-Jahren das Rechtssystem der Bundesrepublik repräsentierten.

Diese personelle Kontinuität an bundesdeutschen Gerichten nutzte die DDR-Regierung zur Diskreditierung des »kapitalistischen Westens«. 1954 begann der *Ausschuß für Deutsche Einheit* (ADE) Propagandamaterial zusammenzustellen, das jedoch tatsachenbasiert war. Zwei Jahre später veröffentlichte der ADE die erste Fassung des *Braunbuchs*, das ehemalige Nationalsozialisten auflistete, die wieder an Schaltstellen der bundesrepublikanischen Politik, Wirtschaft und Bundeswehr saßen. Des Weiteren präsentierte er am 20. Januar 1956 auf einer internationalen Pressekonferenz die Dokumentation *Nazi-Richter im Bonner Dienst*. Den eigentlichen Auftakt der Blutrichter-Kampagne markierte jedoch die Broschüre *Gestern Hitlers Blutrichter - Heute Bonner Justiz-Elite.* Albert Norden, Sekretär des Zentralkomitees für Agitation und Propaganda der SED, hielt sie am 23. Mai 1957 in die ostdeutschen Kameras. Darin wurden 118 Namen von Richtern, Beamten und Staatsanwälten genannt, die im Dritten Reich Todesurteile gefordert oder gesprochen hatten. Derartig munitioniert konnte Norden auf die Bundesrepublik schießen: Sie sei ein »Staat des Justizmordes und der Justizmörder« (zitiert nach Miquel 2004, 299). Bis 1960 erschienen insgesamt acht solcher Dokumentationen in einer Auflage von über 100 000 Exemplaren.

Deren Ziel bestand darin, der Welt, aber auch der eigenen Bevölkerung, die die wirtschaftliche Rückständigkeit der DDR zunehmend kritisch bewertete, verständlich zu machen, dass der ostdeutsche »Arbeiter- und Bauernstaat« Westdeutschland zumindest moralisch überlegen sei. Während Bonner Politiker die Schriften des ADE zunächst ignorierten oder als bloße Hetze abtaten, machten sie auf die DDR-Bevölkerung und andere Staaten Eindruck. Vor allem Großbritannien zeigte sich über die Enthüllungen aus Ost-Berlin schockiert und forderte von Bonn eine Stellungnahme. Die Bundesländer verabredeten daraufhin, Einzelfällen zwar nachzugehen, jedoch nur in Ausnahmefällen Disziplinarstrafen zu verhängen. Eine strafrechtliche Verfolgung wurde nicht erwogen. Vertreter der Auswärtigen Amts, die den Wahrheitsgehalt der DDR-Broschüren verkannten, legten Bundesjustizminister Fritz Schäffer nahe, eine Handvoll Fälle herauszugreifen und die Anschuldigungen gegen die Betroffenen öffentlich zu widerlegen. Bei diesem Schritt blieb es dann: Die auch antikommunistisch geprägte Bonner Politik tat die Enthüllungen als eine groß angelegte, aggressive Verleumdungskampagne ab.

Doch ganz so einfach war die Sache nicht. Schon bald griffen westdeutsche Massenmedien das Thema »Blutrichter« auf, allen voran *Der Spiegel.* 1958 publizierte er einen Artikel, der den Bayreuther Landgerichtsdirektor Adolf Paulus ins Visier nahm. Das Hamburger Magazin erklärte, Paulus habe 1943 wegen Ungehorsams am Arbeitsplatz das Todesurteil gegen einen ukrainischen Zwangsarbeiter verhängt. Um die Durchschlagskraft der Enthüllungen nicht zu schwächen, verzichtete man darauf, sich auf die Publikationen aus der DDR zu beziehen. Die Journalisten stellten eigene Recherchen an. In der Folgezeit wurde der öffentliche Ruf nach strafrechtlichen Ermittlungen gegen belastete Richter immer lauter. Überregionale Blätter wie die *Süddeutsche Zeitung* wiesen auf die Strafverfolgungsdefizite nach 1945 hin und auch die Opposition im Bundestag stellte der Regierung kritische Nachfragen. Widerwillig brachte Schäffer das Thema in die Justizministerkonferenz der Länder ein, allerdings gab die Konferenz erst ein Jahr später eine Presseerklärung ab. Die Kritik an den Urteilen im Dritten Reich sei verständlich, hieß es darin. Jedoch hätte eine Überprüfung ergeben, dass lediglich eine geringe Zahl von Juristen von den Vorwürfen betroffen sei. Wie viele das waren beziehungsweise wie diese Überprüfung ausgesehen hatte, ließ man im Ungewissen.

Derweil beschäftigten sich auch andere mit diesem Kapitel NS-Geschichte. Im Herbst 1959 kam zum einen der Film *Rosen für den Staatsanwalt* in die westdeutschen Kinos, zum anderen machte der Linguistikstudent Reinhard Strecker mit der Wanderausstellung *Ungesühnte Nazijustiz* von sich reden. Regisseur Wolfgang Staudte bannte die Geschichte des Kriegsgerichtsrats Wilhelm Schramm auf Zelluloid, der gegen Kriegsende den Gefreiten Rudi Kleinschmidt wegen Mundraubs zum Tode verurteilt hatte. Nach 1945 traf der Verurteilte, der der Hinrichtung hatte entgehen können, auf seinen ehemaligen Richter, der nun in einer Kleinstadt das Amt des Oberstaatsanwalts bekleidete. Kleinschmidt raubte daraufhin ein weiteres Mal eine Tafel Schokolade und landete erneut vor Gericht. In der Verhandlung verlor Schramm die Contenance, forderte die Todesstrafe und enttarnte sich selbst als Blutrichter. Der Film erhielt 1960 den Bundesfilmpreis. Gleichwohl stieß der Film nicht überall auf Gefallen. So schickte Bundesinnenminister Gerhard Schröder demonstrativ seinen Staatssekretär zu der Festveranstaltung.

Aber auch Reinhard Streckers Ausstellung erregte Aufmerksamkeit. Während die westdeutschen Justizbehörden den Recherchen des Studenten Steine in den Weg legten, indem sie ihm den Aktenzugang verweigerten, rannte er in Ost-Berlin offene Türen ein. Der ADE unterstützte seine Pläne und versorgte ihn mit Unterlagen, die Strecker sorgfältig prüfte. Anschließend wandte er sich an den Sozialistischen Deutschen Studentenbund (SDS), der half, eine Wanderausstellung zu organisieren. In Karlsruhe, dem Sitz der höchsten Rechtsorgane der Bundesrepublik, breitete Stecker im Hinterzimmer einer Studentenkneipe im November 1959 erstmals die Ergebnisse seiner Nachforschungen aus. Zuvor war die Ausstellung in der örtlichen Stadthalle arrangiert worden. Als der Magistrat jedoch davon Wind bekam, verbot er die Nutzung der Räumlichkeiten.

Zumindest in den Landesjustizverwaltungen hatten diese Ereignisse Bewegung in die Auseinandersetzung mit NS-Richtern gebracht. So wurden schwer belastete Juristen zum Rücktritt aufgefordert. Zugleich blieb die Zahl jener, die eine Strafverfolgung befürchten mussten, gering. In Hamburg etwa waren hiervon 25 Juristen betroffen. Seine vergangenheitspolitische Fortsetzung erfuhr dieser Umgang mit NS-Richtern in Gestalt des Paragrafen 116 des Deutschen Richtergesetzes. Mit seinem Inkrafttreten im Juni 1961 reichte der Gesetzgeber den Verantwortlichen insofern die Hand, als diese Bestimmung die Möglichkeit eines vorzeitigen Ruhestandes bei vollen Pensionsbezügen auf eigenen Antrag vorsah. Zwar drohte man Renitenten Disziplinarmaßnahmen an. Eindruck machte dies aber nicht. Ein Jahr später, im Juni 1962, waren lediglich 135 entsprechende Anträge gestellt worden. Tatsächlich zog sich die nur widerwillig betriebene Auseinandersetzung mit der NS-Justiz über Jahrzehnte hin. Erst in den 1980er-Jahren brach die innere Abwehr dieser Elite auf. Infolgedessen konnte 1989 die selbstkritische Ausstellung *Im Namen des deutschen Volkes* eröffnet werden. Ihr Träger war das Bundesjustizministerium.

»Was tun, wenn ein ganzes Volk bockt?«

Zur gleichen Zeit, als Bonn die Phase vergangenheitspolitischer Maßnahmen einläutete, sah sich das Parlament mit einem weiteren brisanten Thema konfrontiert: der Entschädigung von NS-Verfolgten. Die westlichen Alliierten, die unmittelbar nach dem Krieg zentrale Impulse zur monetären Kompensation von NS-Unrecht gesetzt hatten, zogen sich in den 1950er-Jahren zurück. Sicherlich war ihnen jedoch nicht verborgen geblieben, dass sich die Motivation der deutschen Bevölkerung bezüglich der Wiedergutmachungsfrage in Grenzen hielt: Aus eigener Initiative wäre wohl kaum eine Entschädigungsgesetzgebung zustande gekommen, vielmehr reagierte die Bundesregierung auf die Forderungen der Alliierten und Verfolgtenorganisationen.

Die Wiedergutmachung für NS-Opfer war den wenigsten eine Herzenssache, sie galt den Deutschen vielmehr als »auferlegt«. Folglich seufzte der Christdemokrat und Befürworter der Entschädigung Franz Böhm: »Was soll man tun, wenn ein ganzes Volk bockt ...?« (zitiert nach Goschler 2005, 134) Ähnlich resigniert blickte auch der Jurist Walter Schwarz (1989, 53), ein Experte der bundesrepublikanischen Wiedergutmachung, auf die Haltung der Bundesbürger zur Entschädigung zurück. Die Wiedergutmachung habe sich, so Schwarz, »über nahezu vier Jahrzehnte in einem politischen und publizistischen Abseits befunden. Wer auf diesem Gebiet arbeitete, durfte auf nichts anderes rechnen als auf die eigene Befriedigung an der Arbeit und der inneren Genugtuung daran, an einer guten Sache mitgewirkt zu haben. Es gab eine Handvoll solcher Leute, ein ›verlorener Haufen‹ – sie waren der Motor der Wiedergutmachung.« In weiser Voraussicht hatten die westlichen Alliierten daher 1952 eine Bestimmung im Überleitungsvertrag formuliert, wonach die Qualität der bundesdeutschen Entschädigung und Restitution nicht hinter die nach 1945 etablierten Standards zurückfallen dürfe.

Lediglich in einem Bereich der Entschädigung zeigte die Bundesregierung Eigeninitiative. Im Mai 1951 trat das *Gesetz zur Regelung der Wiedergutmachung nationalsozialistischen Unrechts für Angehörige des öffentlichen Dienstes* (BWGöD) in Kraft, das sich an verfolgte Vertreter des öffentlichen Dienstes wandte. Das Gesetz war Teil eines vergangenheitspolitischen »Koppelungsgeschäfts« (Goschler), denn hier wurden Leistungen zugunsten ehemaliger »Volksgenossen« mit den Forderungen von NS-Verfolgten aufgerechnet. In diesem Fall war es das 131er-Gesetz, das »Opfern« der Entnazifizierung die Rückkehr in den Beruf ermöglichen sollte. Das 131er-Gesetz durchzusetzen, so argumentierten Befürworter dieser Norm, sei einfacher, wenn gleichzeitig eine Kompensationsleistung für Personen erfolge, die nach 1933 aus dem öffentlichen Dienst vertrieben worden waren. Die Wiedergutmachung zu normieren, bedeutete in den 1950er-Jahren demnach, Rücksicht zu nehmen: zum einen auf die möglichen Reaktionen des Auslands auf die politischen Maßnahmen der Bundesregierung zugunsten der Verfolgten; zum anderen auf die Bedürfnisse der ehemaligen »Volksgenossen«, auf die der junge Staat angewiesen war.

In dieser Situation konnte sich von den ehemals Verfolgten nur Gehör verschaffen, wer über eine einflussreiche Lobby verfügte. Dies traf insbesondere auf jüdische NS-Opfer zu, für deren Interessen seit 1951 die *Claims Conference*, ein Zusammenschluss jüdischer Organisationen aus aller Welt, kämpfte, nicht jedoch für jene Personengruppen, die in den 1980er-Jahren fälschlicherweise als »vergessene Opfer« bezeichnet wurden: Sinti und Roma, Homosexuelle, Opfer des Krankenmords und der Zwangssterilisation, Zeugen Jehovas, aber auch ausländische Zwangsarbeiter und andere. Fakt ist, dass sich Parlamentarier bereits in den 1950er- und 1960er-Jahren mit deren Schicksal auseinandersetzten. Die Entschädigungsansprüche dieser Personen scheiterten jedoch vor allem an tradierten Ressentiments und der Finanzierungsfrage. Diesbezüglich entwickelte das Bundesfinanzministerium ein beachtliches Engagement, um die Leistungen für bestimmte Verfolgte abzuwehren. Doch nicht sämtliche Fraktionen versuchten, NS-Opfer zu exkludieren: Vertreter der SPD, darunter Otto Heinrich Greve und Adolf Arndt, sprachen sich wiederholt dafür aus, die Anerkennungspraxis auszuweiten. Ebenso wie die Sachbearbeiter in den Entschädigungsämtern durchliefen diese Parlamentarier Lernprozesse. Die Auseinandersetzung mit NS-Verfolgten und ihren Ansprüchen emotionalisierte nicht nur die am Verfahren Beteiligten. Sie generierte auch ein vertieftes Wissen über die NS-Verfolgungspraxis und – damit verbunden – über die Defizite der westdeutschen Wiedergutmachungsgesetzgebung.

Wie sehr sich dabei die Erwartungen der »Täter« und »Opfer« unterschieden, offenbarte sich in den Verhandlungen, die im September 1952 im Luxemburger Abkommen zwischen der Bundesrepublik, dem Staat Israel und der *Claims Conference* mündeten. Darin erklärte sich Bonn zu einer Globalentschädigung an Israel in Höhe von drei Milliarden DM bereit, die *Claims Conference* sollte 450 Millionen erhalten. Ferner verpflichtete sich Westdeutschland, geraubte Vermögenswerte zu restituieren. Während die deutsche Delegation mithilfe dieses Vertragswerks, das eine Prämisse für die volle Souveränität der Bundesrepublik darstellte, auf eine deutsch-israelische Versöhnung hoffte, wussten die Vertreter Israels zwischen materiellen Leistungen und ideellen Gesten streng zu unterscheiden.

Auf »Luxemburg« folgte die Phase der Bundesentschädigungsgesetzgebung. Ihren Ausgangspunkt markierte das *Bundesergänzungsgesetz* (BErG) von 1953, das Einmalzahlungen und laufende Leistungen vorsah. Dem Inkrafttreten dieses Dachgesetzes, das unterschiedliche Landesbestimmungen vereinheitlichte, waren verschiedene Gesetzentwürfe vonseiten des Bundesrats, des Bundestags und der SPD-Fraktion mit je unterschiedlichen Vorstellungen zugunsten der NS-Verfolgten vorausgegangen. Das BErG lehnte sich an das Entschädigungsgesetz in der US-Zone an, galt unter Befürwortern der Wiedergutmachung gleichwohl als verbesserungswürdig. Trotz allem verabschiedete der Gesetzgeber diese Norm noch in der ersten Legislaturperiode als Zeichen seiner grundsätzlichen Wiedergutmachungsbereitschaft. Der Bundestag vereinbarte im gleichen Atemzug, sie alsbald zu novellieren.

Abb. 6: Auch Güterlieferungen aus Deutschland waren Bestandteil des Luxemburger-Abkommens: Hier ein Triebfahrzeug der schwäbischen Maschinenfabrik Esslingen im Bahnhof von Jerusalem (1956).

Das BErG enthielt insgesamt 113 Paragrafen. Es gewährte, wie es im Amtsdeutsch hieß, Personen, die aus »rassischen«, »religiösen« und »politischen« Gründen verfolgt worden waren, Entschädigungen für Schaden an Leben, an Körper und Gesundheit, an Freiheit, an Eigentum und Vermögen und im beruflichen sowie wirtschaftlichen Fortkommen. Gleichzeitig schrieb das BErG das Territorialitätsprinzip fest: Antragsteller mussten einen räumlichen Bezug zur Bundesrepublik nachweisen, um Leistungen zu erhalten. Ausgeschlossen wurde, wer die »freiheitlich-demokratische Grundordnung« der Bundesrepublik bekämpfte. Das betraf in den Augen des Gesetzgebers vor allem Kommunisten.

Diverse Änderungen brachte die Novelle von 1956: Das Bundesentschädigungsgesetz (BEG) verdoppelte die Zahl der Paragrafen, darunter Vorschriften, die auf einen beschleunigten Abschluss der Entschädigungsverfahren zielten. Vor allem wurde das Territorialitätsprinzip modifiziert. Fortan bezog sich die räumliche Beziehung des Antragstellers nicht mehr auf die Bundesrepublik, sondern auf das Gebiet des Deutschen Reichs in den Grenzen von 1937. Mit dem Bundesrückerstattungsgesetz (BRüG) vereinheitlichte die Bundesregierung 1957 zudem die Restitution. Es diente dazu, den Bestimmungen des Überleitungsvertrags Rechnung zu tragen, denn zahlreiche Beschlüsse, die auf Basis der alliierten Rückerstattungsgesetze ergangen waren, warteten Mitte der 1950er-Jahre noch auf ihre Umsetzung. Im gleichen Jahr trat auch das Allgemeine Kriegsfolgengesetz (AKG) in Kraft. Diese Norm galt Opfern der NS-Herrschaft, die *per definitionem* als nicht BEG-anspruchsberechtigt galten, beispielsweise Personen, die ohne ein Verfahren an einem Erbgesundheitsgericht zwangssterilisiert worden waren. Zu Recht sind die AKG-Verfahren von den NS-Opfern wiederholt als »Entschädigung zweiter Klasse« bezeichnet worden: Im Vergleich zum BEG gewährte das AKG nicht nur geringere Leistungen, es versagte ihnen vor allem die für sie wichtige öffentliche Anerkennung als »Verfolgte des Nationalsozialismus«.

1965 verabschiedete die Bundesregierung das Bundesentschädigungs-Schlussgesetz (BEG-SG). Im gleichen Jahr erklärte Kanzler Ludwig Erhard die Nachkriegszeit für beendet; Themen wie Straßenbau, Verteidigung und Bildung genossen im Parlament Vorrang. Aber auch die Hälfte der Deutschen erläuterte Ende 1966 gegenüber Demoskopen aus Allensbach, mit der Wiedergutmachung an den Juden müsse bald Schluss sein. Dessen ungeachtet hatten bereits seit Mitte der 1950er-Jahre verschiedene westeuropäische Staaten auf eine Entschädigung für ausländische NS-Verfolgte gedrängt, die ihnen das BEG versagte. Bis 1964 schloss die Bundesregierung unter anderem mit Frankreich, Großbritannien, Dänemark und Griechenland diesbezügliche bilaterale Abkommen, die allerdings auf machtpolitischen Überlegungen basierten. Die Verantwortlichen dachten daran, der Westintegration den Weg zu ebnen und das Ansehen der Bundesrepublik in den Vertragsstaaten zu verbessern. Ähnlich war auch 1960 eine Ausnahmeregelung für 75 polnische Frauen zustande gekommen, die im Frauenkonzentrationslager Ravensbrück Opfer von Humanexperimenten geworden waren und Einmalzahlungen erhalten sollten. Zuvor hatte ihr Schicksal international Aufmerksamkeit erregt.

Derweil hatten verschiedene Akteure wie die SPD-Politiker Alfred Frenzel und Gerhard Jahn und der Christdemokrat Franz Böhm, allesamt Mitglieder des Wiedergutmachungsausschusses des Deutschen Bundestags, bis 1965 wiederholt versucht, eine Gesetzesänderung für die Gruppe der Zwangssterilisierten zu erwirken. Dass sie letztlich scheiterten, gründete sich auf der Haltung des Bundesfinanzministeriums und dessen Ministerialdirektors, Ernst Féaux de la Croix, der zum Schutz des Staatshaushalts das Sterilisationsgesetz von 1934 mit Normen anderer demokratischer Länder zu dieser Zeit verglich und anschließend erklärte, die Zwangssterilisation sei kein »typisch nationalsozialistisches Unrecht«. Féaux de la Croixs Äußerungen demonstrierten, welche Ressentiments in den Reihen der Entscheider kultiviert wurden: Der »Dorftrottel, dem seine Krankheit auf die Stirn geschrieben stehe«, erklärte er 1962 im Wiedergutmachungsausschuss, »würde eine Entschädigung sehr schnell in Alkohol umsetzen« (zitiert nach Tümmers 2011, 139). Obwohl man den Kreis der Anspruchsberechtigten weiterhin exklusiv fasste, ließen sich dennoch kleinere Verbesserungen feststellen. Diese betrafen die Gewährung von Hinterbliebenenrenten oder die Feststellung von entschädigungswürdigen Gesundheitsschäden.

Nach 1969 war eine BEG-Antragstellung nicht mehr möglich. 17 Jahre später zog die Bundesregierung Bilanz: 77 Milliarden DM habe der Staat für die Wiedergutmachung nach 1945 aufgebracht und dabei rund 4 405 000 Ansprüche bearbeitet. So beeindruckend diese Zahlen auch sein mochten und mögen: Sie können nicht darüber hinwegtäuschen, dass die bundesdeutsche Wiedergutmachung in den 1950er- und 1960er-Jahren architektonische und moralische Mängel aufwies, dass es lediglich eine kleine Gruppe von Politikern war, die sich vehement für die Opfer der NS-Herrschaft einsetzte, und dass die Forderung nach einem »Schlussstrich« die Entschädigung und Restitution seit Anbeginn begleitete.

Die DDR-Regierung hatte einen solchen Schlussstrich ungleich früher gezogen. Zahlungen an ausländische Verfolgte waren für sie bereits unmittelbar nach der Staatsgründung undenkbar und auch ernsthafte Versuche einer Restitution hat es nicht gegeben. Vielmehr setzte Ost-Berlin einstige SBZ-Regelungen zur Rückerstattung nach 1949 außer Kraft und konfiszierte nun selbst geraubte Vermögenswerte. Sie sollten dem Aufbau der DDR dienen.

Aus gleich mehreren Gründen fühlte sich die DDR für eine Wiedergutmachung, wie sie sich in der Bundesrepublik etablierte, nicht verantwortlich:

- *Erstens* genossen Reparationszahlungen an die Sowjetunion – sie wurden im Osten als »Wiedergutmachung« bezeichnet – nach 1949 eine höhere Priorität als die Entschädigung von NS-Verfolgten. Als Moskau 1953 den Abschluss der Reparationen verkündete, weigerte sich die DDR beharrlich, über Entschädigungen für die Opfer des Nationalsozialismus zu sprechen.
- *Zweitens* stand für Politik und Gesellschaft fest, dass die DDR nicht in der Kontinuität des Deutschen Reiches stehe. Der neue Staat trage demnach auch nicht die Verantwortung für NS-Verbrechen; ein Schulddiskurs konnte sich deshalb nur schwer etablieren. Das neue politische System, so lautete die Argumentation, habe die ideologischen Grundsätze des nationalsozialistischen Rassismus (Kapitalismus, Antisemitismus, Imperialismus) mit Strunk und Stiel ausgerottet. Dies sei die »echte« Wiedergutmachung gewesen.
- *Drittens* ging es beim Umgang mit NS-Verfolgten in der DDR nicht darum, ein Unrecht zu entschädigen, sondern die »Antifaschisten«, deren Widerstandshandlungen der DDR den Weg geebnet hätten, zu ehren und privilegiert zu versorgen. Diese Maßnahmen trugen somit einen dezidiert fürsorglichen Charakter und dienten der gesellschaftlichen »Umwälzung« nach sozialistischem Vorbild.

Dieser Umgang mit Verfolgten warf in Ostdeutschland jedoch Probleme auf: Einerseits benötigte die SED diese Gruppe, um den antifaschistischen Gründungsmythos der DDR gegenüber der internationalen Öffentlichkeit zu plausibilisieren. Diese Verfolgten bildeten für die DDR ein politisches Kapital; infolgedessen mussten sie sich bei offiziellen Anlässen und Feiertagen präsentieren. Andererseits widersprach die Privilegierung dieser Gruppe dem sozialistischen Ziel einer klassenlosen Gesellschaft. Dazu kam, dass besonders in den Anfangsjahren für ostdeutsche NS-Verfolgte die Leistungen des bundesdeutschen BEG verführerisch waren und in den Westen lockten. Erst mit dem Mauerbau 1961 löste sich dieses »Emigrationsproblem« von selbst.

Mit dem Selbstverständnis der DDR war untrennbar die Bevorteilung der politischen NS-Opfer verbunden. Herzstück der Verfolgtenentschädigung bildete die *Anordnung zur Sicherung der rechtlichen Stellung der anerkannten Verfolgten des Naziregimes* vom Oktober 1949, kurz: VdN-Anordnung. Sie gewährte anerkannten Verfolgten mit Wohnsitz in der DDR eine verbesserte Sozialfürsorge im Rahmen der Sozialversicherung. Begünstigt wurden Personen, die wegen ihres Glaubens, ihrer »Rasse«, ihrer früheren politischen Handlungen oder aufgrund von Widerstandsleistungen gegen das NS-System verfolgt worden waren. Bis 1957 gewährte die DDR 28 730 Bürgern und Bürgerinnen eine entsprechende Anerkennung. Hierbei besaß jedoch nicht nur die Frage des Verfolgungsgrunds Relevanz, sondern auch die »antifaschistische-sozialistische« Haltung des oder der Betroffenen nach 1949. So konnte es passieren, dass Antragsteller aufgrund ihrer Verfolgung anspruchsberechtigt waren, die zuständigen Kommissionen aus Widerstandskämpfern und politisch Verfolgten ihnen jedoch die Anerkennung verweigerten. Daneben hatten es – ebenso wie im Westen – all jene schwer, die aufgrund ihrer Homosexualität terrorisiert oder aufgrund ihrer Behinderung verfolgt worden waren. Diese Personengruppen blieben bis zum Ende der DDR von staatlichen Leistungen ausgenommen.

Trotz ihrer Privilegierung äußerten politisch Verfolgte in den 1950er-Jahren Kritik an der Vergabepraxis der DDR. Im Gegensatz zu »rassischen« Verfolgungen betonten sie ihre Widerstandshandlungen gegen das NS-Regime, woraus sie weitergehende Leistungen ableiten wollten. 1958 kam ihnen die SED entgegen: Sie führte eine Ehrenmedaille »Kämpfer gegen den Faschismus« ein und gewährte unter bestimmten Voraussetzungen einen jährlichen Ehrensold in Höhe von 500 Mark. Sieben Jahre später zementierte der Staat eine Trennung zwischen »Verfolgten« und »Kämpfern« in Gestalt einer neuen Vergabepraxis mit entsprechend höheren Leistungen zugunsten der »Kämpfer«, die 1975 ihren Abschluss fand: Eine Ehrenpensions-Verordnung ersetzte die früheren Bestimmungen. Neue Anerkennungen konnten danach nicht mehr ausgesprochen werden.

Politische Bildung – Politisierung der Geschichte

Inmitten eines weit verbreiteten gesellschaftlichen Klimas des Vergessenwollens machte sich in Westdeutschland eine junge wissenschaftliche Disziplin daran, insbesondere die Funktionsweisen des Dritten Reiches und seine Verbrechen aufzuklären, sie intellektuell zu durchdringen und politische Bildungsarbeit zu leisten. Die Rede ist vom Fach »Zeitgeschichte«, das Hans Rothfels in der ersten Ausgabe der *Vierteljahrshefte für Zeitgeschichte* offiziell aus der Taufe hob. Der Neuzeithistoriker, dem während des Nationalsozialismus der Lehrstuhl in Königsberg entzogen worden war (sein Vater war Jude) und der daraufhin in die USA emigrierte, präsentierte im Januar 1953 seine Programmatik einer »Zeitgeschichte als Aufgabe« (Rothfels 1953). Darin definierte Rothfels »Zeitgeschichte« als »Epoche der Mitlebenden und ihre wissenschaftliche Behandlung«, woraus sich ihre Zuständigkeit für das 20. Jahrhundert ableitete. Der Historiker selbst sprach mit Blick auf den Untersuchungsgegenstand seines Fachs von einem »Zeitalter krisenhafter Erschütterung«, von einem »Betroffensein durch die Geschichte« (Rothfels 1953, 1 f.). Hinter diesen Verklausulierungen verbarg sich nicht exklusiv die Zeit des Dritten Reiches. Es war außerdem dessen Vorgeschichte, die in den Ersten Weltkrieg hineinragte.

Rothfels konstatierte eine »neue universalgeschichtliche Epoche«, die 1917/18 begonnen habe und durch Imperialismus und Industrialisierung gekennzeichnet gewesen sei. Neu an dieser Epoche war ihm zufolge, dass sich politische Ereignisse nicht länger in den Grenzen des Nationalstaates bewegten, sondern internationalen Charakter aufwiesen. Für den Historiker gingen diese Entwicklungen mit der Etablierung neuer Sichtweisen und Zugriffe einher: Zeitgeschichte sollte die »›Sektorengrenzen‹ des Politischen, des Wirtschaftlich-Sozialen und des Geistigen überwinden«, ebenso wie die Trennung von »Staat« und »Gesellschaft«. Gleichzeitig dürfe es unter Zeithistorikern keine falsche Scheu geben – die hiesige Zeitgeschichtsforschung müsse entschieden und nüchtern auch die »heißen Eisen« anpacken. Nur frei von jedweder Apologetik und mit größtmöglicher Objektivität könne »der politische Wert der Zeitgeschichtsschreibung unmißverständlich« hervortreten (Rothfels 1953, 7 f.).

Rothfels' berühmter Programmatik war die mühsame Institutionalisierung der Zeitgeschichtsforschung in Süddeutschland vorausgegangen: Bereits im Oktober 1947 hatten die Ministerpräsidenten der von den Amerikanern besetzten Länder Bayern, Württemberg-Baden, Hessen und Bremen die Stiftungsurkunde für ein Institut zur Erforschung des Dritten Reiches mit Sitz in München unterzeichnet, das der politischen Bildung dienen sollte. Die eigentliche Arbeit konnte allerdings erst zwei Jahre später aufgenommen werden. Vor allem die angespannte Finanzlage vor der Währungsreform, aber auch die aufwändige Sicherung von Quellen hatte sie verzögert. 1949 endlich trat der Wissenschaftliche Beirat des »Deutschen Instituts für Geschichte der nationalsozialistischen Zeit« zusammen. Mitglieder waren der NS-Verfolgte Eugen Kogon, der Historiker Gerhard Ritter, der Sozialdemokrat Hermann Brill und der Staatskommissar für »rassisch«, religiös und politisch Verfolgte in München, Philipp Auerbach. Theodor Heuss und Friedrich Meinecke wurden zu Ehrenmitgliedern erklärt. Mit der Geschäftsführung beauftragte man den CSU-Politiker Gerhard Kroll. Die Finanzierung übernahmen der Bund und das Land Bayern. 1952 folgte die Umbenennung in »Institut für Zeitgeschichte« (IfZ).

Abb. 7: Eine zentrale Institution der politischen Bildung in Westdeutschland nach 1945: Eingangsbereich des Deutschen Instituts für Geschichte der nationalsozialistischen Zeit in seinen Anfangsjahren.

Von Beginn an sicherte das IfZ Quellen. Den Grundstein für das hauseigene Archiv legten 28 Kisten mit Materialien der Nürnberger Prozesse, die 1949 die amerikanische Besatzungsmacht zur

Verfügung gestellt hatte. Diese Dokumente wurden fortan von Historikern bearbeitet, die sich bislang kaum mit der jüngeren Geschichte befasst hatten, sich nun jedoch als Zeithistoriker schnell einen Namen machten. Hans Buchheim und Karl Dietrich Bracher waren von Hause aus Althistoriker, Direktor Hermann Mau war Mediävist. »Fast drängt sich der Eindruck auf«, erklärte Horst Möller (1999, 26 f.) in einer Festschrift des IfZ, »daß aus der Not im Laufe der Jahre und Jahrzehnte eine Tugend gemacht wurde, forderte doch gerade die zeitliche Nähe zum Forschungsgegenstand eine weite historische Perspektive, um der erwähnten Befangenheit zu entgehen, die dadurch entsteht, daß man selbst noch im Wirkungszusammenhang des zu Erforschenden steht.« Für sie stellte die penible Arbeit mit Schriftquellen die Voraussetzung für eine unangreifbare Analyse der NS-Zeit dar.

Darüber hinaus führte das IfZ Interviews mit Zeitzeugen. Demgegenüber waren Studien aus der Feder von Verfolgten eine Seltenheit, da sie nach Meinung des IfZ den Prinzipien von Nüchternheit und Distanz zum Untersuchungsgegenstand widersprechen würden. Dies zeigte sich unter anderem am Beispiel des letztlich gescheiterten Buchprojekts über die Deportation der Juden aus Unterfranken, mit dem das IfZ H. G. Adler beauftragt hatte, der 1942 nach Theresienstadt und 1944 nach Auschwitz deportiert worden war. Aber auch die Auseinandersetzung zwischen Martin Broszat und dem jüdischen Historiker Joseph Wulf, der zwischen 1955 und 1960 (gemeinsam mit Léon Poliakov) diverse Dokumentationen veröffentlichte, demonstrierte, dass die Geschichtsschreibung eines Verfolgten mit der hausinternen Definition von »Wissenschaftlichkeit« unvereinbar war.

In den 1950er-Jahren veröffentlichte das IfZ Schriften zum Nationalsozialismus und dessen Entstehung. Der eigene Arbeitsplan führte das Thema Widerstand an. Aber auch das Schicksal der Juden nach 1933 (etwa in der »Kristallnacht«) sollte beforscht werden. Dabei war der Fokus auf den Nationalsozialismus eng gelegt: Die europäische Dimension des Judenmords bildete einen weißen Fleck. Der Historiker Nicolas Berg bemerkt daher kritisch:

> »Im Rückblick wird deutlich, wie sehr die Themen ›Widerstand‹ und ›Judenverfolgung‹ bzw. Vernichtungspolitik ausbalanciert waren, oft das eine mit dem anderen zugleich thematisiert wurde oder aber in impliziter argumentativer Abgrenzung. [...] Den Holocaust selbst dagegen wollte man nicht direkt und nicht konkret zum Thema machen« (Berg 2004, 284 f.).

Dass übrigens die Zahl der vorgelegten Monografien in den 1950er-Jahren trotz eines beachtlichen Arbeitspensums der Mitarbeiter insgesamt überschaubar war, lag daran, dass das IfZ im Rahmen der Wiedergutmachung nationalsozialistischen Unrechts zahlreiche Gutachten für Gerichte und Behörden beisteuerte. 1957 und 1966 publizierte das IfZ diese in zwei Bänden.

Aufsehen erregte insbesondere die erste Publikation aus München: die 1951 von Gerhard Ritter veröffentlichten *Tischgespräche* Adolf Hitlers. Die Illustrierte *Quick* brachte einen Vorabdruck, ohne jedoch die Genehmigung des Verlags eingeholt zu haben. In Westdeutschland galt das Buch als editorisch unzureichend ausgearbeitet, im Ausland sogar als Katalysator des Neonazismus. Zu seinen schärfsten Kritikern zählte Hannah Arendt. Sie warf Ritter vor, er habe, wie es auch zu Lebzeiten Hitlers in Deutschland Usus gewesen sei, dem »Führer« die Möglichkeit eingeräumt, unwidersprochen zu agitieren. Politiker und Kollegen legten dem Zeithistoriker überdies zur Last, er habe sich nicht entschieden genug von Hitler und seinen Ausführungen distanziert. Schuld daran sei die fehlende Kommentierung. Dadurch erscheine der »Führer« dem Leser teilweise als humoriger und tierliebender Diktator. Das IfZ musste sich gegenüber seinen Geldgebern rechtfertigen. Als Konsequenz schloss der Beirat Ritter fortan von seinen Sitzungen aus.

In den 1960er-Jahren machten die von Martin Broszat kommentierten Aufzeichnungen des Kommandanten von Auschwitz Rudolf Höß von sich reden, vor allem deshalb, weil die Überlieferungen ein irritierendes Täterbild zeichneten. Auf ihrer Grundlage war es schwer, Höß einseitig als pathologischen Sadisten zu charakterisieren. Vielmehr skizzierten die Dokumente den Typus eines pedantischen »Exekutivbeamten«. Größere öffentliche Aufmerksamkeit wurde auch den Gutachten zuteil, die das IfZ für den Frankfurter Auschwitz-Prozess erstellte und unter dem Titel *Anatomie des SS-Staates* hohe Auflagenzahlen erreichten. Danach jedoch vergingen rund 20 Jahre, ehe sich Historiker den Komplexen Auschwitz und dem Konzentrationslagersystem in Deutschland dezidiert zuwandten. Für die westdeutsche Zeitgeschichtsschreibung stellte der Auschwitz-Prozess somit zwar ein zentrales Ereignis dar, er markierte jedoch keine Zäsur bezüglich der Analyse des nationalsozialistischen Lagerkosmos. Erst in den 1980er-Jahren widmete sich die Zeitgeschichtsschreibung entschieden diesen Stätten des Terrors und der Vernichtung. Vom Thema Nationalsozialismus wandte sich die Forschung in den 1960er-Jahren gleichwohl nicht ab. Einige Jahre später, nämlich 1969, folgte mit Karl Dietrich Brachers *Die deutsche Diktatur* die erste Gesamtdarstellung des NS-Regimes.

Auch Historiker und Historikerinnen in der DDR widmeten sich seit den 1950er-Jahren der Zeitgeschichtsforschung, allerdings wurde Zeitgeschichte dort anders definiert als im Westen. Ihrer Etablierung war eine Zentralisierung und Politisierung der Geschichtswissenschaft vorausgegangen. Bereits 1950 hatte die SED auf ihrem Parteitag die Implementierung eines »marxistisch-leninistischen Geschichtsbilds« gefordert, ein Geschichtsbild, das die gesetzmäßige Entwicklung des Sozialismus auf Basis sozialistischer Revolutionen kolportierte. Zum Zentrum dieser Geschichtspolitik avancierte das 1956 gegründete Institut für Geschichte an der Deutschen Akademie der Wissenschaften, zu dessen Aufgaben die Anfertigung eines *Lehrbuchs der deutschen Geschichte* zählte – eine sozialistische Meistererzählung für die werktätigen »Massen«, die ihren »Kampf« mit historischen Traditionen verbinden sollten. Dort war der marxistische Historiker Albert Schreiner für den Untersuchungszeitraum von 1918 bis 1945 verantwortlich. Ähnlich wie in der Bundesrepublik ließ sich auch im ostdeutschen Staat eine Exklusion bestimmter Kollegen beobachten. Nur waren es hier nicht jüdische Autoren: Der Staat sperrte sich stattdessen gegen »bürgerliche« Historiker, die man von »marxistischen« unterschied.

Wie wenig der ostdeutschen Geschichtswissenschaft Mitte der 1950er-Jahre an einer sachlich-objektiven Auseinandersetzung mit der NS-Zeit lag, offenbarten die Kommentare auf Schreiners Gliederungsentwurf für das geplante *Lehrbuch*. So kritisierten Mitarbeiter des Instituts für Geschichte der Arbeiterbewegung: »Die Fragen des Terrors gegenüber der Arbeiterklasse, besonders gegenüber den Kommunisten, dürfen gegenüber der Darstellung der Judenverfolgung nicht zu kurz kommen« (zitiert nach Sabrow 2001, 214). Auschwitz und andere Vernichtungslager erwähnte der Entwurf Schreiners erst gar nicht, und sobald die Autoren das Augenmerk auf die Verfolgung der Juden richteten, ließ die Forderung der Kommentatoren, auch auf die Verbrechen der »faschistischen« Truppen in der Sowjetunion hinzuweisen, nicht lange auf sich warten.

Kurze Zeit nach der Eröffnung des Instituts für Geschichte im August 1957, forderte das Sekretariat des ZK die Einrichtung einer Forschungsgruppe für Zeitgeschichte – nicht zuletzt auch deshalb, weil der zehnte Jahrestag des sozialistischen Staates näher rückte. Sie sollte »die Rolle der Arbeiterklasse bei den revolutionären Umwälzungen auf dem heutigen Gebiet der DDR« (zitiert nach Heitzer 1987, 112) untersuchen. Im Gegensatz zum IfZ stand also nicht die NS-Zeit auf dem Arbeitsplan. Denn Zeitgeschichte bedeutete in der DDR ausschließlich, die politischen und gesellschaftlichen Ereignisse *nach* 1945 zu analysieren, und zwar stets mit einem deutlichen Bezug zur Geschichte der deutschen Arbeiterbewegung. Der Potsdamer Historiker Martin Sabrow brachte die Spezifika der ostdeutschen Zeitgeschichtsschreibung (2001, 88) auf den Punkt: »Damit trug die Zeitgeschichte in der DDR von vornherein unmittelbar politischen Charakter als eine Subdisziplin, die die Existenz der DDR und die Politik der SED mit wissenschaftlichen Mitteln zu rechtfertigen hatte.« Hauptverantwortlicher für diese Disziplin sollte der ehemalige Buchenwald-Häftling Walter Bartel werden, der sich als Direktor des Deutschen Instituts für Zeitgeschichte (DIZ) – zu diesem Zeitpunkt eine Art Sammelstelle für Dokumente der unmittelbaren Gegenwart – in Parteikreisen einen Namen gemacht hatte.

Ebenso wie es bereits das DIZ getan hatte, bediente sich auch Bartel des Fachs Zeitgeschichte, um inmitten des deutsch-deutschen Systemwettstreits die Bundesrepublik und ihren vermeintlichen aggressiven außenpolitischen »Imperialismus« zu diskreditieren; Ansichten dieser Art und andere marxistisch-kolorierte Positionen hatten übrigens bereits in den frühen 1950er-Jahren Einzug in die universitäre Ausbildung erhalten. Als Ende 1960 eine Abteilung für Zeitgeschichtsforschung am Institut für Geschichte entstand, tauschte Ost-Berlin Bartel gegen den noch SED-loyaleren Historiker Heinz Heitzer aus.

Trotz dieser Politisierung von Geschichtswissenschaft und des Mauerbaus lassen sich, darauf haben jüngst Franka Maubach und Christina Morina hingewiesen, »Phasen einer verdichteten Resonanz« (2016, 25) zwischen ost- und westdeutschen Historikern ausmachen. Jene Phasen des wissenschaftlichen Dialogs fielen zunächst in die unmittelbare Nachkriegszeit der späten 1940er-Jahre, als KPD-Mitglieder wie Alexander Abusch den Nationalsozialismus auf eine preußische Untertanenmentalität zurückführten und auch den Kommunisten eine Mitverantwortung für Hitler zuwiesen. Verflechtungen ließen sich auch Anfang der 1960er-Jahre vor dem Hintergrund der »Fischer-Kontroverse«, der Diskussion über die Mitschuld der Deutschen am Ersten Weltkrieg, identifizieren und fanden um 1985 in Gestalt gemeinsamer Buchprojekte einen Höhepunkt der deutsch-deutschen Zusammenarbeit.

Gleichwohl zeichnete sich die DDR-Forschung bis zum Mauerfall durch blinde Flecken und Ideologie aus: Später als ihre bundesrepublikanischen Kollegen widmeten sich DDR-Wissenschaftler auch dem Judenmord. Rubriziert wurden entsprechende Darstellungen unter dem Begriff der »Faschismusforschung«, die erst in den 1980er-Jahren Fahrt aufnahm. Danach galt der Faschismus als Endstadium der bürgerlichen und kapitalistischen Herrschaft, die Führer im Faschismus galten als »Agenten« der »kapitalistischen Klasse«, die die »revolutionäre Arbeiterklasse« zerschlagen wollte. Davor waren lediglich einzelne Beiträge erschienen, darunter die Dokumentation *Kennzeichen J* des Leiters der Sammlungsabteilung im Museum für Deutsche Geschichte in Ost-Berlin, Helmut Eschwege, der wegen »Zionismus« mehrfach von der SED ausgeschlossen wurde, sodass sein Werk erst 1966 erschien. Und 1975 veröffentlichte Kurt Pätzold, der zentrale NS-Forscher in der DDR, seine Habilitation *Antisemitismus und Judenverfolgung (Januar 1933 bis August 1935). Eine Studie zur politischen Strategie und Taktik des faschistischen deutschen Imperialismus*, in der er nachweisen wollte, dass die marxistische Geschichtsauffassung auch zur Erklärung des Holocaust tauge.

Am Ende zeigt sich, dass die Zeit zwischen der Gründung beider deutscher Staaten und den vergangenheitspolitischen Ereignissen in den 1960er-Jahren innerhalb der Nachgeschichte des Nationalsozialismus eine eigene Phase markiert. Dabei wiesen die Entscheidungen in Bonn und Ost-Berlin teilweise frappierende Ähnlichkeit auf: Sowohl diesseits als auch jenseits der Elbe war die Regierung der Ansicht, dass die Integration von belasteten Personengruppen eine notwendige Voraussetzung für die Stabilisierung der jungen politischen und gesellschaftlichen Ordnung darstelle. Deren Konsolidierung stand entschieden im Zentrum. Ferner existierten beiderseits der Mauer tradierte »volksgemeinschaftliche« Ressentiments fort, die den Umgang mit NS-Verfolgten beeinflussten. Während sich die Politiken in der DDR und der Bundesrepublik am Wohl des jeweiligen Systems orientierten, folgten die Entscheidungen der SED darüber hinaus noch einem weiteren Ordnungssystem: dem des Kalten Krieges. Folglich war die Ost-Berliner Auseinandersetzung mit dem Dritten Reich ideologisch motiviert. In diesem Kontext sollte das Narrativ des »besseren Deutschlands« die eigene Bevölkerung an die DDR binden.

Mit Blick auf diese Zusammenhänge ist es schwierig, dem deutsch-deutschen Umgang mit der NS-Vergangenheit gute Noten auszustellen. Das betrifft teilweise auch die Zeitgeschichtsforschung in der Bundesrepublik, deren Vertreter – neben einzelnen Politikern wie Wiedergutmachungsfürsprechern aus der SPD – als einige der wenigen Deutschen überhaupt willens waren, sich mit den NS-Verbrechen zu konfrontieren. Die Verinselung des NS-Diskurses, der sich als Angelegenheit einer kleinen Gruppe von Akteuren präsentierte, stellt somit ein weiteres Charakteristikum dieser zweiten vergangenheitspolitischen Phase dar. Während einige Phänomene dieser Zeit, vor allem der »Systemwettstreit«, in den Dekaden danach weiterhin anhielten, trat spätestens in den 1960er-Jahren in einem Punkt jedoch eine Änderung ein: Die Verbrechen des Nationalsozialismus avancierten zum Gegenstand öffentlicher Diskussion.

3

Anfänge und Höhepunkte der »inneren« Auseinandersetzung

Niemand hatte diese Geste vorausgesehen. Wenige Wochen vor Weihnachten 1970 reiste Bundeskanzler Willy Brandt im Rahmen seiner neuen Ostpolitik mit dem Wunsch nach Annäherung und friedlicher Koexistenz in die polnische Hauptstadt Warschau. Auf seinem Programm stand nichts Geringeres als die Unterzeichnung eines Vertragswerks, das die Anerkennung der Oder-Neiße-Linie als Westgrenze Polens und Bekundungen eines beiderseitigen Gewaltverzichts beinhaltete. Davor jedoch wollte der Sozialdemokrat am Mahnmal für die jüdischen Opfer des Ghetto-Aufstands von 1943 einen Kranz niederlegen. Anstatt an diesem 7. Dezember 1970 dort lediglich schweigend zu verharren, fiel Brandt plötzlich auf regennassem Asphalt auf die Knie. Erst nach etwa einer halben Minute richtete er sich wieder auf.

Brandts Abbitte in Warschau, ebenso wie sein Wahlsieg 1969, hatten international Signalcharakter. In Westdeutschland weckte der neue Kanzler unter Parteigenossen die Erwartung, dass ihre Verfolgung in den Jahren des Hitler-Regimes nun öffentlich und breit thematisiert werde, in Israel galt er als Repräsentant des »anderen« Deutschlands. Denn im dritten Jahrzehnt nach der NS-Diktatur rückte mit Willy Brandt ein Mann des Widerstands ins Zentrum der Bundespolitik, der den Zäsurcharakter seiner Amtszeit gerne auch selbst unterstrich. Zu Teilen seines Programms, die Helmut Schmidt später aufgriff, zählte die entschiedene Auseinandersetzung mit der deutschen Geschichte. Was folgte, war der Ausbau einer auf die NS-Zeit gerichteten Erinnerungskultur, zu der man große Gedenkveranstaltungen organisierte, beispielsweise anlässlich des 40. Jahrestags der »Kristallnacht« 1978. Brandt forderte die Westdeutschen wiederholt dazu auf, sich ihrer Vergangenheit zu stellen, um daraus Erkenntnisse für die Gegenwart und Zukunft abzuleiten.

Wenige Jahre zuvor hatte das noch ganz anders ausgesehen: Vor Brandt hatten westdeutsche Politiker gemeint, endlich einen Schlussstrich unter das Dritte Reich und die Besatzungszeit ziehen zu können. Ein signifikantes Zeichen hatte Bundeskanzler Ludwig Erhard gesetzt, als er 1965 in Bonn das Ende der Nachkriegszeit verkündete. Überdies hatte die Regierung eine letzte Gesetzesleistung für die Opfer der NS-Verfolgung unter dem bezeichnenden Titel Bundesentschädigungs-Schlussgesetz veröffentlicht. In der DDR war übrigens bereits eine Dekade zuvor die »antifaschistisch-demokratische Umwälzung« für beendet erklärt worden.

Demzufolge steht Brandts Kniefall in der Forschung für einen Wandel im Umgang mit dem Dritten Reich. Dieser kam jedoch nicht über Nacht und endete keineswegs in den 1970er-Jahren. Vielmehr reichten dessen Wurzeln in die 1960er-Jahre zurück, wobei sich seine Wirkmacht erst in den 1980er-Jahren voll entfaltete. Innerhalb dieses Zeitraums änderte sich die Qualität der Auseinandersetzung mit dem Nationalsozialismus und seinen Verbrechen. Neu war

1. eine ostentative Auseinandersetzung mit diesem besonderen Kapitel deutscher Geschichte in Gesellschaft und Politik;
2. ein dezidiert moralischer Impetus, der fortan die Vergegenwärtigung des Nationalsozialismus begleitete und
3. spiegelten Ereignisse wie der Kniefall von Warschau eine erst jetzt einsetzende »innere« Auseinandersetzung der Westdeutschen mit dem NS-Unrecht, die erstmals ohne Impulse von außen auskam und im Gegensatz zu früher weite Kreise zog.

Das folgende Kapitel widmet sich den Anfängen und Höhepunkten der »inneren« Auseinandersetzung mit dem Nationalsozialismus von den 1960er-Jahren bis zum Mauerfall, die im deutsch-deutschen Vergleich vor allem ein Charakteristikum der Bundesrepublik darstellte, denn in der DDR hielt die politisch instrumentalisierte Beschäftigung mit Hitler weiter an. Thematisiert werden *erstens* einzelne Gerichtsverfahren gegen NS-Täter, die spätestens seit Anfang der 1960er-Jahre die Aufmerksamkeit auf das Dritte Reich lenkten: 1961 begann in Jerusalem der Prozess gegen Adolf Eichmann, drei Jahre später verlas die Staatsanwaltschaft Frankfurt die Anklageschrift im sogenannten Auschwitz-Prozess. Die historische Bedeutung dieser Prozesse lag in der Aufklärung über bestimmte Verbrechen, Täterpersönlichkeiten und Verantwortungsbereiche. Was die 1960er-Jahre den Deutschen insofern brachten, war ein vertieftes Wissen über die Gräuel nach 1933. *Zweitens* richtet sich der Blick auf bedeutende Produkte einer kulturellen Auseinandersetzung mit dem Mord an den europäischen Juden, zu denen die Theaterstücke *Der Stellvertreter* von Rolf Hochhuth und *Die Ermittlung* von Peter Weiss zählten. *Drittens* fokussiert die Darstellung eine mutige Gesellschaftsanalyse, die nicht nur die Qualität des Umgangs der Deutschen mit dem Nationalsozialismus infrage stellte, sondern ihn zugleich förderte: das Werk *Die Unfähigkeit zu trauern* von Alexander und Margarete Mitscherlich. *Vier-*

tens wird der Weiterentwicklung jener Introspektion nachgegangen, die sich in einer neuen literarischen Gattung äußerte: Veranlasst durch die Erkenntnisse der beiden großen Gerichtsverfahren in Jerusalem und Frankfurt, die erstmals die tonnenschwere Decke des Schweigens über die Gräueltaten der Deutschen im »Osten« anhoben und der Bevölkerung das ganze Ausmaß der Verbrechen demonstrierten, begannen nun die Kinder von NS-Tätern und Verantwortlichen für verschiedene Verbrechen, sich der Vergangenheit zu widmen. Gleichzeitig jedoch stemmten sich die Väter und Mütter gegen Aussprachen über die eigenen Taten. Ebenjene unaufgelöste Spannung zwischen dem Beschweigen des Nationalsozialismus im Kreis der eigenen Familie einerseits und den Enthüllungen im Rahmen der NS-Prozesse andererseits kanalisierte sich spätestens seit Ende der 1960er-Jahre und mündete in der literarischen Gattung der »Väterliteratur«, die eigentlich, wie gezeigt wird, »Kinderliteratur« heißen müsste. Als Konsequenz sah sich die Elterngeneration nun mit unangenehmen Fragen ihrer Kinder konfrontiert. Sie wollten wissen, was ihre Väter oder Mütter nach 1933 verbrochen und wie sie sich verhalten hatten.

Promotoren dieser Gespräche waren auch Studierende. Gleichwohl stellt sich die vorliegende Darstellung gegen eine Deutung, wonach die »68er« die Auseinandersetzung mit dem Nationalsozialismus überhaupt erst entfacht hätten: Die »Erstwahrnehmung des Problems einer ›unbewältigten Vergangenheit‹« konnten Dutschke & Co nicht auf ihrem Konto verbuchen (Frei 2008, 79). Denn tatsächlich stürmten die jungen Rebellierenden »Barrikaden [...], die von ihren Verteidigern bereits verlassen worden waren« (Gassert 2010, 15). Dazu kam: Ihr Faschismusbegriff, der untrennbar mit Imperialismus und Kapitalismus verbunden und ein zentrales Instrument zur geplanten Umgestaltung der bundesdeutschen Gesellschaft nach sozialistischem Vorbild war, konnte nur wenig dazu beitragen, die NS-Verbrechen profund auszuleuchten. Der Verweis auf das Dritte Reich diente »1968« vielmehr als argumentative Waffe, anstatt dass sich etwa der Sozialistische Deutsche Studentenbund eine differenzierte Aufklärung der einstigen Untaten wünschte. Nichtsdestotrotz bestand eine Leistung der Protestierenden darin, inmitten der drückenden Atmosphäre der »vaterlosen Gesellschaft« (Mitscherlich) in westdeutschen Wohnzimmern den Wunsch nach Aussprache artikuliert, das Gespräch auf »Hitler« gelenkt und die Frage nach dem Handeln der eigenen Eltern gestellt zu haben. Gleichwohl wird »1968« aus den besagten Gründen in diesem Buch kein Platz eingeräumt.

Aber auch die Rolle eines anderen Ereignisses, das in den Zeitraum der »inneren« Auseinandersetzung fällt und *fünftens* in diesem Kapitel behandelt wird, muss relativiert werden. Gemeint ist der TV-Mehrteiler *Holocaust*, der in der Forschung häufig als Zäsur in der Nachgeschichte des Dritten Reiches verstanden wird. Sicherlich war die durch ihn erreichte Emotionalisierung der Deutschen im Jahr 1979 exzeptionell. Jedoch hatte auch diese Form der persönlich-intimen Auseinandersetzung bereits davor begonnen. Jene »Innerlichkeit«, die stets mit kritischer Selbstreflexion verbunden war und die bis in die 1980er-Jahre anhielt, nahm, wie dieses Kapitel erläutert, ihren Ausgang bereits gut 15 Jahre früher.

Ein letztes großes vergangenheitspolitisches Ereignis stellte *sechstens* der »Historikerstreit« wenige Jahre vor dem Mauerfall dar. Hier zeigte sich, ebenso wie am Beispiel der aufstrebenden medizinhistorischen Forschung *siebtens*, wie sehr Geschichtsschreibung und die Gestaltung der Gegenwart gegen Ende des Kalten Kriegs miteinander verwoben waren.

Aufklärungsprozesse

Die Blutrichter-Kampagne der DDR in den 1950er-Jahren hatte den Westdeutschen bereits eindrucksvoll demonstriert, wie mühelos die Eliten des ehemaligen Dritten Reiches in der Bundesrepublik eine Wiederbeschäftigung hatten finden können. Daneben führte wenig später eine Reihe von bundesdeutschen Gerichtsprozessen gegen NS-Täter der Bevölkerung vor Augen, dass eine nicht unbeträchtliche Zahl an Verantwortlichen für Massenmorde und andere Gewalttaten unbehelligt mit ihnen Tür an Tür lebte. Zugleich begannen die zuständigen Strafverfolgungsbehörden zu erahnen, wie begrenzt doch ihr Wissen über den Judenmord war.

Den Auftakt machte der sogenannte Ulmer Einsatzgruppenprozess von April bis August 1958. Zu diesem Zeitpunkt war die Verfolgung von NS-Tätern in Westdeutschland fast zum Erliegen gekommen. Waren 1950 rund 2 500 Verfahren eröffnet worden, waren es 1954 lediglich 183. Der Hauptangeklagte, Polizeidirektor Bernhard Fischer-Schweder, hatte in Memel einem Einsatzkommando angehört, das bis November 1941 über 100 000 litauische Juden ermordet hatte. Fischer-Schweder hatte eigenhändig Erschießungen durchgeführt oder sie geleitet. Nach dem Krieg war er zum Leiter eines Flüchtlingslagers in Ulm avanciert. Als dort Gerüchte über seine Beteiligung am Judenmord kursierten, kündigte er. Wenig später bereute er diesen Schritt jedoch, als er merkte, dass ihn offensichtlich niemand strafrechtlich belangen wollte. Dreist zog er vor das zuständige Arbeitsgericht, um die Wiedereinstellung zu erwirken. Nachdem dies scheiterte, verfasste er am 26. Mai 1955 in den *Ulmer Nachrichten* einen Leserbrief, in dem er das ihm widerfahrende Unrecht anprangerte und sich selbst zu einem »Freund der Juden« stilisierte.

Daraufhin erklärten sich zwei ehemalige Chauffeure Fischer-Schweders bereit, vor der Staatsanwaltschaft gegen den früheren Chef auszusagen. Im September 1955 erstattete schließlich die jüdische Gemeinde Stuttgart Strafanzeige. Im Juni 1956 wurde Fischer-Schweder verhaftet. Erich Nellmann, Generalstaatsanwalt am Stuttgarter Oberlandesgericht, zog das Verfahren an sich. Er erwirkte eine Ausweitung der Anklage auf das damalige Einsatzkommando. Nach aufwändigen Recherchen konnten neun weitere Beteiligte ermittelt und vor Gericht gestellt werden; vor allem bundesdeutsche Polizeidienststellen zeigten eine mangelnde Bereitschaft zur Kooperation. Am Ende stellte das Urteil für die Staatsanwaltschaft eine Enttäuschung dar, denn einmal mehr griff die sogenannte Gehilfenjudikatur. Danach wurden Fischer-Schweder und die übrigen Mörder nicht als »Täter«, sondern lediglich als »Gehilfen« verurteilt: Das Gericht sprach daher Zeitstrafen zwischen drei und 15 Jahren aus.

Historisch bedeutend war der Ulmer Einsatzgruppenprozess vor allem wegen seiner institutionellen Konsequenzen: Die negativen Erfahrungen, die die Strafverfolgungsbehörden im Rahmen der Ermittlungen hatten machen müssen, führten im September 1958 zur Errichtung der *Zentralen Stelle der Landesjustizverwaltung zur Aufklärung nationalsozialistischer Gewaltverbrechen mit Sitz in Ludwigsburg.* Ihre Gründung markierte den Beginn einer systematischen Verfolgung von NS-Tätern, die davor auf einzelnen Anzeigen beruht hatte. Aber auch die Massenmedien hatten den Druck auf die zuständigen Stellen verstärkt und eine dezidierte Verfolgung gefordert. Überdies hatte der Wunsch zahlreicher Justizminister der Länder nach einer positiven Außenwahrnehmung der bundesrepublikanischen Justiz – vor allem in Großbritannien – Nellmanns Plänen zur Errichtung einer solchen Stelle in die Hände gespielt.

Die Zentrale Stelle beschränkte sich anfangs auf Verbrechen, die außerhalb des Bundesgebiets verübt worden waren. Dies betraf Morde in diversen Konzentrationslagern und Ghettos in Osteuropa. Während »Ludwigsburg« die Vorermittlung oblag, führte die zuständige Staatsanwaltschaft die Verfahren durch. Bis Ende 1959 konnten alle Planstellen besetzt werden. Nun versahen neun Schreibkräfte, zwei Beamte des mittleren Dienstes und elf junge Staatsanwälte und Richter dort ihren Dienst mit einer eindrucksvollen Bilanz. Bereits in den ersten sechs Monaten hatte die Zentrale Stelle 180 Fälle bearbeitet.

Daneben verdankte sich ihre Gründung einem weiteren Politikum, nämlich der Verjährungsfrist für Mord. Nach geltendem Recht verjährte Mord nach 20, Beihilfe zum Mord nach 15 Jahren. Mit Blick auf entsprechende NS-Verbrechen und ihre Täter bedeutete dies, dass Mörder ab dem 8. Mai 1965 und Personen, die Beihilfe zum Mord geleistet hatten, ab dem 8. Mai 1960 weder Anklage noch Bestrafung hätten fürchten müssen. Stichtag dieser

Berechnung stellte der Tag der Kapitulation Deutschlands dar. In den 1960er- und 1970er-Jahren wurde daher mehrfach um die Frage der Verjährung von NS-Verbrechen gerungen. Während manche Politiker es als unzumutbar empfanden, dass bald schon NS-Verbrecher straffrei ausgehen sollten, verwiesen andere auf rechtliche Bedenken und argumentierten, man dürfe die Prinzipien des Rechtsstaates nicht mit Füßen treten und einen erloschenen Strafanspruch rückwirkend geltend machen. Moralische Argumente kollidierten mit verfassungsrechtlichen, wobei die Befürworter der Verjährung – nicht selten »Ehemalige« – juristische Bedenken vorschoben, um unter die Auseinandersetzung mit der NS-Zeit einen Schlussstrich zu ziehen. Insbesondere versuchten ehemalige NS-Eliten um Werner Best, Heydrichs Stellvertreter bei der Gestapo, »alten Kameraden« beizustehen und eine Generalamnestie durchzusetzen.

Auch das Ausland verfolgte die Auseinandersetzung. Bereits im Februar 1964 hatte sich der Präsident des *American Jewish Congress* in New York gegenüber Journalisten für eine Verlängerung der Verjährungsfrist ausgesprochen. Die ihm zugetragenen westdeutschen Kontroversen über das Ende der Verjährung empfand er als eine Diskreditierung von Versuchen, den NS-Massenmord zu ächten. Wenige Tage später zog Ost-Berlin nach und geißelte das bevorstehende Ende der Frist als »Mißachtung des Völkerrechts« (zitiert nach Miquel 2004, 225). Überdies machte die SPD-Bundestagsfraktion Druck auf die Bundesregierung und forderte die zeitnahe Erschließung weiterer Dokumente im In- und Ausland. Bald folgten Forderungen von internationalen Verfolgtenverbänden und diversen jüdischen Organisationen in den USA. Zu allem Überfluss verschlechterte sich auch das Verhältnis zwischen Israel und der Bundesrepublik: Im Oktober 1964 deckten die Massenmedien westdeutsche Waffenlieferungen an Israel auf. Anstatt diese jedoch, wie von Israel gewünscht, zu dementieren, bestätigte die Bundesregierung die Transfers. Aber auch die Tatsache, dass Bonn just in dem Moment plante, den Massenmord im Dritten Reich verjähren zu lassen, als die staatliche Gedenkstätte Yad Vashem erklärte, 2 000 Kriegsverbrecher wären noch unbestraft, zeugte von mangelndem Taktgefühl.

Die politischen Parteien in Bonn sahen sich infolgedessen mit der Aufgabe konfrontiert, einen Weg zu finden, der einerseits den Interessen der Bundesbürger entgegenkam und der andererseits die internationalen Bündnispartner, allen voran die USA, nicht verprellte. Jedoch mauerte Bundesjustizminister Ewald Bucher und erklärte, die Zentrale Stelle in Ludwigsburg werde vor Ablauf der Frist ihre Aufgabe gewiss bewältigen; es sei unwahrscheinlich, dass nach 1965 eine größere Zahl an Tätern beziehungsweise neue Taten bekannt werden würden. Gleichwohl besorgt erklärte die Rechtsabteilung des Auswärtigen Amts im September 1964, dass die westlichen Regierungen die Verjährung einstimmig ablehnten: In den USA, in Großbritannien und in Kanada würden Bonns verfassungsrechtliche Bedenken nicht verfangen. Zudem existierten dort ebenfalls keine Verjährungsfristen.

Während das westdeutsche Parlament in der Frage der Verjährung tief gespalten war, schien zumindest Bundeskanzler Ludwig Erhard dezidiert eine Position zu vertreten, als er öffentlich konstatierte: »Für mich wäre es unerträglich, wenn solche brutalen und gemeinen Massenmörder nicht mehr der Strafe unterworfen wären« (zitiert nach Miquel 2004, 239). Damit versuchte Erhard, einerseits den Ruf der Bundesrepublik im Ausland zu schützen, andererseits die Entscheidung Bonns zu präjudizieren. Aber auch die Kompetenzerweiterung der Zentralen Stelle, die ab 1964 auch im Inland ermittelte und ein öffentlicher Appell, Dokumente über NS-Verbrechen nach Ludwigsburg zu schicken, sollten ein positives Signal in die Welt senden. Unterdessen legte die DDR nach und veröffentlichte im November 1964 die Broschüre *Kriegs- und Naziverbrechen verjähren nicht.* Des Weiteren machte sie publik, dass der Leiter der Zentralen Stelle, Erwin Schüle, Mitglied der SA und der NSDAP war. Der Staatsratsvorsitzende Walter Ulbricht verspottete die Bundesrepublik währenddessen als »Naturschutzpark« für NS-Verbrecher.

Am 24. Februar 1965 übertrug die Regierung dem Parlament die Aufgabe, eine Entscheidung in der Verjährungsfrage herbeizuführen. Zu diesem Zeitpunkt waren andernorts bereits ähnliche Beschlüsse ergangen. So hatte das belgische Parlament im Herbst 1964 einer Fristverlängerung um weitere zehn Jahre zugestimmt; Österreich hatte sich von Verjährungsfristen sogar gänzlich verabschiedet. Dementsprechend hoch war die Erwartung der internationalen Öffentlichkeit an den entscheidenden Schlagabtausch im Bundestag. Wie aufrichtig, wie engagiert würden sich die Vertreter der Fraktionen präsentieren?

Wenngleich die emotionale Bundestagsdebatte vom 10. März 1965 unter den Zeitgenossen als eine »Sternstunde des Parlaments« firmierte (vgl. Dubiel 1999, 105), müssen heutige Urteile kritischer ausfallen. Denn tatsächlich befürworteten Teile der politischen Klasse vehement die Verjährung von Mord, und ohne die deutliche Rüge des Auslands bezüglich des Lavierens der Parteien und der Bundesregierung wäre 1965 die Verjährungsfrist wegen Mordes vermutlich zugunsten der Täter abgelaufen.

Als erstes ergriff der Bundesjustizminister an diesem 10. März das Wort. Ewald Bucher verwies auf die Strafverfolgungsbilanzen der alliierten und westdeutschen Gerichte (BT-Plenarprotokoll, 4. WP., 170. Sitzung), sprach sich für die Verjährung aus und stellte fest, dass mit unbekannten Tätern und Taten kaum noch zu rechnen sei. Leidenschaftlicher diskutierte sodann der 40-jährige Ernst Benda die Verjährungsfrage. Der Christdemokrat – in den Augen des SPD-Abgeordneten Martin Hirsch ein Vertreter der »jungen deutschen Generation« (Ebd., 8527 A) – forderte die Abschaffung einer Frist und appellierte an das Gewissen der Parlamentarier:

> »Wenn die Entscheidung in diesem Haus gefallen sein wird, dann wird sie nicht, wie manche meinen – irrigerweise meinen, ich wiederhole es –, der Sieg eines Druckes von außerhalb des Parlaments oder gar aus dem Ausland sein. Meine Damen und Herren, sie wird nach meiner Überzeugung – und das ist in dieser manchmal bitteren Debatte eine tiefe Genugtuung auch für mich – der Sieg des parlamentarischen Prinzips sein, sie wird der

> Sieg des Prinzips sein, wie es der amerikanische Richter Holmes gesagt hat, die Wahrheit zu finden auf dem ›marketplace of truth‹, auf dem Marktplatz der Wahrheit, im freien, fairen Austausch von Ideen miteinander und, wenn es sein muß, gegeneinander in der Zuversicht, daß das Richtige, das Beste sich dann durchsetzen könnte« (Ebd., 8520 C).

Für Benda stand nichts Geringeres als das »Verständnis des Rechtsstaats heute« (Ebd., 8522 A) auf dem Spiel. Das Rechtsgefühl des Volkes, so Benda, werde korrumpiert, blieben die Morde ungesühnt. Anschließend präsentierte er eine Expertise aus der Feder von 76 Juraprofessoren, wonach eine Verlängerung der Verjährungsfrist keine verfassungsrechtlichen Bedenken aufwarf.

Auch Adolf Arndt betonte die moralische Verpflichtung der Politik, den Bundesbürgern und den Opfern der NS-Verbrechen gegenüber. Der Sozialdemokrat, der nach 1933 als »Halbjude« verfolgt worden war, plädierte für Geschlossenheit in der Verjährungsfrage. Aus rechtlichen Gründen tat sich Arndt schwer, eine Gesetzesänderung zu unterstützen. Er hoffte, der »verfassungsändernde Gesetzgeber«, die Zweidrittelmehrheit in beiden Häusern, würde das tun und damit die Einheit der Nation demonstrieren. Arndt verwies auf die moralische Schuld der Deutschen an NS-Verbrechen. »Das Wesentliche wurde gewußt«, klagte der SPD-Abgeordnete an, und nahm auch sich nicht aus der Kritik heraus:

> »Ich weiß mich mit in der Schuld. Denn sehen Sie, ich bin nicht auf die Straße gegangen und habe geschrien, als ich sah, daß die Juden aus unserer Mitte lastkraftwagenweise abtransportiert wurden. Ich habe mir nicht den gelben Stern umgemacht und gesagt: Ich auch! [...] Ich kann nicht sagen, daß ich genug getan hätte. Ich weiß nicht, wer das von sich sagen will. Aber das verpflichtet uns, das ist ein Erbe« (BT-Plenarprotokoll, 4. WP., Nr. 170, 8552 C-D).

Die internationale Presse beobachtete die Aussprache im Bundestag mit großem Interesse und stellte der westdeutschen Politik ein gutes Zeugnis aus; das Parlament habe als moralische Instanz überzeugt. Es folgte jedoch ein Kompromiss: Am 23. März 1965 beschloss der Bundestag, den Beginn der Verjährung auf den 1. Januar 1950 zu datieren. Der Tatbestand des Mordes sollte demnach bis Ende 1969 strafrechtlich verfolgt werden. Weder konnten sich die Parlamentarier mehrheitlich dazu durchringen, die Verjährungsfrist um weitere zehn Jahre zu verlängern, noch existierte eine Mehrheit für den Vorschlag, die Frist ganz abzuschaffen. Vor dem Hintergrund der politischen und juristischen Kontroversen erschien es 1965 wichtiger, überhaupt eine Entscheidung herbeizuführen, um die Verjährung zu verhindern – auch, wenn diese mit großen Konzessionen einherging. Daraufhin trat Bucher, wie im Vorfeld bereits angekündigt, als Bundesjustizminister zurück. Dass die Kompromisslösung von 1965 dennoch positive Folgen zeitigte, bewies die Zahl der folgenden Strafverfahren. Bis 1967 wurden gegen circa 15 000 Personen neue Ermittlungsverfahren angestrengt. Dies war nur möglich, weil das Personal der Zentralen Stelle nach 1965 um das Fünffache aufgestockt worden war.

Nach einer weiteren Debatte entschied der Bundestag 1969, die Verjährungsfrist für Völkermord gänzlich außer Kraft zu setzen und die für Mord um zehn Jahre zu verlängern. Vorausgegangen war die *Konvention über die Nichtanwendbarkeit der gesetzlichen Verjährungsbestimmungen auf Kriegsverbrechen und Verbrechen gegen die Menschlichkeit*, die die Generalversammlung der Vereinten Nationen am 27. November 1968 verabschiedet hatte. Es war unmöglich, diese nicht als direkte Aufforderung an die Bundesrepublik zu interpretieren. 1979 folgte schließlich, nicht zuletzt auch unter dem Eindruck des emotionalisierenden amerikanischen TV-Mehrteilers *Holocaust*, eine entsprechende Regelung für Mord.

Zugleich kam vielen »Schreibtischtätern«, Wehrmachtssoldaten und SS-Offizieren eine »Amnestie durch die Hintertür« (Reichel 2001, 192) zugute, sodass lediglich die »kleinen Fische« ins Netz der Justiz gerieten. Aufgrund einer Änderung des Paragrafen 50 Absatz 2 des für Bagatelldelikte zuständigen Ordnungswidrigkeiten-Gesetzes aus dem Jahr 1968 verjährte Beihilfe zum Mord bereits am 8. Mai 1960. Ein auf Befehl handelnder Täter konnte nach diesem Zeitpunkt nicht mehr verurteilt werden, sofern man ihm nicht eine persönliche Motivation nachweisen konnte. Der damalige Leiter der Zentralen Stelle, Adalbert Rückerl, erklärte geknickt:

> »Die Kleinen, die geschossen haben, kriegt man über Heimtücke oder Grausamkeit wohl auch weiter ran. Aber die Großen, die die Morde ja nicht eigenhändig begangen haben, sind nur zu belangen wegen Beihilfe zum Mord aus niedrigen Beweggründen. Da man ihnen diese Beweggründe selbst aber heute kaum nachweisen kann, sind sie es, die jetzt am besten dran sind« (zitiert nach: Der Spiegel, 13.1.1969, 61).

Infolgedessen kassierte der Bundesgerichtshof 1969 ein Strafurteil des Kieler Schwurgerichts. Der Angeklagte Hermann Heinrich war Teil der Sicherheitspolizei und hatte während der Räumung des Krakauer Ghettos Juden erschossen. Der BGH gründete sein Urteil auf der Feststellung, dass diese Verbrechen nicht aus eigenen niedrigen Beweggründen begangen worden seien. Neben Heinrich profitierte der Verwaltungsapparat des Holocaust von der Gesetzesänderung: Die in der Bundesrepublik lebenden »Schreibtischtäter« konnten nach dem 8. Mai 1960 gelassen in die Zukunft blicken.

Während die Leistung des Ulmer Einsatzgruppenprozesses vor allem darin bestand, die Strafverfolgung von NS-Tätern in Westdeutschland in Gestalt von »Ludwigsburg« zu institutionalisieren, so war die Bedeutung zweier anschließender Gerichtsverfahren anders gelagert: Die Verhandlung gegen Adolf Eichmann 1961 in Jerusalem und der Auschwitz-Prozess in Frankfurt am Main von 1963 bis 1965 katalysierten die historisch-politische Aufklärung über den Holocaust. Beide Ereignisse erregten nicht nur breites Interesse aufseiten der Medien und Bundesbürger – so verfolgte rund die Hälfte der westdeutschen TV-Zuschauer eine mehrteilige Sondersendung zum Eichmann-Prozess –, sie stimulierten zugleich Reflexionsprozesse über die Funktionsmechanismen im Dritten Reich und die Zuständigkeiten für NS-Verbrechen: Wer war für die Ermordung der Juden verantwortlich? Welche Institutionen waren darin verwickelt, wie musste man sich die Befehlsketten vorstellen und was für Menschen waren zu Tätern geworden? Gefragt wurde aber auch, welche Strafe für Massenmord angemessen sei. Angesichts der Hakenkreuzschmierereien in Köln 1959, für die vor allem Jugendliche verantwortlich waren, fragte die Öffentlichkeit überdies, auf welche Weise der Staat Schüler zu geschichtsbewussten Demokraten erziehen wolle.

Der Eichmann-Prozess besaß hinsichtlich der gesellschaftlichen Beschäftigung mit dem Holocaust gleich mehrfach Relevanz. *Erstens* rückte das Verfahren in Israel – anders als es beispielsweise »Nürnberg« getan hatte – allein und ausschließlich den Mord an den Juden ins Zentrum. *Zweitens* konfrontierte es die Justiz, aber auch die Öffentlichkeit mit der Frage, wer die Täter des Dritten Reichs waren und was sie zum Handeln motiviert hatte. Aufgrund der Berichterstattung 1961 – das Fernsehen strahlte schwarz-weiß Mitschnitte der Aussagen von Zeugen und einzelne Stellungnahmen Eichmanns aus – bekamen einige Opfer der NS-Verfolgung und eine bedeutende Figur der »Endlösungspolitik« ein Gesicht. Hierbei wirkte zuweilen der kugelsichere Glaskasten, in den der Staat Israel Eichmann gesetzt hatte, wie eine Lupe, die es dem interessierten Betrachter ermöglichte, den Verbrechertypus Eichmann zu mikroskopieren. Was dabei irritierte: Der hagere ältere Mann mit schütterem Haar wollte nicht recht dem Image eines fanatischen Sadisten entsprechen. Den Beobachtern präsentierte Staatsanwalt Gideon Hausner derweil unzählige Dokumente über den Holocaust, beispielsweise Fotografien aus den nationalsozialistischen Lagern und Ghettos. Die Macht dieser Bilder grub sich 1961 in das kollektive Gedächtnis der Menschen in Israel und Deutschland ein, zugleich mehrte sich das Wissen über den Judenmord im »Osten«.

Nach dem Krieg war es dem ehemaligen SS-Obersturmbannführer und Leiter des »Judenreferats« im Reichssicherheitshauptamt Eichmann lange Zeit gelungen, unterzutauchen: Der Logistiker des Holocaust war Anfang der 1950er-Jahre in der Lüneburger Heide als Holzarbeiter beschäftigt und gelangte dann unter dem Namen Ricardo Klement über Italien nach Buenos Aires, einem Sammelbecken ehemaliger Nationalsozialisten. Dort fühlte sich Eichmann dermaßen sicher vor den deutschen Strafverfolgungsbehörden, dass er in Argentinien seine Söhne unter seinem Nachnamen großzog. Zu diesem Zeitpunkt war die internationale Suche nach ihm aber bereits in vollem Gang. Mitte der 1950er-Jahre hatte die Polizeidirektion Wien, die im August 1945 erfolglos versucht hatte, ein Verfahren gegen ihn einzuleiten, ihre Unterlagen an das Bonner Bundesjustizministerium übersandt, das diese wiederum an den Bundesgerichtshof in Karlsruhe leitete. Dort delegierte man 1956 die Ermittlungsarbeit an das Landgericht Frankfurt am Main. Die Fahndungsakten landeten schließlich auf dem Schreibtisch des hessischen Generalstaatsanwalts Fritz Bauer. Bauer wusste zu diesem Zeitpunkt lediglich, dass Eichmann noch lebte, wo er sich aufhielt, entzog sich seiner Kenntnis. Erst die Hinweise des jüdischen Emigranten Lothar Hermann brachten ihn auf Eichmanns Spur. Hermann war in den 1930er-Jahren vor den Nationalsozialisten nach Argentinien geflüchtet. 1957 musste er feststellen, dass seine Tochter ausgerechnet mit Klaus Eichmann, einem Sohn des ehemaligen SS-Obersturmbannführers, anbändelte. Hermann kontaktierte daraufhin Bauer, der sich an den israelischen Geheimdienst Mossad wandte. Nach einigem Hin und Her ergriffen im Mai 1960 dessen Agenten Eichmann auf dem Heimweg von der Arbeit und entführten ihn nach Israel. Zwar rügten die Regierungen Argentiniens und Westdeutschlands scharf dieses Vorgehen, gleichzeitig bestritt jedoch niemand, dass Israel, moralisch gesehen, durchaus das Recht auf ein Gerichtsverfahren gegen Eichmann zustehe.

Im April 1961 verlas Staatsanwalt Hausner die Anklageschrift im »Haus der Gerechtigkeit« in Jerusalem. Er legte Eichmann »Verbrechen gegen das jüdische Volk«, die nach israelischem Recht mit dem Tod bestraft werden konnten, »Verbrechen gegen die Menschlichkeit« und Kriegsverbrechen zur Last. Der Angeklagte erklärte während der gesamten Verhandlung wiederholt und ausführlich, er habe lediglich auf Befehl gehandelt und sei von der NS-Spitze für Verbrechen missbraucht worden. Doch weder seine Einlassungen noch die Versuche seines deutschen Verteidigers, Robert Servatius, hatten Erfolg: Das Gericht verurteilte Eichmann im Dezember 1961 zum Tode, er wurde im Juni 1962 gehängt. Der ehemalige SS-Obersturmbannführer war damit der erste und einzige Verurteilte, an dem der Staat Israel die Todesstrafe exekutierte.

Hannah Arendt, die für die Zeitschrift *The New Yorker* das Geschehen in Jerusalem verfolgte, prägte auf Basis ihrer Eindrücke das berühmte, zugleich aber auch oft kritisierte Diktum von der »Banalität des Bösen«. Die Philosophin war enttäuscht von der Mittelmäßigkeit des Deutschen:

> »Eichmann war nicht Jago und nicht Macbeth, und nichts hätte ihm ferner gelegen, als mit Richard III. zu beschließen, ›ein Bösewicht zu werden‹. Außer einer ganz gewöhnlichen Beflissenheit, alles zu tun, was seinem Fortkommen dienlich sein konnte, hatte er überhaupt keine Motive; und auch diese Beflissenheit war an sich keineswegs kriminell, er hätte bestimmt niemals seinen Vorgesetzten umgebracht, um an dessen Stelle zu rücken. [...] Es war gewissermaßen die schiere Gedankenlosigkeit – etwas, was mit Dummheit keineswegs identisch ist –, die ihn dafür prädisponierte, zu einem der größten Verbrecher jener Zeit zu werden. Und wenn dies ›banal‹ ist und sogar komisch, wenn man ihm nämlich beim besten Willen keine teuflisch-dämonische Tiefe abgewinnen kann, so ist es darum doch noch lange nicht alltäglich. [...] Daß eine solche Realitätsferne und Gedankenlosigkeit in einem mehr Unheil anrichten können als alle die dem Menschen vielleicht innewohnenden bösen Triebe zusammengenommen, das war in der Tat die Lektion, die man in Jerusalem lernen konnte« (Arendt 1976, 15 f.).

Aus ihren Beobachtungen zog Arendt zugleich Schlussfolgerungen für ihre persönliche Interpretation des Holocaust, den sie fortan als »Verwaltungsmassenmord« (1976, 17) bezeichnete.

Arendts 1964 in deutscher Sprache veröffentlichte Prozessdokumentation *Eichmann in Jerusalem*, ein Wiederabdruck ihrer Artikel für den *New Yorker* in Buchformat, erntete vor allem in Israel Missbilligung. Darin nämlich wies sie – ebenso wie die Philosophen Max Horkheimer und Karl Jaspers – auf Inkonsistenzen der juristischen Argumentation des Jerusalemer Gerichts hin und thematisierte außerdem die Verantwortung der Judenräte in den Ghettos an der Durchführung des Massenmords ebenso wie die Entführung

Eichmanns durch den Mossad als Völkerrechtsverletzung. Insgesamt stellte Arendt den Richtern ein schlechtes Zeugnis aus:

> »Zusammenfassend ist zu sagen, daß es dem Jerusalemer Gericht nicht gelang, drei grundsätzlichen Problemen, die sämtlich seit den Nürnberger Prozessen hinreichend bekannt und weiterhin diskutiert worden waren, gerecht zu werden: der Beeinträchtigung der Gerechtigkeit und Billigkeit in einem Gerichtshof des Siegers, der Klärung des Begriffs von ›Verbrechen an der Menschlichkeit‹ und dem neuen Typus des Verwaltungsmörders, der in diese Delikte verwickelt ist« (Arendt 1976, 324).

Arendts Vorwürfe waren berechtigt, denn tatsächlich erfüllte der Prozess für den Staat Israel eine politische Funktion. Das Gericht versuchte nämlich, den Widerstand der Juden herauszustreichen und das Narrativ zu widerlegen, sie hätten sich wie Schafe zur Schlachtbank führen lassen. Ferner stilisierte es sich als Protektor der jüdischen Opfer des Nationalsozialismus und kommunizierte, der Holocaust sei Teil der nationalen Identität Israels.

Den Eichmann-Prozess politisch zu instrumentalisieren, versuchte in den frühen 1960er-Jahren aber auch die DDR. Ihre Regierung wollte eine direkte Verbindung zwischen Eichmann und Hans Globke konstruieren, dem damaligen Chef des Bundeskanzleramts. Der Jurist hatte in den 1930er-Jahren gemeinsam mit anderen den Kommentar zu den Nürnberger Rassengesetzen verfasst. Nun war er Adenauers rechte Hand. Ost-Berlin trat nach Eichmanns Verhaftung mit der Bitte an Israel heran, als Nebenkläger auftreten zu dürfen, jedoch ohne Erfolg, was mitunter an der Weigerung der DDR lag, Wiedergutmachungsgelder nach Israel zu transferieren. Monatelang sichtete das MfS Unterlagen, um Dokumente zu finden, die Eichmann und Globke in einen Zusammenhang bringen und als Verantwortliche der Judenvernichtung ausweisen sollten. Dass ein solches Dokument letztlich nicht gefunden werden konnte, hinderte die DDR-Justiz nicht daran, 1963 einen Schauprozess gegen Globke zu führen, der in Abwesenheit zu einer lebenslangen Zuchthausstrafe verurteilt wurde. Er trat diese Verurteilung nie an, da er sich in der Bundesrepublik und damit außerhalb des Zugriffsbereichs der DDR aufhielt. Auf der anderen Seite der Mauer diente Eichmann hingegen vor allem als Lehre: Den verantwortlichen Stellen in Politik und Justiz Westdeutschlands führte das Verfahren vor Augen, dass die Strafverfolgung von NS-Tätern noch lange ein Thema sein würde.

Hatte die westdeutsche Bevölkerung bereits das Geschehen in Jerusalem mit Interesse verfolgt, so rückte die NS-Vergangenheit durch den Auschwitz-Prozess in der Mainmetropole unmittelbar an sie heran. Deutsche und internationale Medien berichteten laufend über die Verhandlung im Frankfurter Römer (ab April 1964 dann im Bürgerhaus Gallus). Das Verfahren zog insgesamt 20 000 Interessierte in den Gerichtssaal. Maßgeblich zum Zustandekommen der »Strafsache gegen Mulka und andere« (so der offizielle Titel, benannt nach dem ranghöchsten Angeklagten Robert Mulka, dem Adjutanten des Lagerkommandanten Rudolf Höß) hatte einmal mehr Generalstaatsanwalt Fritz Bauer beigetragen, ferner der Generalsekretär des Internationalen Auschwitz-Komitees, Hermann Langbein. Bauer, der schon früher gegen das »Vergessen« in der Bundesrepublik ins Feld gezogen war, hatte Anfang 1959 von dem Journalisten Thomas Gnielka Unterlagen über Erschießungen in Auschwitz erhalten, die Namen von Tätern dokumentierten. Zugleich hatte ein ehemaliger Auschwitz-Insasse den ehemaligen SS-Oberscharführer Wilhelm Boger, der in Zuffenhausen beim Motorenhersteller Heinkel arbeitete, erkannt und angezeigt. Nach ihm war die »Boger-Schaukel« benannt, auf der Häftlinge in Auschwitz grausam gefoltert worden waren. In der Folgezeit ermittelte die Zentrale Stelle in Ludwigsburg gegen weitere Verantwortliche.

In Frankfurt wurde schließlich ein Querschnitt durch die Tätergesellschaft des Konzentrations- und Vernichtungslagers angeklagt. Insgesamt waren es 20 Personen, unter ihnen der Funktionshäftling Emil Bednarek, Wilhelm Boger und Pery Broad von der Lager-Gestapo, der Lager-Apotheker Victor Capesius, der nach dem Krieg eine Apotheke und einen Kosmetiksalon in Schwaben betrieb, die Blockführer Bruno Schlage und Stefan Baretzki sowie die Mediziner Franz Lucas und Willi Schatz. Die Staatsanwaltschaft warf ihnen vor, aus Mordlust oder anderen niederen Beweggründen, selbstständig oder gemeinschaftlich in Auschwitz Menschen getötet zu haben. Im Zuge der Beweiserhebung hörte das Gericht neben den Angeklagten seit Dezember 1963 die Zeugenaussagen von 356 Überlebenden, deren Schilderungen für sie und andere Opfer oftmals eine Re-Traumatisierung bedeutete. Dass gleichzeitig die ehemaligen Peiniger keinerlei Reue zeigten, auf Befehle »von oben« verwiesen und die ehemals Verfolgten demütigten, stellte sicherlich eine zusätzliche Belastung dar.

Abb. 8: Das Frankfurter Schwurgericht macht sich ein Bild vom Tatort: Besichtigung des größten Konzentrations- und Vernichtungslagers im Rahmen des Auschwitz-Prozesses zwischen dem 14. und 16. Dezember 1964 in Polen.

Fritz Bauers Hoffnungen, die er 1964 bei seinem TV-Auftritt in der Sendung *Heute Abend Keller Club* äußerte, blieben daher unerfüllt. Er hatte sich gewünscht, dass

> »früher oder später einer von den Angeklagten auftreten würde und sagen würde: Herr Zeuge, Frau Zeuge, was damals geschehen ist, war furchtbar,

> es tut mir leid. [...] Die Welt würde aufatmen, die gesamte Welt, und die Hinterbliebenen derer, die in Auschwitz gefallen sind, und die Luft würde gereinigt werden, wenn endlich einmal ein menschliches Wort fiele. Es ist nicht gefallen und es wird auch nicht fallen.«

Stattdessen, bedauerte auch der Vorsitzende Richter Hans Hofmeyer während der Verhandlung, verschanzten sich die Angeklagten hinter einer »Mauer des Schweigens« (s. Naumann 1968, 261). Schon allein deswegen erschien es zwingend, eine Vielzahl von Überlebenden nach Frankfurt zu laden. Diese Zeugen zu hören, war jedoch auch deshalb wichtig, weil das Frankfurter Gericht seine Anklage auf den Mordparagrafen des deutschen Strafgesetzbuchs stützte. Dies bedeutete, dass es jedem Angeklagten eine individuelle Beteiligung an NS-Verbrechen nachweisen musste, wollte es eine Verurteilung wegen »Mord« beziehungsweise wegen »Beihilfe zum Mord« herbeiführen. Im Umkehrschluss bedeutete dies aber auch, dass in Frankfurt nicht der nationalsozialistische Massenmord an den Juden verhandelt wurde, sondern das einzelne mörderische Verbrechen – das Gericht parzellierte den Holocaust in Einzeltaten.

Der Auschwitz-Prozess war laut Norbert Frei (1996, 123) »keineswegs der erste, aber zweifellos der historisch-politisch bedeutsamste Versuch, dem verbrecherischen Geschehen im größten der nationalsozialistischen Konzentrations- und Vernichtungslager mit den Mitteln des Strafrechts beizukommen«. Seine gesellschaftlichen Nachwirkungen seien bedeutend gewesen: »Das Interesse an einer kritischen Auseinandersetzung mit der NS-Vergangenheit wuchs in der bundesdeutschen Gesellschaft daraufhin deutlich an. Nach dem Prozeß, so wird man ohne Übertreibung sagen können, war diesbezüglich nichts mehr so wie vorher« (Frei 1996, 124). Dazu trugen die Gutachten bei, die das Institut für Zeitgeschichte in München für den Auschwitz-Prozess beigesteuert hatte. Auf dem Buchmarkt erreichte die gebundene Fassung der Expertisen *Anatomie des SS-Staates* hohe Auflagenzahlen. Darin fand sich Martin Broszats Untersuchung über die nationalsozialistischen Konzentrationslager und Hans Buchheims Darstellung über die SS. Fritz Bauer hatte diese Einzelstudien in Auftrag gegeben. »Zumindest im Bereich der Zeitgeschichte«, konstatierte Frei zu Recht (1996, 131), »ist kein Fall bekannt, wo Gerichtsgutachten von vergleichbar langanhaltender Wirkung geblieben wären. Der empirische, quellennahe Ansatz dieser Studien hat sie in den Rang von Grundlagentexten erhoben«.

Gleichwohl war die öffentliche Aufklärung der Verbrechen in Auschwitz nicht automatisch eine vergangenheitspolitische Erfolgsgeschichte, denn selbst nach dieser Gerichtsverhandlung sperrten sich weiterhin Teile der Gesellschaft gegen eine Auseinandersetzung mit dem Dritten Reich. Dass in den 1960er-Jahren gesellschaftliche Widerstände gegen die »Aufarbeitung« der NS-Vergangenheit fortexistierten, musste Fritz Bauer am eigenen Leib erfahren: Er erhielt unzählige anonyme Drohbriefe, nachdem ruchbar geworden war, dass er einen »großen« NS-Prozess vorbereitet. Des Weiteren ergaben Umfragen, dass rund 40 Prozent der Bundesbürger, die vom Prozess erfahren hatten, Gras über die Sache wachsen lassen wollten.

Tatsächlich blieb der Prozess auch für die bundesdeutsche Rechtsprechung folgenlos. Vor allem Generalstaatsanwalt Bauer kritisierte – ebenso, wie es Hannah Arendt vor ihm für den Jerusalemer Prozess getan hatte – die Starrheit des Rechtssystems angesichts des neuen Verbrechens »Holocaust«, die Unzulänglichkeiten der Strafprozessordnung (Bauer 1965, 304) und die daraus folgende juristische Behandlung der NS-Großverbrechen. Eine Ausrichtung von Prozessen nach dem deutschen Strafgesetzbuch lenke davon ab, die »Endlösung« als ein groß angelegtes, politisches Ziel und Gemeinschaftsverbrechen zu verstehen. Bauer wollte die Frage des Gewissens ins Zentrum der juristischen Beurteilung stellen, denn die Täter von damals hätten aus Überzeugung und Eigennutz gehandelt und nicht, weil sie von den Hitlers und Himmlers »gezwungen« oder »verführt« worden seien: »Dergleichen hat mit der historischen Wahrheit wenig zu tun«, erklärte Bauer 1965 in einem Aufsatz (307):

> »Es gab vor Hitler glühende Nationalisten und Imperialisten, Völkische und Judenhasser. Hitler war ohne sie nicht denkbar. Er hat sie bestätigt, sie haben ihn bestätigt. Vieles, was an Verbrechen geschah, wurde durch Täter getan, die den Nazismus und sein Unrecht bejahten, sei es aus ideologischer Verblendung, sei es aus Machthunger, aus Lust am Fortkommen und an Karriere, aus Habsucht, aus Sadismus zwecks Befriedigung von Instinkten und Affekten, aus Bequemlichkeit und was es sonst an kriminellen Motiven gibt und geben mag.«

Verurteilungen wegen »Beihilfe« gingen nach Bauers Ansicht an der Sache vorbei; die Unterscheidung zwischen »Täter« und »Gehilfe« müsse bei NS-Verbrechen verworfen werden. Den Holocaust in Episoden aufzuteilen, so Bauer, und nach deutschem Strafrecht Einzelnen bestimmte Taten nachzuweisen, »vergewaltigt [...] das Geschehen, das nicht eine Summe von Einzelereignissen war« (1965, 307). Sein Ansatz, der dem des Bundesgerichtshofs (BGH) widersprach, lautete:

> »Wer an dieser Mordmaschine hantierte, wurde der Mitwirkung am Morde schuldig, was immer er tat, selbstverständlich vorausgesetzt, daß er das Ziel der Maschinerie kannte, was freilich für die, die in den Vernichtungslagern waren oder um sie wußten, von der Wachmannschaft angefangen bis zur Spitze, außer jedem Zweifel steht. Wer einer Räuberbande im Stil von Schiller oder einer Gangsterbande im Stil von ›Murder Inc‹ angehört, ist, woran kein Strafjurist hierzulande zweifeln dürfte, des Mordes schuldig, gleichgültig, ob er als ›Boß‹ am Schreibtisch den Mordbefehl erteilt, ob er die Revolver verteilt, ob er den Tatort ausspioniert, ob er eigenhändig schießt, ob er Schmiere steht oder sonst tut, was ihm im Rahmen einer Arbeitsteilung an Aufgaben zugewiesen ist.« (308)

Der BGH und das Frankfurter Schwurgericht beschritten letztlich einen anderen Weg. Am 20. August 1965 fiel im Auschwitz-Prozess das Urteil. Das Gericht sei nicht angetreten, erklärte der Vorsitzende Richter eingangs, um die Vergangenheit zu »bewältigen« oder einen »politischen« Prozess zu führen. Allein die Schuld jedes einzelnen Angeklagten müsse bewertet werden. Sechs der Männer erhielten lebenslange Haftstrafen, elf Täter Zuchthausstrafen zwischen drei bis 14 Jahren und drei Personen wurden freigesprochen. Wilhelm Boger, Stefan Baretzki, Emil Bednarek, Franz Hofmann (Schutzhaftlagerführer), Oswald Kaduk (Rapportführer) und Josef Klehr (SS-Sanitäter) konnte die Staatsanwaltschaft eigenmächtig begangene Morde in mehreren Fällen nachweisen. Zehn weitere Männer verurteilte man als »Gehilfen«. Das Urteil interpretierte – so, wie es in der westdeutschen Rechtsprechung bei NS-Verfahren nach 1949 gang und gäbe war – Hitler und Himmler als »Haupttäter« und Urheber der »Endlösung«. Die Angeklagten hätten demnach hauptsächlich auf Befehl gehandelt. Nur in jenen Fällen, in denen man ihnen eigene Mordmotive nachweisen konnte, waren sie mehr als nur »Gehilfen«. Bauers Rechtsauffassung hatte nicht verfangen. »Was sich allenfalls durchgesetzt hatte«, bemerkt seine Biografin Irmtrud Wojak, »war die Aufklärung über die Wirklichkeit von Auschwitz, die fortan niemand mehr in Frage stellen konnte« (Wojak 2009, 348). So kam es, dass nach 1965 die deutsche Ortsbezeichnung »Auschwitz« zu einer Chiffre für den Mord an den europäischen Juden avancierte.

Bei wem aber schürte der Auschwitz-Prozess Interesse an der jüngsten Vergangenheit? Zu einer ersten Gruppe gehörte der Kreis jener in den 1920er- und 1930er-Jahren geborenen kritischen Journalisten wie Rudolf Augstein oder Joachim Fest, die dem »Konsensjournalismus« der 1950er-Jahre – gleichsam einer unkritischen »Hofberichterstattung« – den Rücken kehrten, in den 1960er-Jahren »Zeitkritik« (Hodenberg 2006, 143) übten und in den Chefsesseln renommierter Zeitungen und Magazine Platz nahmen. Geprägt hatte diese Journalisten die unmittelbare Nachkriegszeit, in der sie, beispielsweise in den USA, mit westlichen Werten in Kontakt gekommen waren, sowie ihre Beobachtung der autoritär-restaurativen Kanzlerdemokratie Adenauers, zu der sie auf Distanz gingen. Manche von ihnen hatten das Dritte Reich als Medienthema jedoch bereits vor dem Auschwitz-Prozess für sich entdeckt. Die zweite Gruppe, die der Auschwitz-Prozess, aber auch der Eichmann-Prozess in den 1960er-Jahren nachweislich beeinflusste, bestand aus Künstlern und Kulturschaffenden. Doch auch sie hatten die Themen Nationalsozialismus und Judenvernichtung bereits seit

Gründung beider deutscher Staaten aufs Papier, auf die Bühne und ins Fernsehen gebracht.

Auf der Bühne

Aus der künstlerisch-kulturellen Beschäftigung mit dem Dritten Reich gingen in den 1960er-Jahren in Gestalt von Theaterstücken, Literatur und Filmen in der Bundesrepublik und in der DDR erinnerungspolitische »Klassiker« hervor. Ihre thematischen Zugänge und ihre Antworten auf die Frage, wie viel Wirklichkeitsnähe dem Publikum zuzumuten sei, unterschieden sich jedoch erheblich, sodass es schwer fällt, die Qualität ihrer Auseinandersetzung mit der NS-Zeit zu generalisieren.

Doch schon vor dem Eichmann- und Auschwitz-Prozess hatte es Bemühungen gegeben, sich dem Dritten Reich auf künstlerisch-literarischem Weg zu nähern. Zu den frühen literarischen Zeugnissen, die in Westdeutschland breit rezipiert wurden, zählt *Das Tagebuch der Anne Frank* (1950), das wohl berühmteste Tagebuch der Welt: Anne Frank, ein 1929 geborenes deutsch-jüdisches Mädchen, hatte zwischen Sommer 1942 und Sommer 1944 im Amsterdamer Untergrund ihr Leben dokumentiert; an ihrem 13. Geburtstag 1942 trug sie die ersten Zeilen in ihr Poesiealbum ein. Nachdem ihre Familie 1944 verraten worden war, wurde die Schülerin in das Konzentrationslager Bergen-Belsen deportiert, wo sie im Frühjahr 1945 umkam. Nur der Vater überlebte die NS-Verfolgung.

Wie die Forschung seit Ende der 1980er-Jahre weiß, wurden Anne Franks Aufzeichnungen nach ihrem Tod mehrfach überarbeitet (s. Kundrus 2019, 522 f.). Ihre Notizen, die sie bis zum Frühjahr 1944 anfertigte, werden heutzutage als »Version a« bezeichnet. Danach begann das Mädchen, ihre Einträge selbst zu redigieren – im Radio hatte die niederländische Exilregierung die Bevölkerung dazu aufgerufen, Zeugnisse über die deutschen Besatzer zu sammeln und ihr zu schicken. Diesem Wunsch wollte sie nachkommen. In der daraus resultierenden »Version b« bereinigte Anne einige persönliche Einträge und nahm Ergänzungen vor. Schließlich gelangte jedoch eine dritte »Version c«, eine Kombination aus »a« und »b«, für die Annes Vater verantwortlich zeichnete, in die Öffentlichkeit, nachdem zusätzlich der Verlag und die deutsche Übersetzerin Änderungen vorgenommen hatten. Das Endergebnis diente in der Nachkriegszeit als Vorlage für Theaterinszenierungen. Später erschien eine darauf basierende Schulbuchfassung (»Version d«). Für 2021 ist eine kritisch-wissenschaftliche Ausgabe des Tagebuchs angekündigt, die auf dem eigentlichen Diarium der Anne Frank, nämlich den frühen Varianten »a« und »b«, basiert.

Vor allem wegen der diversen Überarbeitungen stießen die Veröffentlichung des Tagebuchs (in der »Version c«) und darauf rekurrierende Theaterstücke in der postnationalsozialistischen Bevölkerung auf Akzeptanz. Auf der Bühne sahen die Deutschen die von den Nationalsozialisten verfolgte Jüdin als Optimistin, die an das Gute im Menschen glaubte und keinerlei Rachegefühle hegte. Aber auch die in der deutschen Tagebuchübersetzung vorgenommenen Verklärungen erleichterten der Gesellschaft den Zugang zum Mädchen Anne Frank, das aufgrund dieser Eingriffe zu einer fiktiven Figur avancierte. Beispielsweise wurde der Ausdruck »die Deutschen« in Annes Eintrag vom 18. Mai 1943 abstrahiert; nun war die Rede von einer »besetzenden Macht«. Im Bühnenstück fanden sich aber noch weitere Änderungen. Mitte der 1950er-Jahre rückte Annes Beziehung zu einem Nachbarssohn in den Vordergrund, ihr Wissen um die nationalsozialistischen Lager und Deportationen wurde hingegen aus den Theatersälen verbannt. Derartig universalisiert und entkonkretisiert – das zeigen die Reaktionen auf das Stück – ermöglichte *Das Tagebuch der Anne Frank* es in den 1950er-Jahren den Deutschen, sich mit dem Leid der Jüdin zu identifizieren, ja sich selbst als Opfer zu sehen – sei es als Opfer des alliierten Bombenkriegs oder als Opfer einer durch den Kalten Krieg bedrohten Welt.

Einen anderen Zugang wählte derweil der Regisseur des französischen Dokumentarfilms *Nuit et brouillard* (*Nacht und Nebel*). Verklärungen, wie sie das Bühnenstück über Anne Frank auszeichneten, finden sich darin nicht. Regisseur Alain Resnais lenkte das Augenmerk bewusst auf Auschwitz-Birkenau und versuchte, die Schrecken des Holocaust zu visualisieren. Die 32-minütige, 1956 uraufgeführte Dokumentation, in der deutschen Fassung mit Texten von Paul Celan untermalt, kontrastierte historische Filmsequenzen aus den Wochenschauen mit aktuellen Farbaufnahmen des menschenleeren Vernichtungslagers. Alfred Hitchcock hatte die Dramatik der Zusammenschnitte mitorchestriert. Die Zuschauer bekamen unter anderem Berge von Schuhen, Brillen und Ermordeten zu sehen – Bilder, die nach den Dokumentarfilmen der Alliierten wie beispielsweise *Die Todesmühlen* von der Leinwand verschwunden waren. Manche empfanden diese bildliche Auseinandersetzung mit dem Judenmord als Zumutung: Als *Nacht und Nebel* zum Wettbewerb um die Goldene Palme bei den Filmfestspielen in Cannes antreten sollte, intervenierte der deutsche Botschafter mit der Begründung, es sollten ausschließlich Produktionen gezeigt werden, die die nationalen Gefühle seines Volkes nicht verletzen. Zwar wurde der Film aus dem Wettbewerb genommen, jedoch in Cannes außer Konkurrenz gespielt. In der Bundesrepublik fanden sich hingegen prominente Fürsprecher. So betonte Willy Brandt die Relevanz von *Nacht und Nebel* für die politische Bildung. Die Bundeszentrale für Heimatdienst, die Vorgängerinstitution der heutigen Bundeszentrale für politische Bildung, sah es ähnlich und ließ etliche Kopien anfertigen, vor allem für den Einsatz in weiterführenden Schulen. 1957 folgte die Ausstrahlung im Bayerischen Fernsehen.

Zu den bekanntesten Theaterstücken, die sich ab den 1960er-Jahren mit dem Mord an den europäischen Juden befassten, zählen Rolf Hochhuths *Der Stellvertreter* (1963) und *Die Ermittlung* von Peter Weiss (1965). Beide Stücke verarbeiteten unmittelbar die Enthüllungen der Prozesse in Jerusalem und Frankfurt am Main. So konzentrierte sich Hochhuth auf historische Akteure wie Adolf

Eichmann oder Papst Pius XII., den er aufgrund seines Schweigens für mitverantwortlich am Holocaust erklärte. Insofern besaß *Der Stellvertreter* einen dezidiert dokumentarischen Charakter, zugleich aber auch die Form des klassischen Dramas. Dazu gehörte der Aspekt der Eigenverantwortlichkeit der Handelnden ebenso wie der Aufbau des Theaterstücks und die Einteilung der Figuren in Helden wie Pater Riccardo oder Kurt Gerstein einerseits und das personifizierte Böse andererseits, verkörpert durch die Figur des diabolischen »Doktors«. Im Stück berichtet Gerstein dem Vatikan und Riccardo über die Ermordung der Juden im Osten. Der Jesuitenpater ist fest davon überzeugt, dass der Papst das Vorgehen öffentlich scharf verurteilen wird. Doch nichts geschieht.

Hochhuths Konzept, den Judenmord im 20. Jahrhundert mithilfe einer Darstellungsform des 18. Jahrhunderts zu thematisieren, stieß bei manchen Zuschauern auf Unverständnis. Der Philosoph und Soziologe Theodor W. Adorno monierte 1967 Hochhuths Personalisierung von Verantwortlichkeiten dort, wo Zusammenhänge tatsächlich jedoch anonym und für die Beteiligten undurchschaubar gewesen seien: »Die Absurdität des Realen drängt auf eine Form, welche die realistische Fassade zerschlägt« (Adorno 1974). Überdies entfachte *Der Stellvertreter* hitzige Debatten im Bundestag darüber, ob sich die Politik zu einem künstlerischen Produkt äußern dürfe oder müsse. Zeitgleich versuchte der Vatikan, gerichtlich gegen Hochhuth vorzugehen, und deutsche Katholiken sahen das Andenken an Pius XII. beschmutzt. Im Ergebnis hatte Hochhuths *Stellvertreter* vermocht, eine gesellschaftliche Auseinandersetzung über die Verantwortlichkeit von Personen und Institutionen außerhalb der NS-Führungsriege anzustoßen.

Auch Peter Weiss' *Ermittlung*, im Oktober 1965 gleichzeitig in 14 Städten in West- und Ostdeutschland uraufgeführt, ist dem dokumentarischen Theater zuzurechnen. Weiss hatte den Frankfurter Auschwitz-Prozess als Beobachter verfolgt und brachte die Gerichtsverhandlung als Kunststück auf die Bühne. Hierbei führte er den Theaterbesucher durch elf Stationen und zitierte direkt aus den Berichten der Angeklagten, ließ aber auch die Verteidigung und die Richter zu Wort kommen. Die entsprechenden Dokumente hatte er aus erster Hand erhalten, nämlich von Fritz Bauer. Der hessische Generalstaatsanwalt, der die Prozesse gegen NS-Täter weniger als eine disziplinarische, gegen die Angeklagten gerichtete Maßnahme, sondern als Lehrstücke für die Öffentlichkeit verstand, sprach der Literatur eine bedeutende Rolle bezüglich der Auseinandersetzung mit der NS-Vergangenheit zu. Denn im Gegensatz zum Richter, der den einzelnen Straftatbestand eruieren muss, könne der Dichter die übergeordneten Zusammenhänge thematisieren, vor allem die Genese des Massenmordes, aber auch die »politische« und »moralische« Schuld im Sinne Jaspers' (s. Steitz 2017).

Den Massenmord in Auschwitz vermittelte Weiss' Stück den Zuschauern jedoch nur indirekt. Im Gegensatz zu Hochhuth existierten bei Weiss keine Individuen; die Inszenierung war abstrakt – nicht einmal der Name »Auschwitz« fiel. Auch die Zeugen und Angeklagten besaßen lediglich Nummern. Sie standen *pars pro toto* für das Heer der Opfer und die Gruppe der Täter. Dennoch emotionalisierte Weiss sein Publikum. Er rückte Auschwitz zeittypisch zugleich in einen Kontext des Kapitalismus, denn in seinen Augen waren es Unternehmen wie IG Farben oder Siemens, die die Arbeitskraft von KZ-Häftlingen aus Profitgier bis zum letzten Atemzug ausgebeutet hätten – eine Argumentation, die unter den Studierenden der Generation von 1968 gängig war. So wundert es nicht, dass die DDR *Die Ermittlung* für ihre antiwestliche Kapitalismuskritik und antifaschistische Geschichtsdoktrin instrumentalisierte. Das jedoch war nicht Weiss' Ziel gewesen. Mit Blick auf die deutsch-deutsche Systemkonkurrenz kritisierte er stattdessen, dass die Deutschen nichts aus ihrer Vergangenheit gelernt hätten. Während sie nach 1933 dem Feindbild des Judentums aufgesessen seien, hätten sie heute das Feindbild des Kommunismus verinnerlicht.

Dessen ungeachtet fanden die Aufführungen, wie beispielsweise in Stuttgart, ein enormes Echo. Dort kamen, einen Tag nach der Erstaufführung am 23. Oktober 1965, im Kleinen Haus des Württembergischen Staatstheaters hochkarätige Diskutanten zu einem Podiumsgespräch zusammen, das der Süddeutsche Rundfunk ausstrahlte und über das zahlreiche regionale und überregionale Zeitungen in den folgenden Tagen berichteten. Neben Peter Weiss und Regisseur Peter Palitzsch waren unter anderem Staatsanwalt Fritz Bauer, der Schriftsteller Erich Kuby, der ehemalige Bundesjustizminister Ewald Bucher und der Leiter des Suhrkamp-Verlags Siegfried Unseld anwesend (s. Braese/Gehle/Kiesel/Loewy 1998, 70–98). Obgleich die Meinungen der Gäste bezüglich der Inszenierung des Themas und der interpretatorischen Leistung des Stücks auseinandergingen, bejahten sie alle nachdrücklich die Frage, ob »Auschwitz« auf die Bühne gehöre. Was insofern *Die Ermittlung*, aber auch Rolf Hochhuths *Der Stellvertreter* auszeichneten, war die Tatsache, dass beide Stücke ihren Fokus auf das Geschehen nach 1933 breiter als die zuständigen Richter anlegen konnten und, ungleich stärker als es die juristischen Prozesse in den 1960er-Jahren vermochten, »Erinnerungsorte« (Pierre Nora) schufen.

Auch die Filmindustrie und die Theater der DDR widmeten sich in dieser Zeit der NS-Vergangenheit – eine Ausnahme, betrachtet man die sonstige Passivität des SED-Staates hinsichtlich der Beschäftigung mit dem Dritten Reich seit den 1960er-Jahren. Institutionen wie die DEFA in Potsdam-Babelsberg arbeiteten dezidiert dem offiziellen Geschichtsbild Ost-Berlins entgegen. Zwar befasste sich der DDR-Film mit dem NS-Staat, der Holocaust wurde dabei jedoch marginalisiert. Stattdessen visualisierten Produzenten das antifaschistische Handeln ihrer fiktiven Protagonisten und deren Mitmenschlichkeit. Die Judenverfolgung bildete in Kinoerfolgen wie *Nackt unter Wölfen* (1960/63) oder *Jakob der Lügner* (1974) lediglich die Hintergrundfolie für den jeweils politisch aufgeladenen Plot.

Nackt unter Wölfen basiert auf der Romanvorlage des Kommunisten Bruno Apitz, der versuchte, in diesem Werk seine Inhaftierung in Buchenwald zu verarbeiten. Im Zentrum steht die Rettung des jüdischen Kindes Stefan Jerzy Zweig – eine wahre Begebenheit –, die Apitz zufolge dem mutigen Handeln der Kommunisten im Lager zu verdanken sei, die den Wachen selbst unter Folter den Aufenthaltsort des Kindes nicht preisgaben. Der »Buchenwald-Roman« wurde in der DDR zum Kassenschlager. In den 1970er-Jahren zählte er zum Lektürekanon in ostdeutschen Schulen. Aber auch der Film von 1960 erreichte ein Millionenpublikum und wurde international gefeiert. Lediglich in der Bundesrepublik geizten Kritiker mit Lob: Sie beanstandeten die Glorifizierung der politischen Häftlinge und rügten den sozialistischen Stallgeruch der Produktion. Das änderte jedoch nichts daran, dass die ostdeutsche *Berliner Zeitung am Abend* nach Ausstrahlung des Films medienwirksam zu einer Suchaktion aufrief, um das Schicksal des »Buchenwald-Kindes« nach dem Krieg zu ergründen. 1964 verkündete sie stolz, es lebe wohlbehalten in Tel Aviv. Gleichzeitig stellte sich heraus, dass die Rettungsaktion in Buchenwald historisch anders verlaufen war. Zwar hatten Kommunisten das Kind beschützt, aber eben auch andere Häftlinge: Der kommunistische Widerstand im Lager war von Apitz überzeichnet worden.

Auch *Jakob der Lügner* basiert auf den persönlichen Erlebnissen seines Autors. Jurek Becker wurde Ende der 1930er-Jahre in Lodz geboren, einige Jahre, bevor die Deutschen dort das Ghetto Litzmannstadt errichteten. Den Holocaust überlebten von der Großfamilie Becker lediglich Jurek und sein Vater. Nach 1945 zogen beide nach Ost-Berlin, weil sie dort das politisch-geistige Zentrum des Antifaschismus vermuteten. In der Hauptstadt der DDR angekommen erfuhr Jurek durch seinen Vater von einem Mann, der diesen während des Zweiten Weltkriegs heimlich und unter Lebensgefahr mit Radionachrichten versorgt hatte. Becker, in den 1960er-Jahren in die SED eingetreten, entwickelte aus dieser Geschichte ein Drehbuch, das er 1965 fertigstellte. Weil niemand es umsetzen wollte, schrieb er es zu einem Roman um, der 1969 zunächst in der DDR, 1970 dann auch in Westdeutschland erschien. Das Buch handelt von dem Juden Jakob Heym, der im Ghetto vorgibt, Radionachrichten abzuhören, die das Vorrücken der Roten Armee und somit die Befreiung des Ghettos in Aussicht stellen. Daraufhin schöpft sein Umkreis wieder Hoffnung auf ein Leben in Freiheit und schmiedet

Zukunftspläne. Heym selbst leidet unter seinen Lügen und vertraut sich schließlich einem Freund an, der daraufhin Selbstmord begeht.

Angesichts seines großen Erfolgs versuchte das ZDF Anfang der 1970er-Jahre, die Rechte am Roman zu erwerben. Heinz Rühmann sollte in der geplanten Westproduktion den Jakob spielen. Erich Honecker lehnte jedoch ab. Anschließend produzierte die DEFA *Jakob der Lügner*. Der 1974 im DDR-Fernsehen ausgestrahlte Spielfilm orientiert sich an der Romanvorlage und endet mit der Deportation der letzten Ghettoinsassen sowie Jakob Heyms in ein Vernichtungslager. Die ostdeutschen Rezensenten waren begeistert: Es sei gelungen, den Alltag im Ghetto abzubilden und dabei Einblicke in die Ängste und Sorgen der Verfolgten zu gewähren, die gleichzeitig ihre Menschenwürde trotz aller Widrigkeiten behalten hätten. *Jakob der Lügner* wurde 1974 sogar in der Kategorie »Bester ausländischer Film« für einen Oscar nominiert. 25 Jahre später erfolgte eine Neuverfilmung mit Robin Williams und Armin Mueller-Stahl. Für die DDR-Regierung besaßen der Roman und der Film in den 1960er-Jahren eine politische Relevanz, denn es war mit ihrer Hilfe möglich, den Faschismus im Allgemeinen und den nationalsozialistischen Terror in den Ghettos im Speziellen zu brandmarken und die Bundesrepublik als Hort von »Alt-Nazis« zu diskreditieren.

Introspektiven

Inmitten der beginnenden öffentlichen Auseinandersetzung mit den NS-Verbrechen erschien 1967 ein Buch, das einerseits die Qualität dieser sozialen Prozesse hinterfragte und grundsätzliche Kritik an der mangelnden Bereitschaft der Deutschen als Gesellschaft übte, sich der nationalsozialistischen Zeit zu stellen. Andererseits regte es seine Leser auf individueller Ebene dazu an, sich und das eigene Handeln nach 1933 selbstkritisch zu reflektieren. Damit nicht genug, widmeten sich die Psychoanalytiker Alexander und Margarete Mitscherlich 1967 in ihrer Gesellschaftsanalyse *Die Unfähigkeit zu trauern* überdies den Auswirkungen dieser Verdrängung für die Gegenwart. In Antizipation möglicher innerer Widerstände der Leser und Leserinnen gegen den Inhalt des Werkes stellten die Mitscherlichs an den Anfang ihrer Schrift eine Warnung. Auf den folgenden Seiten, so erklärten sie, werde es zur »Berührung neuralgischer Punkte« (8) und der Thematisierung von »Tabus« kommen:

> »Es wird der psychologische Nachweis versucht, warum bis heute die Epoche des Dritten Reiches – und schon zuvor der Zusammenbruch der Weimarer Republik durch demokratiefeindliches Verhalten ihrer Bürger – nur unzulänglich kritisch durchdrungen wurde. Das trifft natürlich nicht auf das Wissen einiger Fachleute zu, sondern auf die mangelnde Verbreitung dieses Wissens im politischen Bewußtsein unserer Öffentlichkeit. Wir – als ein Kollektiv – verstehen uns in diesem Abschnitt unserer Geschichte nicht. So wir überhaupt darauf zurückkommen, verlieren wir uns vornehmlich in Ausflüchten und zeigen eine trügerische Naivität; de facto ist unser Verhalten von unbewusst wirksam gewordenen Verleugnungen bestimmt. Infolgedessen ist unser Selbstvertrauen unsicherer, als es sein könnte« (8).

Ursächlich für diesen Zustand sei das Ausbleiben von Trauer »nach einer nationalen Katastrophe größten Ausmaßes« (9) gewesen, womit der Nationalsozialismus gemeint war. Dies habe auf der einen Seite zu einem »politischen und sozialen Immobilismus und Provinzialismus« geführt, auf der anderen zu einer »hartnäckig aufrechterhaltenen Abwehr von Erinnerungen, insbesondere der Sperrung gegen eine Gefühlsbeteiligung an den jetzt verleugneten Vorgängen der Vergangenheit« (9). Mit anderen Worten: Das Ehepaar übertrug die Prozesslogiken der individuellen Trauer auf die Gesamtheit der Westdeutschen.

Die Unfähigkeit zu trauern sollte den Bundesbürgern einen Spiegel vorhalten – emotionale Widerstände waren seiner Meinung nach zu lösen, um auf diese Weise die gesellschaftlichen Herausforderungen der Bundesrepublik in Zukunft besser zu stemmen.

Abb. 9: Alexander und Margarete Mitscherlich bei der Verleihung der Wilhelm-Leuschner-Medaille, der höchsten Auszeichnung des Landes Hessen, die 1973 dem Psychoanalytiker zuteilwurde. Wilhelm Leuschner war als Gegner des Nationalsozialismus im September 1944 in Berlin hingerichtet worden.

Die mit der Verdrängung der jüngsten Vergangenheit einhergehende »Reaktionsträgheit« (16) und »Ich-Entleerung« (20) hätten gleichsam zu politischem Autismus geführt: Es werde, so lautete der Vorwurf des Ehepaars Mitscherlich, nichts getan, um Anschluss an die östlichen Nachbarn zu gewinnen, ein Mangel an sozialer Gestaltungskraft sei evident. Eine emotionale Aussöhnung mit den Feinden von gestern sei ohne vorherige Trauerarbeit allerdings unmöglich.

Alexander und Margarete Mitscherlich gingen jedoch noch einen Schritt weiter. Das Buch übte außerdem Kritik an den vergangenheitspolitischen Versäumnissen und Umdeutungen der Deutschen. Hitlers Diktatur, konstatierten die Verfasser, sei keineswegs ein katastrophales »Naturereignis« gewesen, sondern muss auf ein »ungetrübte[s] Einverständnis [...] zwischen Volk und Diktator« zurückgeführt werden (28). Erst der Untergang des NS-Staates habe für Irritationen in der Bevölkerung gesorgt: »Bis zum Ende des Krieges bestanden Gewissenspflichten nur gegenüber dem Führer. Sein Sturz bedeutete darüber hinaus eine traumatische Entwertung des eigenen Ich-Ideals, mit dem man so weitgehend identisch geworden war.« (30) In den Jahren seiner Herrschaft hätten die »Volksgenossen« Schuld auf sich geladen. Denn nicht etwa den Führer allein oder seine Führungsspitze könne man für die Großverbrechen verantwortlich machen. Wer sich ernsthaft mit dem Dritten Reich auseinandersetze, bemerkten die Mitscherlichs kritisch, käme unweigerlich zu dem Ergebnis, dass diese Gräueltaten das Ergebnis vieler Entscheidungen darstellten und auf die Handlungen zahlreicher Protagonisten zurückgingen.

Rezensenten beziehungsweise die Massenmedien trugen nicht nur die zentralen Botschaften der beiden Verfasser in die breite Öffentlichkeit, sie zeigten auch mit dem Finger auf sich selbst. Die *Frankfurter Rundschau* schrieb am 5. April 1968: »Tatsächlich waren wir alle mit ganz wenigen Ausnahmen in irgendeiner Weise Anhänger und Gehilfen des Nationalsozialismus.« Zuvor, in der Ausgabe vom 16./17. März 1968, hatte die *Süddeutsche Zeitung* die scharfe Anklage der Mitscherlichs abgedruckt, wonach die Mehrheit der Deutschen Hitler »widerstandslos unterstützt« habe. Medienvertreter pflichteten den Beobachtungen der Psychoanalytiker bei und unterstrichen gleichzeitig ihren Mut, die Probleme der Gegenwart offen anzusprechen. In diesem Zusammenhang konstatierte der Mitscherlich-Biograf Tobias Freimüller (2007, 303):

> »In Bezug auf den Umgang der bundesdeutschen Bevölkerung mit dem Nationalsozialismus war die *Unfähigkeit zu trauern* zweifellos der wichtigste publizistische Ausdruck einer Phase der ersten kritischen Rückbesinnung

> auf die Versäumnisse, die man sich in den 1950er-Jahren durch moralisch allzu bedenkliches ›kommunikatives Beschweigen‹ hatte zu Schulden kommen lassen.«

Alexander Mitscherlich hatte sich bereits vor 1967 dem Nationalsozialismus und seiner Eliten mehrfach wissenschaftlich gewidmet. Darüber hinaus war er 1933 dem frühen Terror des NS-Regimes ausgesetzt, denn während seines Medizinstudiums hatte die SA den 1908 geborenen Chemikersohn aufgrund seines Engagements innerhalb der nationalrevolutionären Bewegung verfolgt. Nach seiner Promotion 1941 bei Viktor von Weizsäcker und der Habilitation waren 1946 die Ärztekammern der Westzonen mit der Bitte an Mitscherlich herangetreten, über den Nürnberger Ärzteprozess zu berichten. Aufgrund dieser kritischen Veröffentlichung hatte es der Privatdozent an deutschen Medizinischen Fakultäten anschließend schwer, Fuß zu fassen. 1960 gründete er das Sigmund-Freud-Institut in Frankfurt, das er bis 1976 leitete. In diese Zeit fiel die Publikation von *Die Unfähigkeit zu trauern.*

Verantwortlich für die dort beschriebenen Phänomene waren dem Ehepaar Mitscherlich zufolge ältere Entwicklungen. Bereits in seinem Werk *Auf dem Weg zur vaterlosen Gesellschaft* von 1963 hatte Alexander Mitscherlich auf den Wegfall von Traditions- und Identifikationsangeboten in der Moderne hingewiesen. Die Figur des Vaters, der üblicherweise Wertvorstellungen an seine Kinder vermittelt, habe massiv an Einfluss eingebüßt. Zuvor, noch in den 1950er-Jahren, hatte Mitscherlich die Entfremdung des Menschen in einer zerfallenden, traditionellen Welt als »Kaspar-Hauser-Komplex« bezeichnet. Die Moderne habe die Gemeinschaft aufgelöst und die Autorität der Älteren beseitigt. Gleichzeitig jedoch habe der Wunsch des Individuums nach Orientierung und Halt zu einer »Vermassung« der Gesellschaft geführt, in denen neue Wortführer zu Autoritäten avanciert seien. Die Suche nach neuen Identifikationsangeboten läutete laut Mitscherlich dann die Stunde der »Führer« ein, die die mangelnde »Vater-Autorität« zu kompensieren wussten. Männer wie Adolf Hitler seien als »Ich-Ideal« in das

Selbst des Individuums aufgenommen und zum Vorbild geworden. Nach 1945 habe ebenjene Selbstidentifikation mit Hitler die Auseinandersetzung mit den NS-Verbrechen gehemmt:

> »Die Unfähigkeit zur Trauer um den erlittenen Verlust des Führers ist das Ergebnis einer intensiven Abwehr von Schuld, Scham und Angst; sie gelingt durch den Rückzug bisher starker libidinöser Besetzungen. Die Nazivergangenheit wird derealisiert, entwirklicht. Als Anlaß zur Trauer wirkt übrigens nicht nur der Tod Adolf Hitlers als realer Person, sondern vor allem das Erlöschen seiner Repräsentanz als kollektives Ich-Ideal. Er war ein Objekt, an das man sich anlehnte, dem man die Verantwortung übertrug, und ein inneres Objekt. Als solches repräsentierte und belebte er aufs neue die Allmachtsvorstellungen, die wir aus der frühen Kindheit über uns hegen; sein Tod und seine Entwertung durch die Sieger bedeutete auch den Verlust eines narzißtischen Objekts und damit eine Ich- oder Selbstverarmung und -entwertung« (1967, 34 f.).

Demnach, erklärten die Mitscherlichs in ihrem Buch *Die Unfähigkeit zu trauern*, sei nach Kriegsende mit der Neubewertung des »Führers« als Verbrecher eine Entwertung und Verarmung des »Ichs« einhergegangen. Allerdings habe diese Entwicklung nicht die typische melancholische Reaktion hervorgerufen. Die Deutschen seien hingegen ihrer eigenen Entwertung dadurch entgangen, die Brücken zur Vergangenheit niederzureißen, was die Trauer um den »Führer« verunmöglicht habe. Diese Vermeidungsstrategie, die den notwendigen Schritt der Auseinandersetzung mit dem Geschehen aushebelte, habe geradewegs in eine Gefühlsstarre gegenüber den Opfern des Dritten Reiches geführt. Gleichzeitig hätten aufgrund dieser Nicht-Hinterfragung einzelne Ideologeme und »Dressate« den Zusammenbruch des NS-Staates überlebt: »Das folgenreichste«, so Alexander und Margarete Mitscherlich Mitte der 1960er-Jahre, »dürfte der emotionale Antikommunismus sein« (42).

Dieser introspektive Blick der beiden Psychoanalytiker auf den emotionalen Zustand der Bundesrepublik in den 1960er-Jahren war aus drei Gründen bemerkenswert:

- *Erstens* wagten sie es, die Zuneigung der Deutschen zu ihrem »Führer« zum Thema zu machen – dadurch konterkarierten die

Verfasser das Narrativ, wonach einige wenige Akteure für die NS-Verbrechen verantwortlich gewesen seien.

- *Zweitens* übten sie lautstark Kritik an den Defiziten der westdeutschen Vergangenheitspolitik, die sich durch Beschweigen der NS-Vergangenheit ausgezeichnet hatte.
- *Drittens* benannte das Ehepaar zeitgenössische Probleme als Folge der verweigerten Vergegenwärtigung des Dritten Reichs. Darunter summierte es insbesondere virulente Ideologeme, die auf eine Ausgrenzung bestimmter gesellschaftlicher Gruppen zielten.

Seine sozialpsychologische Analyse der Bundesbürger sprach vielen – das hat die Reaktion der Medien gezeigt – aus dem Herzen. Und manche werden sie gewiss auch als Vorbild genommen haben, um nach 1945 über ihr eigenes Seelenleben zu schreiben.

»Kinderbücher«

Auel – an diesem Ort an der Loreley ist sie schon lange nicht mehr gewesen und eigentlich wollte sie dort überhaupt nicht mehr hin. Es waren ihre Kinder, Thomas, Johanna und Elisabeth, die auf der Autofahrt in den Sommerurlaub nach Holland die Mutter zu einem Zwischenstopp in der Kleinstadt drängten. Für die Erzählerin in Ruth Rehmanns 1979 veröffentlichtem Text *Der Mann auf der Kanzel. Fragen an einen Vater* beginnt damit eine Zeitreise in die Vergangenheit, genauer: die Auseinandersetzung mit Erinnerungen, Dokumenten, Fotografien und Berichten Dritter, die im Rahmen einer Spurensuche über ihren Vater, einem Pfarrer, zusammengetragen werden. Angestoßen wird diese Rückschau durch den ältesten Sohn: »Thomas, 3. Semester Geschichte, möchte erfahren, wie mein Vater mit den Lebensdaten 1875–1940 sich zum Nationalsozialismus verhalten hat.« (13)

Rehmanns Publikation stellt eine Form des autobiografischen Schreibens dar. Sie repräsentiert eine literarische Gattung, die in der Forschung als »Väterbücher« beziehungsweise »Väterliteratur« bezeichnet wird (s. Vogt 1998). Veröffentlichungen wie ihre gelangten vor allem seit den 1970er-Jahren auf den Buchmarkt. Jene Literatur war in eine Strömung eingebettet, die Marcel Reich-Ranicki »Neue Subjektivität« nannte, worunter er Werke verstand, die Aspekte des Privatlebens und persönliche Probleme in den Mittelpunkt stellen. Die Autoren und Autorinnen der »Väterbücher«, meist zwischen 1930 und 1950 geboren, rekurrierten auf ihre persönlichen Erinnerungen: an das Dritte Reich, das sie als Kind wahrnahmen, später dann, im Erwachsenenalter, an die Bundesrepublik.

Am Begriff »Väterliteratur« ist in der Literaturwissenschaft wiederholt Kritik geübt worden. Es sei, so ein Einwand, aufgrund einer fehlenden Definition unklar, welche Werke darunter zu fassen seien. »›Väterliteratur‹«, unterstreicht der Literaturwissenschaftler Julian Reidy (2011, 70), sei »ein unzureichend definierter Begriff«. Die »Väterliteratur«, so ein weiteres Argument, spreche nicht nur das Verhältnis zu den Vätern an, sondern auch das zu den Müttern, und nicht immer kreise die Darstellung um die Handlungen der Väter während des Nationalsozialismus. Zuweilen seien die Themen der Werke auch nicht sonderlich privat, sondern eher politisch. Überdies wurde darauf hingewiesen, dass diese Literatur oftmals historische Realitäten einfange, also nicht genuin fiktiv sei. Daher müsse sie als »Geschichtsschreibung«, als eine »Form von historischer Forschung«, betrachtet werden (s. Reidy 2011, 71 f.). Als historische Erzählung könne sie demzufolge Aufschluss darüber geben, welche Rolle die dargestellten Individuen im Dritten Reich gespielt haben und welche Motive ihre Taten leiteten.

Im Zentrum der »Väterliteratur« steht tatsächlich nicht das Dritte Reich als ein historisches Ereignis, das es zu durchdenken gilt. Das eigentliche Thema sind seine *Nachwirkungen* auf das Leben der Nachgeborenen – die nationalsozialistischen Gewalt- und Unrechtstaten werden nicht analysiert. Vielmehr kreisen die Publikationen um Kindheitserinnerungen und Unausgesprochenes: Es geht um die Beschäftigung mit dem eigenen Vater, dessen Rolle im NS-Staat und um einen ungelösten Generationenkonflikt, der aufseiten der Kinder Fragen und Unverständnis evoziert: »unbelehrbar, unverwüstlich, nicht kleinzukriegen, diese Generation!« (16), bemerkt die Erzählerin in Rehmanns *Der Mann auf der Kanzel* nach einem Gespräch mit einer Bekannten des Vaters. An anderer Stelle klagt sie einen weiteren Altersgenossen des Pfarrers an, dem sie vorwirft, ihren Vater nicht entschieden genug über die Verbrechen der SS informiert zu haben:

> »Wenn Sie [...] zu ihm gesagt hätten: Sie wissen nichts, Herr Pfarrer! Ihr Nichtwissen fängt an, kriminell zu werden. Jetzt will ich Ihnen mal ein Licht aufstecken über den Pfarrer Schneider im Schwarzen Block von Buchenwald, wie sie ihn mit Stockschlägen auf den nackten Hintern traktieren, wie sie ihn mit verdrehten Armen am Fensterkreuz aufhängen und wie er trotz allem bei der nächsten Exekution wieder durchs Fenster brüllt: ›Mörder! Räuber! Ehebrecher! Diener des Teufels!‹ Sie hatten doch Ihre Informationen aus Barmen-Gemarke! Sie wußten von Anfang an Bescheid ...« (155).

Das führt die Erzählerin zu folgenden Fragen:

> »Wie überliefert man Väter, die weder Naziverbrecher noch Widerstandskämpfer waren? Wie bringt man sie einzeln und lebendig durch die Mühle der Pauschalvorstellungen und -urteile? Wie schützt man sie vor der Verzerrung durch Schreckens- und Wunschbilder? Wie erklärt man den Unterschied zwischen erlebter in der Rückschau betrachteter Zeit, ohne in den apologetischen Jammerton zu verfallen, den ich-war-noch-zu-klein, ich-hab-nichts-gesehen, ich-war-nicht-dabei-Ton?« (18)

Gleichzeitig jedoch muss auch sie sich im Rahmen ihrer Spurensuche der eigenen Vergangenheit stellen. Ein Gesprächspartner wirft ihr vor, von den Unrechtstaten im Dritten Reich gewusst zu haben. Hierbei bezieht er sich auf die Schulkameradin Hannchen Heilmann, dessen jüdischer Vater verhaftet wurde. Die Erzählerin erinnert sich daraufhin, seinerzeit froh gewesen zu sein, weil wegen dieser Verhaftung Hannchens Geburtstagsfeier abgesagt wurde: »Und ich atme erleichtert auf: ›Dann brauchen wir nicht zu ihrem Geburtstag. Bei denen stinkt's‹« (157).

»Väterbücher«, die genau genommen »Kinderbücher« sind, schließlich konzentrieren sie sich in egozentrischer Weise auf das Selbstbewusstsein der *Kinder* und deren Bedürfnis nach Klärung, thematisieren den Wunsch nach Aussprache mit dem Vater (oder auch der Mutter) – einer Aussprache, die es weder vor noch nach 1945 gegeben hat. Oft zielen die Werke daher darauf, die selbst erfahrene kommunikative Blockade zwischen Kind und Vater nicht in der eigenen Familie zu tradieren. So bleibt auch Rehmanns Erzählerin das klärende Gespräch mit dem eigenen Vater versagt, der noch während des Nationalsozialismus an einer schweren Krankheit stirbt.

Vater Reinhold ist evangelischer Pfarrer (»so ein richtiger altmodischer Pfarrer im schwarzen Gehrock, mit Kragenröhre«, 12), er verehrt den Kaiser, meldet sich 1914 freiwillig zum Kriegsdienst, wird mit dem Eisernen Kreuz ausgezeichnet und nennt sich später selbst »ein alter Deutschnationaler« (148). Seine persönliche, herzliche und sanfte Art sei gut in der Gemeinde angekommen, erinnern sich einige Kirchenmitglieder. Das Ende des Kaiserreichs kann der Pfarrer nur schwer verkraften, die Weimarer Republik ist ihm ein Dorn im Auge:

> »Republik ist im Aueler Pfarrhaus ein unangenehmes Wort, verbunden mit anderen unangenehmen Worten wie Affentheater, Quatschbude, Klugschwätzer, Schleimscheißer, Krämerseelen, Speichellecker, Schlappschwänze, Profitgeier, Verzichtler, Verräter, Konkursvollstrecker, Erfüllungspolitiker, internationales Gesindel, vaterlandslose Gesellen ...« (117).

Auch für die »Roten« hat der Pfarrer nur Beschimpfungen übrig, hinsichtlich der Juden kolportiert er antisemitische Stereotype: »Wie sollte er vergessen können, was die jüdische Presse in den Kriegs- und Nachkriegsjahren dem Kaiser angetan hat« (148). Gleichwohl knüpft er Freundschaften zu einzelnen Juden und Kommunisten: Auf Juist verbringt er Zeit mit dem Essener Rechtsanwalt Jacobi, der nach 1933 deportiert wird, in Auel hält er Kontakt zum »roten« Lehrer Limbach, dessen Widerstandsaktionen ihm jedoch zu weit gehen. Mit dem SA-Bürgermeister von Auel weiß sich Reinhold zu arrangieren. Hitler ignoriert er, ebenso die Realität des nationalsozialistischen Terrorapparates.

Am Ende ihrer Erinnerungsarbeit bleiben für die Erzählerin wesentliche Fragen ungeklärt, darunter die, ob ihr Vater Schuld auf sich geladen hat, indem er einst vor Gericht als Zeuge schwieg. Hierbei handelte es sich um einen Schusswechsel zwischen der SS und einigen Gewerkschaftlern. Ein SS-Mann wurde dabei tödlich getroffen. Laut Gerichtsprotokoll sei ein Pfarrer gerufen worden, Lehrer Limbach deutet an, es sei Reinhold gewesen. Gleichzeitig kursieren Gerüchte, wonach der SS-Mann von hinten, und damit von seinen eigenen Leuten versehentlich erschossen worden sei. Dessen Mütze, die ein wichtiges Beweismittel dargestellt hätte, blieb unauffindbar.

Auch in Günter Seurens 1980 veröffentlichtem *Abschied von einem Mörder*, um ein zweites Beispiel anzuführen, stellt der Nationalsozialismus die Hintergrundfolie der Handlung dar, ohne jedoch nach seinen Funktionsweisen zu fragen. Wie der Untertitel *Erzählung* andeutet, liegt bei dem 1932 geborenen Autor der Fiktionalisierungsgrad höher als bei Rehmann. Auch Seurens Vaterfigur trägt eine schwarze Uniform, allerdings eine mit Totenkopfabzeichen. Der 1906 Geborene hatte vor seinem Eintritt in die SS 1940 in einer Fabrik, einer Schneiderei und als Ackerknecht gearbeitet. Somit sah er im Nationalsozialismus die Möglichkeit, Karriere zu machen: »Es war jetzt anders«, berichtet der kindliche Erzähler stolz, »mit ihm über den Bürgersteig zu gehen. Etwas Macht hatten wir bekommen, etwas Glanz, eine Entschädigung, egal, was dahintersteckte, eine Entschädigung für das lange Warten auf bessere Zeiten« (35). Der Sohn »genoß das unterwürfige Wohlwollen, das die anderen beim Anblick einer Pistole zeigten, von der sie sich beschützt fühlten. Die Einigkeit zwischen Pistole und Herde. Ich habe gedacht, jetzt ist alles schöner geworden, heller, es hat einen Sinn, daß er die Pistole hat und die anderen uns dankbar grüßen« (35 f.).

In den 1940er-Jahren wird der Vater Mitglied eines Einsatzkommandos, das in Tilsit Massenerschießungen exekutiert. Gegenüber dem Sohn werden diese Morde lange Zeit verschwiegen. Überhaupt weiß niemand im Umfeld des Vaters so recht, was er beruflich tut. Die Erzählung macht lediglich Andeutungen, beispielsweise, dass der Vater am Abreisetag nach Tilsit die Pelzhandschuhe seiner Frau zurückweist, weil sie die Beweglichkeit seiner Finger einschränken. Erst 1943 erhält der Sohn einen Brief, in dem der Vater über seine »Arbeit« im Osten und seine Weltanschauung schreibt:

> »Wir haben hier eine Aufgabe zu erfüllen, die sich von allen anderen unterscheidet. Das kann man nicht lernen, das muß man eines Tages tun, weil es nicht auf unseren eigenen kleinen Willen ankommt. Man muß einen Halt haben, wenn man das macht. Es ist ja etwas anderes, auf die Schießscheibe abzudrücken oder auf einen Menschen zu schießen. Der steht ja nicht allein da, der Jude, das sind Tausende, Hunderttausende, die uns für dumm gehalten haben. Darin ist der Jude ein Meister. Falsches Mitleid können wir uns jetzt nicht leisten. [...] Die sehen Dich an, wenn sie vor den Maschinengewehren stehen, als wärst Du nur für heute und morgen hochgekommen. Und dann schicken sie Dich, wenn ihr Gott das Blatt wendet, in die Grube. Aber die schaufeln sie sich selber. Das lernt man nicht, dastehen und abdrücken, da wird man hingestellt. Anfangs habe ich gedacht, was für ein Glück, daß man nicht ein paar Meter weiter auf dem Fleck steht, wo der Jude steht. [...] Es ist kein Glück, daß wir an der richtigen Stelle stehen. Wir haben sie uns erkämpft.« (73)

Der Einsatz im Osten geht nicht spurlos am Vater vorbei. Bei einem Heimatbesuch bemerkt der Sohn: »An der dreckigen Pistole sah ich, daß er sich gehenließ. Tagsüber saß er im Sessel herum, manchmal fielen ihm die Augen zu« (86). Was dem Sohn darüber hinaus in der Rückschau auch immer einfällt – es hat stets mit Gewalt zu tun: Der Vater reinigt in Badehose seine Dienstwaffe, eine Walther; beide üben hinterm Haus den Umgang mit dem Gewehr. Des Weiteren beschreibt der Erzähler, vom Vater gezüchtigt worden zu sein. Gewalt prägt sowohl das Leben des Vaters, der 1945 bei Gefechten im Alter von 39 Jahren stirbt, als auch das Leben des Sohnes. Als er mit seinem Klassenkameraden Glomp aneinander gerät, handelt er dementsprechend: »Ich habe auf den Kehlkopf gezielt, als ich mit dem Neuen Testament zuschlug, ich sah Glomp befriedigt in die Augen [...]« (19).

Im zweiten Teil der Erzählung lenkt Seuren den Blick auf das Leben des Sohnes nach 1945, der als Portraitfotograf im Rheinland arbeitet. Mehr und mehr beginnt der Erzähler zu verstehen, wie sein Vater ihn »dressierte und zerstörte« (136), ihn ans Töten gewöhnte. Hätten die Deutschen den Krieg gewonnen, so spekuliert er, hätte er ihn ebenfalls zu einem »Handlager der Macht« (136) gemacht. Als erwachsener Mann habe er daher beschlossen, diese »Macht« auf Fotos festzuhalten und ihre Lügen zu demaskieren. Auch im Privatleben zeigen sich die Folgen seiner Erziehung: Der Leser erfährt von seiner Beziehung zu einer Schauspielerin namens Hilde, mit der er ein Kind hat, Philipp, und die ihn später verlässt, weil er seine Familiengeschichte zu verdrängen sucht, Zärtlichkeiten nicht zulassen kann und Hilde im NS-Jargon als »Parasit« (143) beschimpft.

Als er sich mit Philipp auf den Weg nach Holland in den Sommerurlaub macht, begegnet ihm in Amsterdam ein alter Bekannter: der Jude Joseph Silbereisen, dessen Familie in Dachau zu Tode kam. Hierbei wird deutlich, wie sehr sich Silbereisen vor dem gefühlskalten Erzähler fürchtet, aber auch, wie groß dessen Bedürfnis ist, über die NS-Zeit zu sprechen. Von überkommenen Stereotypen als Relikte seiner Sozialisation kann er sich dabei nicht freimachen:

> »Er beobachtet mich wie einen Kranken, der wirres Zeug redet. Dabei weiß er, was ich meine. Ein Jude weiß das. Töten gleich heilen, säubern, sich selbst nicht mehr verachten müssen, einen Auftrag ausführen, ausrotten, verscharren, an der richtigen Stelle stehen, zielen, abdrücken, in die Grube, anständig bleiben, sich nicht an der Beute bereichern, der Stärkere, der Bessere tötet anständig, das spürt man, die Rasse, das eigene Blut, das höhere Leben, nicht mehr unten sein, arm, dumm, in sich selber verhaßt, mit der Hundepeitsche zusammentreiben, Fußtritte, heimzahlen, Genickschüsse, Sonderzulage. [...] Wußten Sie, daß in den Erschießungskommandos nicht nur Nervenzusammenbrüche und Selbstmorde vorkamen, es gab bei

den Massenerschießungen auch Mörder mit Erektionen, wußten sie das? Silbereisen schweigt« (133).

Aus historischer Sicht ist die Funktion von Büchern wie *Der Mann auf der Kanzel* und *Abschied von einem Mörder* nicht in der Darstellung einzelner Akteure oder des Dritten Reichs zu sehen. Folglich muss der Versuch scheitern, mithilfe dieser Literatur die Rolle einzelner Täter im Nationalsozialismus auszuleuchten (vgl. Reidy 2011) – bereits die Tatsache, dass die Rezeption und Interpretation durch den Erzähler gefiltert und verzerrt werden, spricht dagegen. Stattdessen erscheint eine andere Perspektive produktiv. Peter Henisch hat sie in seinem Werk *Die kleine Figur meines Vaters* von 1975 angesprochen: »Jetzt, da ich hier sitze und schreibe, die Geschichte meines Vaters, *meine* Geschichte meines Vaters [...]« (Henisch 1980, 9; Hervorhebung im Original). Der Wert der »Väterliteratur« liegt demnach darin, Aussagen über die *Entstehungszeit* solcher Werke, über die Erzähler und ihre Fragen an die Vergangenheit treffen zu können. Immerhin gewähren die Werke Einblicke in die innere Auseinandersetzung der Autoren und Autorinnen mit der eigenen Biografie. Zuletzt kommt ihnen noch eine erinnerungskulturelle Bedeutung zu: Schriftstellerinnen und Schriftsteller wie Rehmann und Seuren schrieben seit den 1970er-Jahren gegen das Vergessen an. Ihre Bücher haben dazu beigetragen, den Nationalsozialismus zu einem öffentlichen Thema zu machen. Gleichwohl waren nicht sie es, sondern es war eine TV-Serie, die es vermochte, die Westdeutschen Ende der 1970er-Jahre in großem Maße zu emotionalisieren.

Geschichtsstunde *Holocaust*

In der selbstkritischen Rückschau auf sein Lebenswerk und dessen Auswirkungen auf die bundesdeutsche Gesellschaft kam der Psychoanalytiker Alexander Mitscherlich, der Verfasser von *Medizin ohne Menschlichkeit* und *Die Unfähigkeit zu trauern*, zu einem ernüchternden Ergebnis. Seine Publikationen hätten nur wenig gegen das Vergessen der Deutschen ausrichten können. Erst eine Fernsehproduktion, so Mitscherlich (1980, 239), habe etwas bewirkt: »Die Verdrängung der Vergangenheit wurde weitgehend aufrechterhalten. Die Reaktion auf den Film ›Holocaust‹ (1979) zeigte, wie wenig bisher die Vergangenheit gefühlsmäßig in das Bewußtsein der meisten Menschen gedrungen war.«

Mitscherlich rekurrierte damit auf ein TV-Format aus den USA, das an vier Abenden im Januar 1979 den Mord an den europäischen Juden in die Wohnzimmer der Bundesbürger brachte. Es war vom amerikanischen Sender NBC an Originalschauplätzen in Westdeutschland und Europa produziert und in den Vereinigten Staaten bereits im April 1978 ausgestrahlt worden, wo es 120 Millionen Zuschauer hatte fesseln können. Verantwortlich dafür war seine Machart: Durch die Darstellung individueller Schicksale im Dritten Reich und einer emotionalisierenden Hintergrundmusik verfing dieser kitschige »Rührfilm« (*Der Spiegel*, 29.1.1979, 22). Zudem gab die Serie den Opfern des Judenmords erstmals ein Gesicht (zugleich aber auch den Tätern). All dies war von den Produzenten intendiert: Mit *Holocaust* wollte die NBC an die Erfolge anderer Sender anschließen, beispielsweise hatte das TV-Network ABC 1977 mit dem mehrteiligen Sklavenepos *Roots* hohe Einschaltquoten erreicht. Überlebende der nationalsozialistischen Konzentrations- und Vernichtungslager wie der jüdische Autor Elie Wiesel waren indes entrüstet, dass sich die NBC anschickte, die Shoah zu visualisieren und das Leid der Opfer in Gestalt einer *soap opera* zu trivialisieren. Gleichwohl wurde *Holocaust* 1978 von der *Academy of Television Arts and Sciences* mit insgesamt acht Emmy-Awards ausgezeichnet.

Die in den USA entbrannte Kontroverse zwischen Holocaust-Überlebenden und der NBC war den Fernsehmachern in Westdeutschland nicht verborgen geblieben. Da es in den ARD-Anstalten Befürworter und Kritiker der Serie gab, entschieden sich die Verantwortlichen letztlich dazu, dem Vierteiler einen Sendeplatz in den Dritten Programmen einzuräumen. Zuschauern aus der

DDR, die diese Programme in der Regel nicht empfangen konnten, blieb dadurch die Produktion, die schon 1978 in Großbritannien und Israel gezeigt worden war, verwehrt. Wer sie in Ostdeutschland aber empfangen konnte, der schüttelte den Kopf: Ablehnung erfuhr zum einen die thematische Verengung auf jüdische Opfer – schließlich, so hieß es, seien auch Kommunisten verfolgt worden. Zum anderen stieß man sich an der Ignoranz der Bundesbürger, die offensichtlich bislang nur wenig über die NS-Verbrechen gewusst hätten. Die politische Führung der DDR kommentierte *Holocaust* allerdings nicht. Insgesamt, darauf hat Lukas Bartholomei (2015, 24) hingewiesen, nahm die Beschäftigung mit der NS-Vergangenheit sowohl auf der Leinwand als auch im Ostfernsehen zu dieser Zeit sukzessive ab.

Ungleich größer sollte sich das Gesprächsbedürfnis der Westdeutschen erweisen. Sie wurden zwischen dem 22. und 26. Januar 1979 jeweils in den Abendstunden mit dem Schicksal der fiktiven jüdischen Arztfamilie Weiß und dem beruflichen Aufstieg des SS-Manns Erik Dorf konfrontiert, einem Mitverantwortlichen für den Holocaust, der gegen Kriegsende Selbstmord begeht. Während Dorf im Verlauf der Handlung die Karriereleiter im NS-Terrorapparat steil nach oben steigt, werden beinahe alle Angehörigen der Familie Weiß ermordet. *Holocaust* visualisierte die Großverbrechen des NS-Staates, unter anderem den Krankenmord in Hadamar, Massenerschießungen in Babi Jar, die Räumung des Warschauer Ghettos und Vergasungen in Auschwitz.

Das Interesse an der Serie war in Westdeutschland nachweisbar groß und ebenso die dadurch evozierte Bestürzung der Zuschauer: Im Januar 1979 hatte fast jeder zweite Erwachsene in der Bundesrepublik zumindest Teile der Produktion gesehen. Daraufhin gingen bei der Bundeszentrale und den Landeszentralen für politische Bildung über 450 000 Anfragen ein. Vor allem die Gruppe der 14- bis 29-Jährigen, das ergaben Umfragen, hatten für *Holocaust* den Fernseher eingeschaltet. Zwei Drittel der Zuschauer äußerten, der Mehrteiler habe sie tief erschüttert und beinahe die Hälfte der Rezipienten bekundete Scham angesichts der NS-Verbrechen. Vielfach folgte Selbstkritik. »Ja, ich war zu feige«, konzedierte Henri Nannen, der Chefredakteur des *Stern*, am 1. Februar 1979 in seiner eigenen Zeitschrift. Auf die Frage seiner Kinder und Enkelkinder, ob und was man über den Holocaust gewusst habe, gäbe es für ihn nur eine Antwort:

> »Wer Soldat im Osten war, dem konnten die Judenerschießungen, die Massengräber und beim Rückzug die ausgebuddelten und verbrannten Leichenberge nicht verborgen bleiben. Ich jedenfalls, ich habe gewusst, daß im Namen Deutschlands wehrlose Menschen vernichtet wurden, wie man Ungeziefer vernichtet. Und ohne Scham habe ich die Uniform eines Offiziers der deutschen Luftwaffe getragen. Ja, ich wußte es, und ich war zu feige, mich dagegen aufzulehnen.«

Auch der Schriftsteller Leopold Ahlsen reflektierte die Verbrechen der Deutschen sowie individuelle Versäumnisse. In der *Welt* vom 27. Januar 1979 schrieb er gegen Kritiker der Serie an:

> »Nicht die Serienverfasser haben diese Greuel erfunden – wir haben sie verübt. Und es sind keine nachgestellten gewesen, sondern solche am lebendigen Fleisch. [...] Denn ohne Auschwitz kein Auschwitzfilm: nicht die Darstellung der Verbrechen beschmutzt uns, die Verbrechen selbst haben es getan. [...] Verübt wurden diese Untaten von wenigen. Aber das Zufügen von Leiden geduldet, es durch Feigheit gefördert, haben die meisten. Schlimm, wenn wir heute noch zu feige wären, wenigstens im Nachhinein hinzusehen, zu feige für ein wenig Reue, wenig Scham. [...] Nein, Herrschaften, dieser Film ist uns sehr nötig. Uns allen. Auch mir.«

Eine Nation ist betroffen lautete insofern der treffende Untertitel einer Dokumentation über die Serie und die Reaktionen der Bürger im Fischer-Taschenbuchverlag (Märtesheimer/Frenzel 1979). Die emotionalen und reflexiven Auswirkungen von *Holocaust* auf die Westdeutschen spiegelte ferner die Tatsache, dass die Gesellschaft für deutsche Sprache »Holocaust« 1979 zum Wort des Jahres kürte. Fortan avancierte es in der Bundesrepublik zu einem zentralen Begriff für den Massenmord an den Juden.

Holocaust evozierte aber noch weitere Reaktionen. Der deutsche Produzent Edgar Reitz beispielsweise wollte die Deutungshoheit über die NS-Zeit nicht den USA überlassen und konterte mit seinem Schwarz-Weiß-Mehrteiler *Heimat*: Geradezu demonstrativ hatte Reitz im Einspieler einen großen Stein platziert, auf dem die Worte »Made in Germany« eingemeißelt waren. Mit rund 10 Millionen Zuschauern pro Folge konnte *Heimat* 1984 eine beachtliche Rezeption vorweisen. Dieses »Jahrhundertepos« schildert Geschichten dreier Generationen der Familien Wiegand und Simon zwischen dem Ersten Weltkrieg und der Zeit nach Hitler. Ort der Handlung ist das fiktive Dorf Schabbach im Hunsrück. Die Produktion rückt die Frage ins Zentrum, wie sich diese dörfliche Gemeinschaft den Herausforderungen der politischen Systembrüche stellt – damit griff Reitz Fragen nach Konformismus und Widerstand in der deutschen Gesellschaft auf, die das Münchener Institut für Zeitgeschichte im Rahmen seiner groß angelegten Lokalstudie *Bayern in der NS-Zeit* gleichsam »von unten« untersuchte. Insgesamt werden dabei zahlreiche Aspekte verhandelt: der Rassenwahn im Dritten Reich, die Heimkehr aus dem Krieg, die »Stunde Null«, Amerika als Zufluchtsort und das Wirtschaftswunder der 1950er-Jahre. Der Nationalsozialismus bringt vor allem die Moderne nach Schabbach – in Gestalt des Volksempfängers und des KdF-Wagens. Im Ausland warf man der Produktion *Heimat*, die als Antwort auf *Holocaust* konzipiert worden war, vor, auf das Niveau des deutschen Nachkriegsfilms zurückzufallen. Denn *Holocaust* habe gezeigt, dass die Darstellung von »Auschwitz« möglich sei. Der britische Historiker Timothy Garton Ash verwies darauf, dass *Heimat* dafür stehe, woran sich die Deutschen erinnern. Doch gerade was den Nationalsozialismus betraf, sei die Erinnerung »amoralisch« (taz, 15.2.1986).

Dass die Westdeutschen Anfang der 1980er-Jahre das Thema »Endlösung« lieber in Gestalt eines fiktiven Spielfilmformats, durch Schauspieler an sie herangetragen, konsumierten, anstatt mit Fakten und Zeitzeugen konfrontiert zu werden, offenbarte die fehlende Rezeption einer anderen, eben dokumentarischen Produktion. Am 30. April 1985 wurde in Paris der Film *Shoah* von Claude Lanzmann erstmalig gezeigt. An der Veranstaltung nahm unter anderem der französische Staatspräsident François Mitterrand teil. Peter Reichel (2004, 286) konstatierte: »*Shoah* ist ein filmisches Epos der Trauer und der Klage über den Verlust eines Großteils der europäischen Juden. *Shoah* ist ein Gespräch über die Toten und das Sterben in den deutschen Todeslagern. *Shoah* ist eine Totenklage und eine beispiellose, filmisch in Szene gesetzte Zeugenbefragung.«

Tatsächlich war das Gespräch mit Überlebenden des Holocaust das zentrale Charakteristikum des vierteiligen Films – auch deshalb, weil Lanzmann (im Gegensatz zu den Produzenten von *Holocaust*) der Ansicht war, man könne den Holocaust nicht visualisieren. Lanzmann folgte ihnen zu den Schauplätzen des Massenmords im »Osten« oder besuchte sie, wie den Friseur Abraham Bomba, in ihrer Heimat. Bomba hatte seinerzeit Juden in Treblinka kurz vor ihrer Ermordung die Haare abschneiden müssen. Während *Shoah* in den USA zum besten Dokumentarfilm des Jahres gekürt wurde und auf diversen Filmfestivals vertreten war, nahm sich die Rezeption in der Bundesrepublik mehr als mau aus; kaum jemand hatte diese Dokumentation zur Kenntnis genommen, was vor allem daran gelegen haben mag, dass *Shoah* seinen Zuschauern viel abverlangte. Mehr als ergreifend nahm sich insbesondere das Interview mit Bomba in Tel Aviv aus, der mit stockender Stimme davon berichtete, wie ein Freund in Treblinka seine Frau und seine Schwester entdeckte, er ihnen aber nicht sagen konnte, dass sie in Kürze vergast werden. Neben dieser erschütternden Darstellungsform war noch etwas Weiteres neu: der direkte Gegenwartsbezug, den Lanzmann stark machte und der die Diskussionen über den Nationalsozialismus in den 1980er-Jahren begleitete. Mit ihm ging unweigerlich die Frage nach nationaler Identität und der diesbezüglichen Rolle des Dritten Reiches einher. Lanzmann interessierte nämlich, wie man in der Gegenwart über die Vergangenheit sprach.

Holocaust bedeutete jedoch nicht nur einen Einschnitt für die kulturelle Verarbeitung des Judenmords, sondern auch für die westdeutsche Zeitgeschichtsforschung. In der Ausgabe der *Zeit* vom 2. Februar 1979 nannte Marion Gräfin Dönhoff die TV-Serie eine »deutsche Geschichtsstunde«:

> »Eine solche Woche hat es im bundesdeutschen Fernsehen noch nicht gegeben: vier Tage lang je zwei Stunden *Holocaust* plus mehr als eine Stunde Diskussion und dabei wachsende Einschaltquoten: 32, 36, 39, 41 Prozent; im Bereich einiger Sendestationen, beispielsweise in Berlin, waren es sogar 47 Prozent. Vierundzwanzig Stunden lang hatten alle ARD-Stationen sämtliche Telefone besetzt: 7 000 Anrufer täglich, dazu ungezählte Briefe, Telegramme, Fernschreiben. An allen Schulen, in allen Familien gibt es nur eine Diskussion: *Holocaust*; in allen Redaktionen, an Stammtischen, unter Studenten ist es nicht anders. Das Volk ist aufgewühlt, betroffen und plötzlich von großem Wissensdurst erfüllt.«

Aussagen wie jene richteten den Blick unweigerlich auf die Versäumnisse der Geschichtswissenschaft. Heinz Höhne, ein für seine teilweise apologetischen Interpretationen der NS-Vergangenheit bekannter Journalist, titelte am 29. Januar 1979 im *Spiegel* sarkastisch: *Schwarzer Freitag für die Historiker* und klagte an:

> »Westdeutschlands Historiker, denen die ›Holocaust‹-Ausstrahlung zu einem schwarzen Freitag geworden ist, haben einigen Grund, über Sinn und Nutzen ihrer Arbeit nachzudenken. Selten ist einer Wissenschaft so drastisch bescheinigt worden, daß sie jahrzehntelang an den Interessen und Bedürfnissen der Öffentlichkeit vorbeigelebt hat. Es ist Zeit, umzukehren.«

Am gleichen Tag rügte auch der Publizist Joachim Fest, an dessen Hitler-Biografie von 1973 der IfZ-Mitarbeiter Hermann Graml wegen einer Reihe verharmlosender Formulierungen Kritik geäußert hatte (s. Graml 1974), in der *FAZ* die westdeutsche Zeitgeschichtsforschung:

> »Die Entfremdung zwischen Fachleuten und Öffentlichkeit ist selten so entmutigend sichtbar geworden. Das von Historikern und Publizisten seit Jahren beklagte Desinteresse der Öffentlichkeit an der Vergangenheit entpuppte sich hier als das, was es in Wahrheit ist: das Desinteresse von Historikern und Publizisten an der Öffentlichkeit. Es war wie ein Offenbarungseid.«

Die bekannteste Replik auf diese Vorwürfe verfasste Martin Broszat, der damalige Leiter des Instituts für Zeitgeschichte in München. Der melodramatische Spielfilm, erklärte er in den *Vierteljahrsheften für Zeitgeschichte*, habe der Zunft eine »Lektion« erteilt

(Broszat 1979, 285). Westdeutsche Historiker hätten sich, so musste er zugeben, bislang diesem heiklen Thema »nur auf sehr vorsichtige, sachlich unterkühlte Weise« genähert. *Holocaust* offenbarte Broszat zufolge nun die »grell beleuchtete Distanz zwischen Breitenwirkung und Qualität geschichtlicher Erlebnisvermittlung«. Trotz aller Konzessionen ließ es sich der Historiker nicht nehmen, die Serie zu beanstanden: Diverse Details seien falsch wiedergegeben, vor allem aber würde *Holocaust* den Deutschen nicht die Funktionsweisen des politischen und gesellschaftlichen Systems erklären, das die Judenverfolgung und -ermordung in Gang gesetzt habe.

Damit rekurrierte Broszat auf eine scharfe Kontroverse innerhalb der westdeutschen Zeitgeschichte, die seinerzeit um die Grundsatzfrage kreiste, ob Hitler ein »starker« oder ein »schwacher« Diktator gewesen sei. Aus Sicht des Leiters des Instituts für Zeitgeschichte, der in dieser Frage einen »strukturalistischen« Ansatz verfolgte, war infolgedessen die Schwarz-Weiß-Zeichnung von Gut und Böse in *Holocaust* mindestens kontraproduktiv, eher noch ein Ärgernis. Aber auch außerhalb der Historikerzunft hatten Akteure in den Jahren davor Position bezogen. Zu ihnen zählte insbesondere Joachim Fest, der in seinem Opus magnum *Hitler. Eine Biographie* einem »intentionalistischen« Ansatz das Wort redete. »Intentionalisten« wie Fest betrachteten den Nationalsozialismus gleichsam als »Hitlerismus« (Bracher). Demnach ging die Entscheidungsgewalt in politischen Fragen zentral von Hitler aus, der wiederum seit den 1920er-Jahren einen Masterplan verfolgt und ihn konsequent bis 1945 umzusetzen versucht habe. »Von der ersten Parteikrise im Sommer 1921 bis in die letzten Apriltage 1945, als er Göring und Himmler verstieß«, erklärte Fest (1973, 23) verengend monokausal, »blieb seine Autorität gänzlich unangefochten; er duldete nicht einmal die Autorität einer Idee über sich«. Der Holocaust – das laut Fest (1973, 19) »von Hitler geplante und verübte absolute Verbrechen der Massenausrottung« – müsse insofern auf Hitlers rassenideologisch motivierten Wunsch zurückgeführt werden, die Juden zu vernichten. Damit jedoch überschätzte der Publizist nicht nur die Rolle des Diktators innerhalb des von komplizierten Macht- und Funktionsmechanismen durchdrungenen NS-Systems. Er ignorierte zugleich die Konsequenzen von politischen Einzelentscheidungen wie die der Deportation von Juden in den nach 1939 aus allen Nähten platzenden »Osten«. Jene indes setzten im Laufe des Zweiten Weltkriegs unvorhersehbare Dynamiken frei, die dazu führten, dass bestimmte Pläne zur »Endlösung der Judenfrage«, beispielsweise ihre Verbringung auf Inseln wie Madagaskar, verworfen wurden und neue Pläne aufkamen, die letztlich auf die völlige Vernichtung der europäischen Juden zielten.

Demzufolge erklärten, im Gegensatz zu Fest, »Strukturalisten« wie Broszat oder Hans Mommsen den Nationalsozialismus aus einem Zusammenspiel verschiedener Kräfte und Akteure. Für sie stellte sich das Dritte Reich als eine Polykratie dar, was bedeutete, Hitlers Rolle zu relativieren und die Rolle weiterer Akteure zu betonen. Ihr Ansatz basierte auf frühen Studien zum NS-Herrschaftssystem von Ernst Fraenkel oder Franz Neumann und wurde ihrer Meinung nach in den 1960er-Jahren mit Arbeiten über einzelne NS-Ämter und Gauleiter bestätigt, denn jene legten das Kompetenzgerangel vieler kleiner »Führer«, Improvisationen und chaotische Zustände offen. Es war dann auch Martin Broszat, der 1969 mit *Der Staat Hitlers* die maßgebliche strukturalistische Analyse vorlegte. Zwei Jahre, bevor *Holocaust* über die Bildschirme der Westdeutschen flackerte, hatte sich Broszat überdies mit den Thesen David Irvings auseinandergesetzt, der argumentierte, Hitler habe vom Judenmord nichts gewusst. Für Broszat bot sich dabei nicht nur die Gelegenheit, die kruden Thesen des Revisionisten zu widerlegen, sondern auch, den Holocaust strukturalistisch zu erklären (Broszat 1977). Der IfZ-Direktor postulierte in seinem Aufsatz in den *Vierteljahrsheften für Zeitgeschichte*, es habe keinen »Führerbefehl« zur Ermordung der Juden gegeben. Vielmehr, so Broszat, habe sich das Programm der Vernichtung Schritt für Schritt zwischen 1941 und 1942 aufgrund örtlicher Initiativen und dem Verlauf des Zweiten Weltkriegs entwickelt. Es sei nicht »von oben« gekommen, sondern von unterschiedlichen Gruppen initiiert und dann vorangetrieben worden. Die Mordpraxis, letztlich auch ein Ergebnis der massenhaften Verschiebung der jüdischen Bevölkerung in den dafür kapazitätsmäßig nicht vorbereiteten »Osten«, sei dann erst nachträglich abgesegnet worden. Publikationen wie die von Irving führten letztlich dazu, dass sich die Zeitgeschichte in den 1980er-Jahren verstärkt der Frage nach Entscheidungsprozessen widmete, die zum Holocaust führten.

1979, im Nachgang der *Holocaust*-Serie, blieb für Broszat die Erkenntnis, dass unmittelbar nach 1945 generierte Wissensbestände in Vergessenheit geraten seien. Insofern schien ihm eine ständige »Reproduktion« (1979, 289) dieses Wissens nötig. Des Weiteren machte Broszat darauf aufmerksam, dass jüdische Historiker wertvolle Studien und Dokumentationen unmittelbar nach dem Krieg erarbeitet hatten, die jedoch aufgrund von Sprachbarrieren in Deutschland ignoriert worden seien (s. Broszat 1979, 289 f.). Diesbezüglich muss daran erinnert werden, dass Broszat selbst in den 1950er- und 1960er-Jahren die Arbeiten jüdischer Historiker wie Joseph Wulf vernachlässigt hatte. Ferner habe die westdeutsche Forschung die Opferperspektive bislang ausgeblendet und sich auf die Täter konzentriert. Zuletzt bekam auch die universitäre Lehre ihr Fett weg. Sie habe den Holocaust marginalisiert. Andere wiesen auf Forschungslücken hin, die in Angriff genommen werden sollten: Wolfgang Scheffler lenkte 1979 in der Zeitschrift *Geschichte und Gesellschaft* den Blick auf das Unwissen bezüglich des Konzentrationslagersystems und die Massenmorde in der Sowjetunion. Tatsächlich waren damit Forschungsthemen benannt, denen sich in den 1980er-Jahren eine neue Generation von professionellen Historikern widmete, aber auch sogenannte Barfußhistoriker, die in neu gegründeten »Geschichtswerkstätten« – oftmals begleitet von Protesten vonseiten der Bevölkerung – der NS-Vergangenheit auf lokaler Ebene nachspürten und versuchten, Opfern der NS-Herrschaft eine Stimme zu geben.

Das Beispiel des Lagers Mannheim-Sandhofen, ein Außenlager des KZ Natzweiler-Struthof, illustriert einerseits das Engagement ansässiger Gruppen, die seit Ende der 1970er-Jahre gegen das Vergessen in Mannheim ankämpfen wollten, andererseits aber auch massive Widerstände, mit denen sich die Fürsprecher eines Gedenkens an NS-Verfolgte konfrontiert sahen (s. Brenneisen 2011). Im August 1944 hatte der Oberbürgermeister von Mannheim Carl Renninger Daimler Benz die Friedrichschule im Stadtteil Sandhofen, die unmittelbar darauf zu einem Konzentrationslager umfunktioniert wurde, als Unterbringung für 1 060 polnische Zwangsarbeiter zur Verfügung gestellt. Nach dem Zweiten Weltkrieg interessierte sich jedoch niemand für die Geschichte dieses Ortes. Dabei war das KZ, dessen Häftlinge in der Rüstungsindustrie eingesetzt worden waren, keinem Anwohner verborgen geblieben: »Das Lager war im Stadtteil Sandhofen stets präsent, es gab zahlreiche Berührungspunkte, die zu wirtschaftlichen und privaten Verflechtungen zwischen KZ und Bevölkerung führten« (Brenneisen 2011, 69). Erst 1979, vermutlich auch aufgrund der Thematisierung von NS-Verbrechen in der Serie *Holocaust*, begannen lokale Akteure, die Bürger Mannheims auf diese jahrzehntelang tabuisierte Stätte der nationalsozialistischen Verfolgung hinzuweisen, die nach 1949 wieder als Schule genutzt wurde. Insbesondere Bernd Floeck, der Geschäftsführer des Stadtjugendrings, setzte sich entschieden für die gesellschaftliche Auseinandersetzung mit dem Lager Sandhofen ein. Allerdings trafen er und Gleichgesinnte wie Vertreter des Deutschen Gewerkschaftsbundes (DGB), der Vereinigung der Verfolgten des Naziregimes (VVN) und der Deutsch-Polnischen Gesellschaft vielfach auf Abwehr: So beschmutzten nicht nur Unbekannte 1979 eine provisorische Gedenktafel aus Holz. Bei der Einweihung der eigentlichen Tafel 1982 relativierte zudem der CDU-Stadtrat Heinrich Kirsch die im Schulgebäude begangenen Verbrechen der SS-Wachmannschaft, indem er an 16 Bürger Sandhofens erinnerte, die bei dem Einmarsch der US-Streitkräfte im März 1945 ums Leben gekommen waren. So wundert es nicht, dass erst Jahre später, nach weiteren Protesten vonseiten der Bevölkerung und mühsamen Auseinandersetzungen mit Vertretern der Stadt, der Gemeinderat 1987 entschied, im Keller der ehemaligen Friedrichschule eine Gedenkstätte einzurichten. Mit deren inhaltlicher Konzeption beauftragte man das Stadtarchiv, den Stadtjugendring, den DGB und die VVN. Am Ende hatte es elf Jahre gedauert, ehe die Aktivisten um Bernd Floeck die ausgestalteten Räume in Anwesenheit ehemaliger Häftlinge am 12. November 1990 der Öffentlichkeit präsentieren konnten.

Letztlich blieb auch in der DDR der um 1979 einsetzende Diskurs über die Vernichtung der europäischen Juden und andere NS-Verbrechen nicht folgenlos. Zwar äußerte sich die SED-Regierung nicht offiziell zur Serie *Holocaust*. Nichtsdestotrotz ließen sich schon bald darauf jenseits der deutsch-deutschen Grenze neuere Forschungsanstrengungen beobachten. In Ostdeutschland begann man nun, die Shoah unter dem Schlagwort »Faschismusforschung« zu analysieren. Ideologisch blieben die damals entstandenen Publikationen insofern der staatlichen Marschrichtung treu, die da lautete, Kapitalismus und Imperialismus für das Unrecht in der Welt verantwortlich zu machen. Diese tendenziöse Historiografie ließ es sich nicht nehmen, die Bundesrepublik anzugreifen.

Einen Meilenstein der DDR-Faschismusforschung stellte, jedenfalls aus Sicht ostdeutscher Wissenschaftler, der von Dietrich Eichholtz und Kurt Gossweiler 1980 herausgegebene Sammelband *Faschismusforschung* dar, der sich in die drei Hauptkapitel »Faschismus und Imperialismus«, »Fragen der faschistischen Ideologie« und »Antifaschistischer Kampf und ideologische Auseinandersetzung« gliederte. In ihrer Einleitung betonten die Herausgeber selbst den politischen Charakter der Forschung: »Wer wissenschaftliche Forschung über den Faschismus betreibt, ist sich dessen bewußt, daß er kein historisch erledigtes Thema behandelt, sondern daß er damit unmittelbar am Klassenkampf unserer Zeit, am Kampf der Völker gegen den Imperialismus, für Frieden und Sozialismus teilnimmt« (Eichholtz/Gossweiler 1980, 14). Gleichsam als Kriegstreiber wurden daraufhin die »militärischen und finanzkapitalistischen Führungskreise der USA und der NATO« sowie die Bundesrepublik genannt (15). Ein Schwerpunkt der bisherigen ostdeutschen Faschismusforschung, so betonten sie weiter, habe bislang die Analyse des »antifaschistischen Widerstandskampfes während der faschistischen Diktatur« dargestellt (15 f.). Nun jedoch wende man sich auch neuen Fragestellungen und Themenbereichen zu, darunter auch dem Aspekt »Faschismus und Rassismus« (16 f.), den der Beitrag *Von der Vertreibung zum Genozid* von Kurt Pätzold (1980) untersuchte. Während sich Klaus Drobisch sehr einseitig der Verfolgung der »Arbeiterklasse« nach 1933 widmete und herausstrich, die NS-Führung habe ihr »besondere Aufmerksamkeit« (171) geschenkt, setzte sich Pätzold, der 1975 seine Habilitationsschrift *Faschismus - Rassenwahn - Judenverfolgung* vorgelegt hatte, mit der Verfolgung der jüdischen Bevölkerung auseinander. Davor hatte es zwar bereits in der DDR Versuche gegeben, die Judenverfolgung zu thematisieren. So war 1966 das Werk *Kennzeichen J* mit Dokumenten und Berichten erschienen, für das Helmut Eschwege, Arnold Zweig, Rudi Goguel und Klaus Drobisch verantwortlich zeichneten. In seinem Vorwort hatte Goguel, sehr zum Missfallen der damaligen Kulturpolitik, versucht, die Interpretation des Nationalsozialismus weiter zu fassen und erklärt, nicht allein wirtschaftliche Motive könnten das Gewalthandeln der Nationalsozialisten erklären. 1973 folgte *Juden unterm Hakenkreuz* von Klaus Drobisch und Rudi Goguel. Es thematisierte Stationen der Verfolgung und Ermordung, allerdings hielt man sich bezüglich einer Neuausdeutung des Dritten Reiches zurück. Die Verfasser hatten aus der Tatsache, dass *Kennzeichen J* lange keine zweite Auflage erfuhr, Lehren gezogen. Dass gerade seit den 1970er-Jahren der Mord an den europäischen Juden zu einem Thema der ostdeutschen Geschichtswissenschaft, wenn auch ideologisch verklärt, avancierte, war kein Zufall. Die SED-Regierung unterstützte Arbeiten zu diesem Untersuchungsgegenstand aus diplomatischen Gründen. Bei ihrem Wunsch nach staatlicher Anerkennung suchte sie den Schulterschluss zu arabischen Staaten, was einem anti-israelischem Kurs gleichkam. Um jedoch Antisemitismusvorwürfe von sich weisen zu können, befürwortete die Regierung Forschungen über die Genese des Holocaust.

Pätzolds Chronologie der Judenverfolgung und -vernichtung behandelte dabei insbesondere die Frage, was nach 1933 mit der

»Endlösung der Judenfrage« gemeint gewesen sei. Dabei kam die Denkfigur des »faschistischen deutschen Imperialismus« keineswegs zu kurz. So positionierte sich Pätzold eingangs gegen Andreas Hillgrubers »intentionalistische« Interpretation, wonach Hitler einen Masterplan in der »Judenfrage« verfolgt hätte, an deren Ende der Massenmord gestanden habe. Ebenso kritisierte er die Studien des »Strukturalisten« Martin Broszat. Grundsätzlich, so Pätzold, sei die westdeutsche Zeitgeschichtsforschung nicht nur auf dem Holzweg, sie kommuniziere ihren Adressaten sogar absichtlich falsche Interpretationen:

> »Historiker der BRD meinen offenkundig von den Zusammenhängen zwischen Kapitalismus und Faschismus, Bourgeoisie und NSDAP dadurch weglenken zu können, daß sie Rassenwahn und Judenhaß der faschistischen Führungsclique zum gedanklichen Ansatz jedweder Beschäftigung mit der Geschichte des deutschen Faschismus erklären« (Pätzold 1980, 182).

Um das Dritte Reich zu verstehen, konstatierte Pätzold, dürfe man jedoch den Imperialismus der Vorgängerjahrzehnte nicht ignorieren.

Von dieser Grundprämisse einmal abgesehen, unterschieden sich die Erklärungsansätze des ostdeutschen Historikers gar nicht mal so gravierend von denen seiner westdeutschen Kollegen: Beiderseits der Mauer wurde das Diktum der »Endlösung der Judenfrage« als Plan einer gewaltsamen Vertreibung verstanden, den die NS-Führung im Verlauf des Kriegsgeschehens fallen ließ. Stufen einer Radikalisierung im Umgang mit den Juden könnten vor allem nach 1939 und 1941 beobachtet werden – mit diesem Ergebnis folgte Pätzold den Strukturalisten um Broszat. Und ebenso wie der Münchener Zeithistoriker leugnete Pätzold keineswegs die Rolle des Antisemitismus im Rahmen der Judenverfolgung. Sie war für ihn allerdings nicht derart zentral wie für die Gruppe der Intentionalisten. Am Ende jedoch erklärte Pätzold die Verfolgung und Vernichtung der Juden mit dem deutschen Imperialismus:

> »Die jüdischen Menschen wurden Opfer einer Strategie, die einem umfassenderen imperialistischen Konzept zugehörte: dem Plan des deutschen Im-

perialismus, die Welt zu beherrschen, in ihr für alle Zeiten faschistisches ›Recht‹ zu setzen und über Leben und Tod von Dutzenden von Völkern zu entscheiden. Das Verbrechen an der jüdischen Bevölkerung Europas entsprang also nicht einfach einer mörderischen Ideologie, die in den Köpfen einiger weniger Naziführer hauste. Es war letztlich durch die maßlosen Ziele des deutschen Imperialismus hervorgerufen, dessen Grund- und Gesamtinteresse jene faschistischen Führer verfochten« (Pätzold 1980, 207 f.).

Gegenwart gestalten I: der »Historikerstreit«

Abgesehen von der Frage, ob der strukturalistische oder der intentionalistische Ansatz die NS-Herrschaft besser zu erklären vermöge, warfen Mitte der 1980er-Jahre politische Veränderungen für die Zeitgeschichte die Frage nach der nationalen Identität der Bundesrepublik auf. Vor allem im Rahmen des »Historikerstreits« entbrannte eine sowohl fachinterne als auch fächerübergreifende Kontroverse darüber, welche Rolle das Dritte Reich für das historisch-politische Selbstverständnis Westdeutschlands im ausgehenden 20. Jahrhundert spielen sollte: War es zwingend, die Identität des Staates gerade aus diesem dunklen Kapitel deutscher Geschichte herzuleiten, wo es doch auch zahlreiche positive historische Ereignisse gegeben hatte? Ließ sich der Nationalsozialismus nicht besser als Endpunkt einer verhängnisvollen geschichtlichen Entwicklung betrachten, die man besser ignorieren sollte?

Den Hintergrund solcher Diskussionen bildeten die geschichtspolitischen Neuordnungsversuche eines Mannes, der 1982 eine »geistig-moralische Wende« angekündigt hatte: Während seiner ersten Amtszeit versuchte Bundeskanzler Helmut Kohl in Gestalt symbolträchtiger Gesten und Reden einen Schlussstrich unter den Nationalsozialismus zu ziehen. So sprach er 1984 vor der Knesset in Jerusalem von der »Gnade der späten Geburt«. In den Ohren der israelischen Öffentlichkeit zog der Gast aus Westdeutschland damit eine scharfe Trennlinie zwischen der »Tätergeneration« und den Nachgeborenen. Auch versuchte Kohl aus Sorge um die deutsch-amerikanischen Beziehungen, den Bau eines *Holocaust Memorial Museums* in Washington, D.C. zu verhindern (s. Eder 2016). Kohls Vorstöße zur Implementierung einer positiven Darstellung der deutschen Historie gingen indes noch weiter: Als Tempel eines neuen, konsensfähigen Geschichtsbilds wollte er anlässlich der 750-Jahr-Feier der Stadt Berlin ein Deutsches Historisches Museum (DHM) eröffnen. Gleichzeitig war im Gespräch, in Bonn ein Haus der Geschichte zu errichten und dort die erfolgreiche Entwicklung der Bundesrepublik zu präsentieren. Der Erlanger Historiker Michael Stürmer, einer von Kohls Beratern und ein »Vordenker einer auf die Stärkung nationaler Identität gerichteten Geschichtspolitik« (Große Kracht 2010, 2), war in die Ausgestaltung des DHM involviert. Für ihn und andere stand fest, dass »Hitler« dort keinen Platz finden sollte. Tatsächlich wurde erst auf Drängen der Öffentlichkeit das Dritte Reich als eines von insgesamt 23 Schwerpunktthemen in den Ausstellungsräumen berücksichtigt.

Kollegen wie der Sozialhistoriker Hans Mommsen rügten die Pläne der Bundesregierung, die Kohl am 27. Februar 1985 in seinem Bericht zur Lage der Nation konkretisierte: »Es geht um die Schaffung einer Stätte der Selbsterkenntnis«, konstatierte der Bundeskanzler (und promovierte Historiker), »wo nicht zuletzt junge Bürger unseres Landes etwas davon spüren können – und sei es zunächst auch nur unbewußt –, woher wir kommen, wer wir als Deutsche sind, wo wir stehen und wohin wir gehen werden.« Offensichtlich bestand das Ziel darin, dort tausend Jahre »positiver« deutscher Geschichte jenseits des Nationalsozialismus zu erzählen. Mommsen monierte, das hier angelegte, konservative Geschichtsbild würde rezente Forschungsergebnisse ignorieren. Gerade aber sozial- und wirtschaftshistorische Perspektiven müssten berücksichtigt werden. Vor allem aber sperrte sich Mommsen gegen solch »verordnete Geschichtsbilder« – so auch der Titel seiner Grundsatzkritik im Jahr 1986. Darüber hinaus empfand es der Bochumer Zeithistoriker als taktlos, ausgerechnet im geteilten Berlin, wo die Spaltung der Nation am augenfälligsten sei, diesen

»Rückfall in eine Nationalgeschichte des hergebrachten Typus« (Mommsen 1986, 20) zu kolportieren. »Absurd« sei in diesem Kontext überdies der Gedanke, in West-Berlin zugleich auch die Geschichte der DDR erzählen zu wollen. Ohne »eine Kette von Peinlichkeiten oder Affronts« (Mommsen 1986, 21) zu evozieren, war dies für Mommsen nur schwer vorstellbar.

Letztlich war es aber nicht Hans Mommsen, der den »Historikerstreit« entfachte, sondern der bereits erwähnte Ernst Nolte. Eigentlich sollte der Berliner Faschismusexperte im Rahmen der Frankfurter Römerberggespräche Thesen zur aktuellen politischen Kultur präsentieren. Nolte wurde aufgrund des Inhalts seines geplanten Beitrags jedoch kurz vor dem Termin ausgeladen und durch den Historiker Wolfgang Mommsen, Hans Mommsens Bruder, ersetzt. Am 6. Juni 1986 erschienen Noltes ursprünglich vorbereiteten Gedanken jedoch in der *Frankfurter Allgemeinen Zeitung* unter dem Titel *Vergangenheit, die nicht vergehen will.* In seinem Essay reflektierte er eingangs, weshalb andere Ereignisse der Geschichte die Gegenwart verlassen und vergehen, der Nationalsozialismus jedoch »diesem Hinschwinden, diesem Entkräftigungsvorgang« nicht unterliege. Die Gegenwart der NS-Vergangenheit erklärte der Historiker mit einer Reihe aktueller politischer und gesellschaftlicher Herausforderungen und Bedrohungen, die seiner Meinung nach unweigerlich Bezüge zum Dritten Reich herstellten:

- die Angst vor einem neuen Krieg aufgrund der Konflikte zwischen den Supermächten USA und Russland;
- die irritierende Spannung, die sich aus der Zusammenschau »der fabrikmäßigen Vernichtung von mehreren Millionen Menschen« einerseits und der rasanten Entwicklung der Bundesrepublik zu einem »humanitären« Staat andererseits ergab;
- die Forderungen von NS-Verfolgten und ihren Nachkommen im Rahmen der Wiedergutmachung;
- aktuelle bioethische Debatten über den Status »ungeborenen Lebens«, die unweigerlich an die NS-Eugenik oder gar an den Krankenmord erinnerten.

Zuletzt warnte Nolte vor möglichen Vorwürfen der internationalen Welt, sollten die Deutschen Hitler auf das Abstellgleis der Geschichte schieben. Denn dadurch entstünde der Eindruck, die Bundesrepublik würde die Taten des »Führers« gutheißen.

Stattdessen schlug Nolte ein historiografisches Umdenken vor, mit dem zwangsläufig auch neue Sagbarkeitsregeln einhergehen würden: Die NS-Verbrechen sollten nicht länger aus einer nationalen Perspektive analysiert werden, sondern vergleichend. Dadurch könne die exponierte Stellung des Dritten Reiches relativiert werden. Hierbei ginge es indes nicht um »Gleichsetzungen«, sondern um die »Herausstellung von Unterschieden«. Dies vorausgeschickt, konfrontierte Nolte die Leser der *FAZ* mit jenem Vergleich, der Teile der zeithistorischen Zunft nach der Lektüre des Artikels in Rage brachte. Bislang, so Nolte, habe die Forschung die Vorgeschichte des Holocaust ignoriert. Bereits vor »Auschwitz« habe es jedoch in der Geschichte Genozide gegeben:

> »Es ist ein auffallender Mangel der Literatur über den Nationalsozialismus, daß sie nicht weiß oder nicht wahrhaben will, in welchem Ausmaß all dasjenige, was die Nationalsozialisten später taten, mit alleiniger Ausnahme des technischen Vorgangs der Vergasung, in einer umfangreichen Literatur der frühen zwanziger Jahre bereits beschrieben war: Massendeportationen und -erschießungen, Folterungen, Todeslager, Ausrottungen ganzer Gruppen nach bloß objektiven Kriterien, öffentliche Forderungen nach Vernichtungen von Millionen schuldloser, aber als ›feindlich‹ erachteter Menschen.«

Was folgte, waren Sätze, die selbst in die Geschichte eingingen:

> »Vollbrachten die Nationalsozialisten, vollbrachte Hitler eine ›asiatische‹ Tat vielleicht nur deshalb, weil sie sich und ihresgleichen als potentielle oder wirkliche Opfer einer ›asiatischen‹ Tat betrachteten? War nicht der ›Archipel GULag‹ ursprünglicher als Auschwitz? War nicht der ›Klassenmord‹ der Bolschewiki das logische und faktische Prius des ›Rassenmords‹ der Nationalsozialisten?«

Nolte postulierte damit die These, es habe zwischen dem Mord an den Juden und den Massenverbrechen der Bolschewiki im sowjetischen Straflagersystem einen »kausalen Nexus« gegeben. Demnach habe Hitler mit dem Holocaust zu einem Präventivschlag ausgeholt, um den Bolschewiki zuvorzukommen, die erklärt hätten, das europäische Bürgertum zu vernichten.

Die Replik des Philosophen Jürgen Habermas in der *Zeit* am 11. Juni 1986 markierte den Beginn einer Auseinandersetzung, an der sich Historiker verschiedener Schulen – Vertreter einer traditionellen Politikgeschichte wie Andreas Hillgruber und Klaus Hildebrand sowie Protagonisten einer linksliberal orientierten Historischen Sozialwissenschaft wie Wolfgang Mommsen und Hans-Ulrich Wehler –, aber auch Nicht-Historiker beteiligten. Auf der einen Seite meldeten sich jene zu Wort, die auf eine konservative Revision des Geschichtsbilds zielten, auf der anderen Seite Linksliberale, die die Singularität des Holocaust betonten und in den Vorstößen Kohls und Noltes eine verhängnisvolle »Tendenzwende« sahen. Habermas, der bereits zuvor die »Entsorgung der Vergangenheit« kritisiert hatte, warf in seinem Artikel *Eine Art Schadensabwicklung* Nolte, Hildebrand, Hillgruber und dem »Ideologieplaner« Stürmer einen apologetischen Umgang mit dem Judenmord vor. Dieser sei jedoch keineswegs ein Plagiat stalinistischer Terrormethoden, sondern einzigartig.

Nachdem sich die Fürsprecher und Gegner von Noltes Thesen wochenlang einen heftigen Schlagabtausch geliefert hatten, näherte sich der »Historikerstreit« im Herbst 1986 allmählich seinem Ende. Seine Folgen werden in der Forschung unterschiedlich beurteilt. Klaus Große Kracht (2010, 9) beispielsweise kommt zu dem Ergebnis, der aufmerksamkeitserregende Disput namhafter Historiker und Publizisten sei sowohl »in empirischer als auch in analytisch-reflexiver Hinsicht im Grunde ohne Ergebnis« geblieben. »Er war der Streit einer Historikergeneration«, so Große Kracht, »die maßgeblich zur Profilierung der Zeitgeschichte in der Bundesrepublik beigetragen, sich aber spätestens in den Jahren nach 1968 in ihren politischen wie wissenschaftlichen Zielvorstellungen gespalten hatte und die sich nun, angesichts der Rückkehr des Nationalsozialismus in den öffentlichen Erinnerungshaushalt, nicht mehr in der Lage sah, die verschiedenen gesellschaftlichen Deutungsansprüche fachintern zu vermitteln [...]« (Ebd.). Daneben ließe sich mit guten Gründen aber auch argumentieren, dass diese Kontroverse nicht gänzlich ohne Wirkung blieb. So ist ein gewisser Zusammenhang zwischen Noltes Forderung, die Geschichte der NS-Zeit in die deutsche Geschichte zu integrieren, und den Stellungnahmen von Martin Broszat und Saul Friedländer 1988 unbestreitbar. Dem IfZ-Direktor ging es dabei um eine »Historisierung« des Dritten Reiches, was keineswegs bedeuten sollte, seine Verbrechen zu relativieren. Vielmehr sprach er sich dafür aus, die Zeit zwischen 1933 und 1945 mit den nötigen fachwissenschaftlichen Standards zu untersuchen und Verbindungen zwischen dem Nationalsozialismus und Entwicklungen in den Dekaden davor zu identifizieren. In seinem offenen Briefwechsel mit dem israelischen Historiker Friedländer (der sogenannte Broszat-Friedländer-Briefwechsel), den die *Vierteljahrshefte für Zeitgeschichte* 1988 veröffentlichten, steckten beide Wissenschaftler die Grenzen und Herangehensweisen für die zukünftige zeithistorische Erforschung der NS-Zeit ab. Schließlich kommt man nicht umhin zu bemerken, dass gerade ab der zweiten Hälfte der 1980er-Jahre der Genozid an den Juden im »Osten« zu einem Thema avancierte, dem sich im Nachgang des »Historikerstreits« eine jüngere Generation von Wissenschaftlern annahm.

Gegenwart gestalten II: das Beispiel Medizingeschichte

Dass sich die Geschichtsschreibung im Jahrzehnt des Mauerfalls durch dezidierte Gegenwartsbezüge auszeichnete, verdeutlicht neben der DDR-Faschismusforschung, die einen Beitrag zum zeitgenössischen »Klassenkampf« leisten wollte, und dem »Historikerstreit« ein drittes Beispiel: das der Medizingeschichte. Die Auseinandersetzung westdeutscher Ärzte mit den NS-Verbrechen zeichnete sich seit Ende der 1970er-Jahre nämlich einerseits durch den Wunsch aus, defizitäre Zustände im Gesundheitswesen abzustellen, andererseits durch politische Forderungen, die die Anerkennung des Leids noch lebender Opfer und ihre finanzielle Entschädigung beinhalteten. Katalysiert wurde die Beschäftigung mit der NS-Medizin dabei von Akteuren wie Klaus Dörner, Ernst Klee oder Götz Aly, die zumeist im sozialen oder medizinischen Bereich tätig waren, direkten Kontakt mit behinderten Menschen hatten und in den 1980er-Jahren Standardwerke über die nationalsozialistischen Medizinverbrechen verfassten (zum Folgenden ausführlich Tümmers 2011).

1979 stieß Dörner, zunächst fachintern, intensive Diskussionen über die Medizinverbrechen im Dritten Reich an: Als unmittelbare Reaktion auf die Darstellung der »Euthanasie« im der TV-Serie *Holocaust* bildete der 1933 geborene Mediziner im Psychiatrischen Krankenhaus Rickling im Rahmen der Mannheimer-Kreis-Tagung eine Arbeitsgruppe, die sich dem Krankenmord widmete. Dieser 1970 gegründete Zusammenschluss stellte ein Forum für alle in der Psychiatrie Tätigen dar, die Reformen der gegenwärtigen psychiatrischen Behandlung anstrebten. Ende 1970 ging aus ihm die Deutsche Gesellschaft für Soziale Psychiatrie (DGSP) als Gegenorganisation zur Deutschen Gesellschaft für Psychiatrie und Nervenheilkunde (DGPN) hervor, die ausschließlich Ärzte aufnahm.

Anschließend dokumentierte Dörners Arbeitsgruppe in einem Tagungsband die Ergebnisse der Gespräche. Wie ein Teilnehmer darin schockiert feststellte, wandten Psychiater in der Klinik weiterhin Gewalt an, etwa indem sie Kranke festschnallten und sedierten. Psychiater, so hieß es, fungierten auch fast 40 Jahre nach dem Ende des Nationalsozialismus als »Ordnungshüter« zum Schutz der Gesellschaft, missbrauchten ihre Macht, sperrten psychisch Kranke in Heimen, Sonderschulen und weiteren Verwahranstalten weg und verantworteten dadurch den »sozialen Tod« der Patienten (s. Dörner 1989, 22). Die Tagungsteilnehmer stellten sich die Frage: »Was machen wir denn anders als die im Dritten Reich?«

Dörner, der bereits 1967 in den *Vierteljahrsheften für Zeitgeschichte* einen Beitrag über *Nationalsozialismus und Lebensvernichtung* verfasst hatte, und seine Mitherausgeber verfolgten mit der Publikation das Ziel, der Verdrängung der NS-Vergangenheit entgegenzuwirken und die Bezüge zur Gegenwart aufzuzeigen. Um die Ergebnisse von Rickling der Öffentlichkeit zu präsentieren und den Forderungen der Teilnehmer Nachdruck zu verleihen, plante Dörner eine Aktion und wählte dafür ein Datum, das geschichtsträchtiger nicht hätte sein können: Am 1. September 1979, 40 Jahre nach Beginn des Zweiten Weltkriegs und der »Euthanasie«, legte er als Vorsitzender der DGSP dem Bundeskanzler und dem Bundestag eine Denkschrift vor, um das »Schweigen in der Bundesrepublik« zu brechen.

Die DGSP-Denkschrift (abgedruckt in: Dörner 1989) forderte die Regierung auf, »mit dem Trauern, dem Annehmen des Unannehmbaren und dem Nachdenken« zu beginnen. Vor allem aber stellte sie ein Plädoyer für einen sozialen Umgang mit kranken Menschen dar, den auch die Mediziner nicht konsequent vorleben konnten. Sie selbst verspürten, so war zu lesen, zuweilen das Verlangen, sich von ihnen zu distanzieren. Selbstkritisch gestanden die Ärzte ihren Machtmissbrauch und ihre »Ohnmacht« ein. Auch sie hätten Angst vor der Begegnung mit Behinderten, die häufig wie »Maschinen« auf sie wirkten. Oft, so konzedierten sie, übernähmen sie die Wertemuster der »Volksgemeinschaft«. Damit stellte die DGSP, wie keine andere Gruppierung innerhalb der deutschen Medizin zuvor, das Bild der moralischen Integrität der medizinischen Zunft infrage.

Der Verweis auf die NS-Geschichte diente dazu, zeitgenössische Ansprüche durchzusetzen und akute Missstände zu beseitigen: Die geäußerten Forderungen bezogen sich nicht auf die NS-Opfer, sondern auf die Zukunft der westdeutschen Psychiatrie. Die Verfasser verlangten eine Novellierung der Anstaltspsychiatrie, die fortan humaner werden sollte. Dabei verloren die Reformer die Opfer der »Euthanasie« aus dem Blick: So fehlten in der Denkschrift Überlegungen zur »Wiedergutmachung« für deren Angehörige. Man sprach sich stattdessen für Veränderungen im Gesundheitsbereich und ein Rahmengesetz aus, das die Grundforderung nach einer menschenwürdigen Psychiatrie verankern sollte. Tatsächlich herrschten in den 1970er-Jahren in bundesdeutschen Heilanstalten patriarchalische Machtstrukturen vor: 1972 waren rund 40 Prozent der Patienten zwangsweise in Anstalten eingewiesen worden (s. Brink 2002, 498).

Als am 11. Oktober 1979 der *Bericht über die Lage der Psychiatrie in der Bundesrepublik Deutschland* (Psychiatrie-Enquete) im Bundestag erörtert wurde, stand die Sitzung unter dem Eindruck der Serie *Holocaust*, aber auch der DGSP-Denkschrift. Der rund 1 800 Seiten starke Abschlussbericht vom September 1975 aus der Feder einer unabhängigen Expertenkommission wies auf gravierende Mängel in der medizinischen Versorgung psychisch Kranker im Speziellen und auf katastrophale Zustände in der westdeutschen Psychiatrie im Allgemeinen hin. Die Behandlungspolitik sei »dringend verbesserungsbedürftig«, so das Fazit. Das gesamte System müsse grundlegend reformiert werden. Zugleich lenkten die Mitglieder der Bundestagsfraktionen den Blick auf das Dritte Reich, das ihrer Meinung nach bis in die Gegenwart hinein nachwirkte und für die Tabuisierung psychischer Krankheiten mitverantwortlich sei.

Obwohl die DGSP-Denkschrift die politische Klasse für die NS-Medizinverbrechen sensibilisierte, stellten ihre Vorstöße keine vergangenheitspolitische Erfolgsgeschichte dar. Denn *erstens* hielt sich das Interesse der Medien und der breiten Öffentlichkeit an dem Papier in Grenzen. *Zweitens* versperrte die Strategie der DGSP den Blick auf die Realgeschichte der nationalsozialistischen Medizin. Anstatt nämlich nach den Motiven von Ärzten zu fragen, nach 1933 zu Mördern zu werden, setzte sich die Sozialpsychiatrie mit ihnen gleich. Sie benutzte die NS-Geschichte lediglich als dramaturgisches Mittel, um aktuelle Missstände anzuprangern. Das jedoch beförderte nicht den historischen Erkenntnisprozess. Das selbstkritische »Wir sind wie sie« verdeckte die Frage, »wie« »sie« denn wirklich waren. *Drittens* wurden die Perspektive und das

Schicksal der NS-Opfer ignoriert. Ähnlich wie bei den Tätern ließ man die Möglichkeit ungenutzt, ihre Situation zu untersuchen.

Dass Initiativen zur Auseinandersetzung mit der NS-Medizin eng mit Reformbestrebungen verbunden waren, zeigte auch der erste »Gesundheitstag« in Berlin 1980, eine Gegenveranstaltung zum Deutschen Ärztetag. Dort versammelten sich etwa 10 000 Mediziner, Medizinstudierende, Pfleger und Krankenschwestern oder, wie *Die Zeit* am 23. Mai 1980 berichtete, »die jungen Abtrünnigen des Standes«. Den Auftakt bildete eine Sektion über die Medizin im Nationalsozialismus, in der unter anderem historische Fragen beantwortet werden sollten:

- Welche ökonomischen und ideologischen Einflüsse machten nach 1933 gerade Mediziner empfänglich für den Nationalsozialismus?
- Inwieweit haben diese Einflüsse zu den NS-Medizinverbrechen geführt?
- Inwieweit war der Alltag des Arztes ideologisch durchdrungen? (s. Baader/Schultz 1980)

Vordringlich galt es jedoch, Gegenwartsbezüge herzustellen und zu klären: »Was ist für die Medizin im Nationalsozialismus typisch? Was sind ihre Wurzeln? Wo finden sich Parallelen dazu im heutigen Gesundheitswesen, in der ärztlichen Standespolitik und in der heutigen medizinischen Praxis?« (Ebd., 7) Dementsprechend lautete der als Frage formulierte Untertitel des Dokumentationsbandes: *Tabuisierte Vergangenheit - Ungebrochene Tradition?*

Zwar konnten im Verlauf des Gesundheitstages nicht sämtliche Themen zur Zufriedenheit der Veranstalter erörtert werden. Bei einer Podiumsdiskussion am 14. Mai 1980, an der neben dem Medizinhistoriker Gerhard Baader unter anderem auch Klaus Dörner, der Medizinhistoriker Fridolf Kudlien, der Mediziner Karl Heinz Roth und der Journalist Günther Schwarberg teilnahmen, stellten die Diskutanten zumindest aber die erhofften Gegenwartsbezüge her. Eingangs verwiesen die Redner auf ihre Konfrontation mit

Vertretern alter »NS-Eliten« während ihrer Ausbildung. Deren Ausscheiden aus dem Berufsleben stellte insofern eine notwendige Voraussetzung für die Schülergeneration dar, sich den NS-Verbrechen zu widmen. Der Internist Heinrich Huebschmann schnitt dabei zugleich ein aktuelles Thema an: den Umgang der Bundesregierung mit Opfern der nationalsozialistischen Medizin. Klaus Dörner identifizierte derweil überkommene Traditionen innerhalb seiner eigenen Disziplin. Darunter fasste er den Wunsch des Arztes, um jeden Preis Krankheiten zu beseitigen. Aber auch das »Aussondern« von Menschen finde weiterhin statt. Die Medizin versuche, anstatt Andersartigkeit zuzulassen, Devianz »abzuschaffen«. Der Frankfurter Arzt Hans Mausbach betonte daher die Notwendigkeit, sich mit der Vergangenheit zu beschäftigen, um die menschenverachtenden weißen Flecken des eigenen Handelns zu erkennen. Aber auch aus dem Publikum kamen kritische Nachfragen. So wollte ein Teilnehmer wissen, worin sich die Forschung am Menschen in den Konzentrationslagern und die gegenwärtige medizinische Praxis unterscheide; schließlich würde auch sie nicht zugelassene Medikamente an Patienten testen.

Begünstigt durch kritische Fragen einer jüngeren Generation und die zunehmend öffentliche Auseinandersetzung mit dem Nationalsozialismus brachen in den 1980er-Jahren Opfer des NS-Staates ihr Schweigen und erhoben Ansprüche auf Anerkennung ihres Leids und Entschädigung. Wenngleich die diesbezüglichen Initiativen aus verschiedenen Richtungen kamen und teils unterschiedliche Ziele verfolgten, so besaßen sie zusammengenommen die nötige Durchschlagskraft, um in den 1980er-Jahren politische Debatten über die Wiedergutmachung von NS-Unrecht neu zu entfachen (zum Folgenden ausführlich Tümmers 2011).

Zunächst kämpften sich die Sinti und Roma durch öffentlichkeitswirksame Aktionen, insbesondere einen Hungerstreik im ehemaligen Konzentrationslager Dachau 1980, ins Rampenlicht der Medien, um auf ihre anhaltende Diskriminierung in der Bundesrepublik hinzuweisen. Die in Dachau etablierte Praxis, entschieden auf den eigenen Opferstatus zu verweisen, stellte im Rahmen der

Wiedergutmachung einen Qualitätswechsel dar. Hier offenbarte sich nämlich eine bis dahin unbekannte Politik der »Viktimisierung«. Demnach nutzten Opfer von Unrechtsmaßnahmen ihren Status dafür, politische Forderungen durchzusetzen, die – Jahrzehnte nach dem Ende der NS-Zeit – auf eine Verbesserung ihrer aktuellen Situation zielten. Infolgedessen verlangten SPD und FDP von der Regierung ein Maßnahmepaket, um die gesellschaftliche Integration der Sinti und Roma zu fördern. Daneben stellten sich auch die Grünen hinter die NS-Opfer. Im September 1984 drängten sie die neue Regierung Kohl, das Schicksal der Sinti und Roma im Haus der Geschichte zu thematisieren.

Derweil holte Klaus Dörner zu einem weiteren vergangenheitspolitischen Schlag aus. Im Januar adressierte er eine Petition an den Deutschen Bundestag. Er forderte die Aufnahme der Zwangssterilisierten in das Bundesentschädigungsgesetz. Dörner hatte Einsicht in die Studie der Historikerin Gisela Bock erhalten, die zu dem Ergebnis kam, dass keine Sterilisation nach 1933 freiwillig durchgeführt worden war. Überdies bezeichnete Bock die »Erbgesundheitspolitik« als den ersten »Massenmord« der Nationalsozialisten. Infolge der Operation waren schätzungsweise 6 000 Frauen und 600 Männer verstorben. Neben der Petition trat Dörner mit der *Gütersloher Resolution*, einer Erklärung der Teilnehmer der Gütersloher Fortbildungswoche, an den Bundeskanzler, die Kirchen und den Bundespräsidenten heran. Es gelang ihm, seine Adressaten im Vorfeld des 8. Mai 1985 für das Leid der Zwangssterilisierten zu sensibilisieren, unter ihnen war auch der Bundespräsident Richard von Weizsäcker.

Die Rede des Bundespräsidenten anlässlich des 40. Jahrestages des Kriegsendes war gleich in zweifacher Hinsicht bemerkenswert: Einerseits würdigte von Weizsäcker als erster Bundespräsident das Schicksal der sogenannten vergessenen Opfer – Verfolgte, die in den 1950er- und 1960er-Jahren durch die Maschen des Bundesentschädigungsgesetzes gefallen waren – und erkannte sie als »Verfolgte« des Nationalsozialismus an. Neben Homosexuellen, »Asozialen« und Opfern des Krankenmordes wurde die Gruppe der

Zwangssterilisierten explizit genannt. Andererseits deklarierte er den 8. Mai 1945 nicht zum Tag der Niederlage, sondern zum »Tag der Befreiung«. Obgleich er damit implizierte, die NS-Regierung sei allein für die Verbrechen verantwortlich gewesen, erklärte er gleichzeitig, dass jeder, der damals weggesehen habe, Mitschuld trage. Dass von Weizsäcker mit seinen Äußerungen einen Nerv getroffen hatte, untermauerte die Demoskopie: Rund 80 Prozent der Befragten erklärten sich bereit, sich mit der NS-Vergangenheit auseinanderzusetzen. Diese Bereitschaft war nicht zuletzt durch die publizistischen Vorstöße einer jungen Historikergeneration sekundiert worden. Bereits 1983 hatte Ernst Klee seine wegweisende Studie über die »Euthanasie« im NS-Staat und eine Reihe thematischer Artikel in großen Wochenzeitungen veröffentlicht und Gerhard Baader die zweite Auflage seiner Dokumentation des ersten Gesundheitstages vorgelegt.

Seit Herbst 1985 legten die Oppositionsparteien verschiedene Gesetzentwürfe zugunsten der vergessenen Opfer vor. Gerade die Grünen brachen mit der überkommenen Verfolgtendefinition und erklärten jede Person zu einem »Verfolgten«, deren Menschen- oder Bürgerrechte verletzt worden seien. Aber auch die SPD bezog sich nicht länger auf die Bestimmungen des BEG, sondern argumentierte mit dem Grundgesetz. Sozialdemokraten und Grüne vertraten einen prospektiven Ansatz, demzufolge »neues Unrecht« als Konsequenz historischen Unrechts verhindert werden müsse. Die Regierungsparteien indes rekurrierten ausschließlich auf das »alte Unrecht« und waren nicht bereit, neue Bestimmungen zu erlassen. Immerhin kamen im Sommer 1987 im Rahmen eines Hearings vor dem Innenausschuss des Bundestags erstmals NS-Opfer und die Befürworter neuer Zahlungen zu Wort. Deren Schilderungen über Gewaltakte und Hinrichtungen emotionalisierten die Anwesenden zutiefst; manche sprachen mit Blick auf die Geschichte der Bundesrepublik sogar von einer »zweiten Phase der Verfolgung«. Die Medien teilten diese Auffassung. Gleichwohl wurde das Bundesentschädigungsgesetz nicht umgeschrieben. Stattdessen traten 1988 – ein Jahr vor dem Mauerfall, der markante Veränderungen im Umgang mit dem Dritten Reich einleiten sollte – neue Härteregelungen zugunsten der vergessenen Opfer in Kraft, die neben Einmalzahlungen auch laufende Leistungen vorsahen. Allerdings reichten diese finanziell nicht an die BEG-Leistungen heran.

Zusammenfassend bleibt als Ergebnis dieses dritten Kapitels festzuhalten, dass die 1960er-Jahre in der bundesdeutschen Nachgeschichte des Dritten Reiches eine Zäsur markieren. In der Bundesrepublik leiteten sie eine bedeutende Phase der gesellschaftlichen Auseinandersetzung mit dem Nationalsozialismus ein, die erstmals ohne Impulse von außen auskam und ihren emotionalen Höhepunkt mit dem »Historikerstreit« und neuen Wiedergutmachungsdiskussionen in den 1980er-Jahren erreichte. Der Diskurs über die NS-Vergangenheit hatte sich an einem wachsenden Wissen über die begangenen Gräuel des NS-Staates einerseits – insbesondere über den Mord an den europäischen Juden – und dem gleichzeitigen Beschweigen dieser Taten innerhalb der westdeutschen Gesellschaft andererseits entzündet. Er war von den Akteuren oft moralisch aufgeladen und nicht selten persönlich und selbstkritisch. Aufgrund der Prozesse gegen NS-Täter bekamen mit »Auschwitz«, später dann mit »Holocaust«, die Verbrechen beziehungsweise die Orte der Verbrechen einen Namen, und zugleich die Exekutoren der »Endlösung« ein Gesicht.

Diese bis dahin unbekannte Art der Auseinandersetzung mit dem Dritten Reich hatte gleich mehrere Konsequenzen: Zwischen den 1960er- und 1980er-Jahren implementierte der westdeutsche Staat nicht nur eine systematische Strafverfolgung von NS-Tätern, zugleich marginalisierte der NS-Diskurs jenen früheren Nachkriegsdiskurs, wonach sich die Deutschen selbst als Opfer (der NS-Führung oder der Alliierten) betrachtet hatten. Des Weiteren – auch das war neu – wurde das Dritte Reich von jüngeren Westdeutschen zunehmend als Fluchtpunkt der inneren Selbstdemokratisierung verstanden: Vor allem in der kritischen Auseinandersetzung mit den Verbrechen des Nationalsozialismus konnte die Bundesrepublik demnach ein überzeugendes Verständnis von Rechtstaatlichkeit und Demokratie entwickeln. Wenngleich es gerade in den 1980er-Jahren unter Kanzler Kohl Tendenzen gab, die NS-Zeit durch positivere historische Ereignisse zu überschreiben, existierte in Gesellschaft und Politik gleichwohl davor, aber auch danach die Auffassung, dass der Nationalsozialismus als »negativer Erinnerungsort« über ein wichtiges identitätsstiftendes Potenzial verfüge. Im »Historikerstreit« war insofern – wenngleich seinerzeit vor allem noch aus Gründen eines Generationswandels – bereits angelegt, was sich dann nach dem Ende des Kalten Kriegs vollends Bahn brach: die Suche der Deutschen nach Identität und sinnstiftender Erinnerung.

4

Das Dritte Reich und der Mauerfall: Diversifizierende Erinnerungen

Wenngleich die Freude über den Fall der Mauer 1989 in Deutschland und bei Beobachtern im Ausland überwog: In Fachkreisen sorgte sich der israelische Historiker Saul Friedländer, der mit Martin Broszat kurz zuvor die »Historisierung des Nationalsozialismus« diskutiert hatte, aufgrund des weltpolitischen Umbruchs um die Zukunft der NS-Geschichtsschreibung ebenso wie um die »Erinnerung« an das Dritte Reich. Der Untergang des Kommunismus in Osteuropa und das Interesse an seinen Verbrechen, spekulierte Friedländer scharfsinnig, könnten die »Greuel der Nationalsozialisten perspektivisch verkleinern« und pronationalistische Tendenzen wiederaufleben lassen (Friedländer 1991, 169). Apologeten könnten den Verweis auf die stalinistischen Untaten nutzen, um die Schrecken der Hitler-Zeit zu relativieren. Unter Beobachtern wie Friedländer kursierten Befürchtungen, dass sich nach dem Mauerfall die mentale Distanz zum Dritten Reich vergrößern werde. Denn zwischen den Deutschen und dem »Führer« lag nun nicht mehr allein die Zäsur des Jahres 1945, sondern eine zweite: »1989/90«.

Nach den Grenzöffnungen folgte in der Tat eine öffentliche Fokussierung auf die DDR als Unrechtsregime, allerdings häufig mit Bezügen zum Dritten Reich. Die »Aufarbeitung« des Nationalsozialismus galt gleichsam als Richtschnur für die »Aufarbeitung« der SED-Diktatur. Dementsprechend war häufig die Rede von der »doppelten Diktaturfolgenbewältigung«. Fehler, die man dem Umgang mit Hitler nach 1945 nachsagte, sollten – im Sinne eines Lernens aus der Geschichte – vermieden werden. Unterdessen forderten Bürgerrechtler Aufklärung über die Taten des SED-Regimes und sicherten belastende Akten. In ihrem Zentrum standen vor allem die Opfer der ostdeutschen Staatssicherheit. »Was nach dem Ende der ›ersten Diktatur‹ irreparabel falsch gelaufen war, namentlich bei der strafrechtlichen Ahndung von NS-Verbrechen, das sollte sich bei der ›zweiten Diktaturbewältigung‹ nicht wiederholen«, erläuterte Norbert Frei (2005, 10) die Motivation zahlreicher DDR-Bürger in den Tagen und Wochen nach dem 9. November.

Ab 1991 strengte die Bundesrepublik Prozesse gegen »Mauerschützen« und die Spitzen der DDR-Politik an, parallel dazu unterstützten zwei Enquete-Kommissionen die Erforschung der DDR-Geschichte und forderten die Etablierung eines entsprechenden didaktischen Konzepts für die politische Bildung. Im Zentrum der damaligen Diskussionen standen die Aufklärung von Unrecht, die Erarbeitung »historischer Wahrheit«, die Benennung der Verantwortlichen und die Rehabilitierung der von Unrecht Betroffenen. Diesbezüglich signalisierte die Gründung der Gauck-Behörde als Stasi-Unterlagen-Archiv und Forschungsstelle im Oktober 1990 der Bevölkerung, dass die Auseinandersetzung mit dem ostdeutschen

Unrechtsstaat erst am Anfang stehe. Die Befragung Hunderttausender hinsichtlich ihrer Verbindungen zur Stasi erinnerte unweigerlich an die Entnazifizierung nach 1945: In der »Wendezeit« schien sich die Geschichte tatsächlich zu wiederholen.

Folglich ließ inmitten des Umbruchs und der damit einhergehenden Orientierungslosigkeit eines nicht lange auf sich warten: ein Gedankenaustausch über den Stellenwert der NS-Vergangenheit für die politische Kultur respektive für die nationale Identität des vereinten Deutschlands. Im Westen war sich die Politik darüber einig, dass für die ostdeutsche Bevölkerung ein pädagogischer Nachholbedarf existierte, war die DDR-Vergangenheitspolitik doch ideologisch aufgeladen gewesen. Gleichwohl machten die Ostdeutschen schon bald auf diesem Terrain ihre ersten Schritte: 1990 verkündete die frei gewählte Volkskammer, man müsse mit der über 40-jährigen Verdrängung deutscher Schuld brechen und endlich Verantwortung gegenüber den Juden übernehmen. Am 12. April 1990 erklärte sie:

> »Wir bitten die Juden in aller Welt um Verzeihung. Wir bitten das Volk Israel um Verzeihung für Heuchelei und Feindseligkeit der offiziellen DDR-Politik gegenüber dem Staat Israel und für die Verfolgung und Entwürdigung jüdischer Mitbürger auch nach 1945 in unserem Lande.«

Die »Wende« beeinflusste aber auch die Geschichtswissenschaft und die »Erinnerungskultur«, die Christoph Cornelißen (2011, 158) als »Ergebnis von Aushandlungen in der Öffentlichkeit [definiert], die sich aus einem Spannungsfeld zwischen individueller Erfahrung und Erinnerung, politisch normiertem sowie gesellschaftlich gewünschtem Gedenken und wissenschaftlich objektivierter Geschichte ergeben«. So erschienen Studien, die den Holocaust als ein Kapitel einer umfassenderen, transnationalen Gewaltgeschichte des 20. Jahrhunderts analysierten. Was vor 1989/90 noch als Tabu galt, wurde nun machbar, etwa vergleichende Forschungen. Die Veränderungen nach dem Fall des Eisernen Vorhangs haben, wie der Holocaustforscher Michael Wildt (2008, 371) bemerkte, zugleich »neue Fragen aufgeworfen, die die Forschung in den nächsten Jahrzehnten beschäftigen werden«.

So begründet Saul Friedländers Furcht vor einer Marginalisierung der NS-Geschichte zum Zeitpunkt des Mauerfalls auch schien, die »Endlösung« und andere NS-Verbrechen gerieten – das zeigten die Diskussionen gegen Ende des 20. Jahrhunderts – trotz einer boomenden DDR-Forschung zumindest unter Zeithistorikern und Zeithistorikerinnen mitnichten in Vergessenheit.

Allerdings lässt sich dies mit Blick auf die »Erinnerungskultur« der »Berliner Republik« nicht uneingeschränkt behaupten. Parallel zum überkommenen Diskurs über das Dritte Reich, dessen Intention Aufklärung und Demokratisierung war, etablierten sich weitere Diskurse. Häufig spiegelten sie Versuche der Diskutanten, auf die Vergangenheit zu rekurrieren, um Forderungen nach Anerkennung in der Gegenwart zu legitimieren. Unbestritten ist: Spätestens nach 1989/90 kam es zu einer Diversifizierung des Gedenkens. Eine »westdeutsche« Erinnerung, die sich auf das Dritte Reich bezog, trat in Konkurrenz zu einer »ostdeutschen« Erinnerung an den »Hitler-Faschismus«, aber auch an das SED-Regime. Darüber hinaus begann ein Teil der Deutschen, sich selbst als »Opfer« der Nachkriegszeit zu betrachten. Der Bochumer Historiker Bernd Faulenbach sprach in diesem Zusammenhang von einer »größere[n] Unbefangenheit im Umgang mit der deutschen Geschichte« (Faulenbach 2005, 470). Den Akteuren ging es dabei um Sinnstiftung und Fragen der nationalen Identität. Aber auch die Entgrenzung der Holocaust-Erinnerung zählt zu den Folgen von »1989/90«: Fortan verwiesen Opfer anderer Gewaltverbrechen immer häufiger auf den Mord an den europäischen Juden, um sich öffentlich Gehör zu verschaffen.

Das letzte Kapitel widmet sich dem Umgang mit dem Nationalsozialismus in Wissenschaft, Politik und Gesellschaft seit dem Fall des Eisernen Vorhangs. Seine Fallbeispiele stellen paradigmatische Verdichtungen von Entwicklungen dar, die vielfach zeitlich parallel liefen. Manche wiesen nationalstaatliche Bezüge auf, andere transnationale, und bei wieder anderen überschnitten sich national und transnational. Charakteristisch war des Weiteren die Loslösung der NS-Diskussion aus einem rein deutschen Kontext, allerdings stellte auch sie keinen geradlinigen Prozess dar. Insofern war (und ist) die Zeit nach 1989/90 geprägt von Uneindeutigkeiten, Entgrenzungen und der Koexistenz verschiedener vergangenheitspolitischer Diskurse.

Nichtsdestotrotz folgt das Kapitel einem Ordnungsschema, das versucht, »nationale« und »transnationale« Phänomene auseinanderzudividieren: Es untersucht *erstens* jüngere Perspektiven der zeithistorischen Forschung, die als nationalstaatliche Angelegenheit verstanden wird. Dabei setzte die Geschichtswissenschaft neue Akzente, gleichzeitig verharrte sie jedoch in der Tradition jener aufklärerischen Disziplin, die sich einst in der »alten« Bundesrepublik etabliert hatte. *Zweitens* wird das Aufeinandertreffen ost- und westdeutscher Geschichtsbilder und Erinnerungskulturen beleuchtet. *Drittens* thematisiert die Darstellung die öffentliche Kontroverse über das sogenannte Berliner Holocaust-Mahnmal. Zwar verortete sich dieses Beispiel zeitlich inmitten einer Entwicklung, die mehr und mehr die Grenzen zwischen einer nationalen und einer globalen Erinnerung an das Dritte Reich niederriss und in der sich das Gedenken an den Holocaust von den historischen Tatsachen löste, um die Gegenwart und Zukunft friedlich zu gestalten. Gleichwohl, blickt man auf den Beginn dieser Auseinandersetzung vor dem Ende der DDR, lässt sich mit guten Gründen konstatieren, dass die Debatte um das Mahnmal die letzte große, vornehmlich nationale Auseinandersetzung mit dem Holocaust darstellte. Die darauffolgenden Unterkapitel illustrieren dann ungleich deutlicher die sich seit den 1990er-Jahren Bahn brechende transnationale Erinnerung. In diesem Kontext richtet sich *viertens* der Blick auf den Kinofilm *Schindlers Liste.* Ihm wurde nicht nur weltweite Aufmerksamkeit zuteil, sondern er katalysierte auch die gesellschaftliche Beschäftigung mit dem Holocaust. Dabei zielte Regisseur Steven Spielberg vor dem Hintergrund aktueller Genozide auf die Vermittlung universaler Friedensbotschaften. Gleichzeitig hatte *Schindlers Liste* für die Deutschen eine ganz eigene Bedeutung. Daneben lebte nach dem Mauerfall ein alter Diskurs in neuem Gewand wieder auf: Wie *fünftens* die Diskussion über Flucht und Vertreibung aus den Ostgebieten veranschaulicht, stellten sich die Deutschen nun selbst als »Opfer« dar. Schließlich, *sechstens*, wird die Entgrenzung des Holocaust-Gedenkens an der Schwelle vom 20. zum 21. Jahrhundert analysiert.

Neuere NS-Forschungen

Zumindest dies war nach dem 9. November 1989 sicher: Marxistische Interpretationen des Dritten Reiches in der Manier der DDR-Geschichtsschreibung würden in Deutschland zukünftig keine hervorragende Wirkmacht entfalten können. Für ostdeutsche Historiker bedeutete der politische Umbruch jedoch nicht nur eine geschichtstheoretische Zäsur. Schon bald wurde an den ehemaligen Universitäten des »Arbeiter- und Bauernstaates« das Lehrpersonal ausgetauscht, und ebenso zügig löste sich die dortige Historikergesellschaft auf. Mit ihren letzten Atemzügen hatte sie (nicht zuletzt aus Gründen der Selbstentlastung) noch erklärt, ihre bisherige Arbeit sei von der SED dirigiert worden. Der erhoffte Schulterschluss mit westdeutschen Kollegen fand in der »Wendezeit« jedoch nicht statt – zu groß waren in der Bundesrepublik die Vorbehalte gegenüber der einstigen »Faschismusforschung«. Folglich musste der Plan einiger DDR-Forscher verworfen werden, die gemeinsam mit ihren Kollegen und Kolleginnen aus dem Westen 1990 ein Berliner Institut für Faschismusforschung gründen wollten. Unterm Strich blieb von der NS-Forschung aus Ostdeutschland nur wenig übrig, beispielsweise die Dokumentenedition *Europa unterm Hakenkreuz*. Das Bundesarchiv rettete sie in die Berliner Republik – und damit vor der Altpapiertonne.

In den Jahren und Jahrzehnten nach dem Mauerfall rückten neue Ansätze und Forschungsfragen ins Zentrum. Studien über den Holocaust als Ergebnis der Moderne beziehungsweise als Ergebnis eines bestimmten Ordnungsdenkens, das auf die Beseitigung von Andersartigkeit zielte, gelangten ebenso auf den Buchmarkt wie Arbeiten über das Verhältnis zwischen Stalinismus und Nationalsozialismus. Die Öffnung osteuropäischer Archive machte den Weg frei für Analysen der NS-Massenverbrechen im Osten und des nationalsozialistischen Lagersystems. Diverse Ereignisse hatten das Interesse vor allem an den Tätern des Judenmords, Zuständigkeiten und dem Wissen der Deutschen über die NS-Verbrechen eingeläutet – sei es die TV-Serie *Holocaust*, Forschungen zur Alltagsgeschichte des Dritten Reiches oder der »Historikerstreit«. Zudem schien die »friedliche Revolution« 1989 die Bedeutung des handelnden Individuums für die Geschichte demonstriert zu haben. Die »Rückkehr der Akteure in die Geschichtsschreibung« (Wildt 2008, 350) stellte vor diesem Hintergrund fast nur noch eine Frage der Zeit dar. Dafür verantwortlich waren aber auch Medienereignisse wie der Kinofilm *Schindlers Liste* 1994 und die Debatte über Daniel Goldhagens Studie *Hitlers willige Vollstrecker*, die 1996 in deutscher Sprache erschien.

Mitte der 1990er-Jahre tourte der junge amerikanische Politologe Goldhagen wochenlang durch Deutschland. Im Gepäck hatte er seine provozierende Kollektivschuldthese. In zahlreichen öffentlichen Veranstaltungen verteidigte er seine Interpretation, wonach der Mord an den Juden auf einem »eliminatorischen Antisemitismus« der Deutschen beruhe. Damit überbetonte Goldhagen einerseits den ideologischen Faktor des Judenhasses, andererseits marginalisierte er strukturalistische Deutungen, die ein komplexes Geflecht von Ursachen zur Gewaltentfesselung anführten. Sein Verlag hatte im Vorfeld seiner Deutschlandreise eifrig die Werbetrommel gerührt und seine Dissertation als neueste Holocaust-Interpretation vermarktet. Dies zu überprüfen war für das Gros des Publikums eher schwierig, denn es herrschte ein Mangel an konkurrierenden Monografien: Wer sich in der damaligen Zeit umfassend über dieses Thema informieren wollte, musste auf Raul Hilbergs voluminöse Darstellung über die *Vernichtung der europäischen Juden* zurückgreifen, die auf den Quellen deutscher Täter basierte und die den Holocaust als Ergebnis eines bürokratisch-institutionellen Entscheidungsprozesses verstand. Sie war 1982 in deutscher Sprache erschienen, andere Gesamtdarstellungen fehlten.

Einige Wochenzeitungen prognostizierten einen neuen »Historikerstreit«. Dazu kam es jedoch nicht, denn die *scientific community* (ausschließlich Historiker aus der »alten« Bundesrepublik meldeten sich zu Wort) war sich über die Defizite von Goldhagens Thesen und seiner eindimensionalen Argumentation einig. Trotzdem füllte der Autor Mitte der 1990er-Jahre große Veranstaltungssäle. Ursächlich dafür mochte das Interesse an aufgeheizten Auseinandersetzungen gewesen sein, denn diese waren zu erwarten, sobald Goldhagen neben Kritikern wie Hans Mommsen Platz nahm. Eventuell ließ sich das Interesse der Zuschauer auch mit Goldhagens emotionalisierender Darstellungsform erklären, in der Täter- und Opfergeschichten nebeneinander präsentiert wurden. Am Ende warf die Goldhagen-Debatte, ungeachtet der argumentativen und methodischen Defizite der Studie, wichtige Fragen zur Motivation der NS-Täter auf. Daneben zeigte sie, dass trotz des Mauerfalls und dem damit einhergehenden vergrößerten Abstand zu Hitler die NS-Geschichte in Deutschland keineswegs vergessen war.

Hatten seit Anfang der 1990er-Jahre zunächst die verantwortlichen Eliten – oder um es mit einem Titel von Götz Aly und Susanne Heim zu sagen: die *Vordenker der Vernichtung* – im Blickfeld der Forschung gestanden, so rückten bald im Zuge der durch Goldhagen angestoßenen »Neuen Täterforschung« »normale Männer« respektive »gewöhnliche Täter« in den Mittelpunkt: Christopher Brownings Werk *Ordinary Men*, das 1993 auf Deutsch erschien (*Ganz normale Männer*), analysierte die Morde des Hamburger Polizeibataillons 101 im Osten. Browning untersuchte darin – auf Basis der später auch von Goldhagen benutzten Quellen –, welche Rolle Gehorsam, Gruppendruck und situative Faktoren für die Transformation von Familienvätern zu Massenmördern spielten. Während Browning der Frage nachging, welche moralischen und emotionalen Widerstände »entriegelt« werden müssten, um Menschen zu töten, ging Goldhagen von der Prämisse aus, dass die Täter wollten, was sie taten. Neben Browning zeigte auch die sogenannte erste Wehrmachtsausstellung des Hamburger Instituts für Sozialforschung unter der Leitung von Hannes Heer, dass nicht nur die SS, sondern auch »gewöhnliche« Wehrmachtssoldaten in den Holocaust verstrickt waren. Das Bild von einer »sauberen« Truppe, sosehr es auch ehemalige Weltkriegsteilnehmer am Leben zu erhalten versuchten, bekam tiefe Risse.

Ferner widmete sich die zeithistorische Forschung den Verantwortlichen für den Holocaust im NS-Terrorapparat. 1996 legte Ulrich Herbert seine viel beachtete Arbeit über Werner Best, Heydrichs Stellvertreter, vor. Sie trägt den Titel *Best. Biographische Studien über Radikalismus, Weltanschauung und Vernunft 1903–1989.* Zugleich führte der Freiburger Historiker den Ansatz der »Generation« in die Holocaustforschung ein: Best galt demnach als Beispiel für die sogenannte Kriegsjugendgeneration, die aus Altersgründen am Ersten Weltkrieg nicht teilgenommen hatte, sich in der Weimarer Republik dann antisemitisch und völkisch radikalisierte und nach 1933 Stellen in der SS, dem SD und der Gestapo besetzte. Michael Wildt knüpfte 2002 in seiner Habilitationsschrift *Generation des Unbedingten* an Herberts Überlegungen an und arbeitete in einem multikausalen Ansatz individuelle und strukturelle Gründe für das Handeln von Mitarbeitern des Reichssicherheitshauptamtes heraus.

Aber auch in anderer Hinsicht veränderte die Forschung ihren Blick auf Deutschland während der NS-Zeit. Untersuchungen der Ereignisse im »Osten«, die zeigten, wie komplex sich die Entfesselung von Gewalt und wie unterkomplex sich gleichzeitig die Vorstellung von einer »Täter-Opfer«-Dichotomie ausnahmen, führten zu Analysen der »Volksgemeinschaft« im Sinne einer »Alltagsgeschichte des Holocaust von unten« (Bajohr 2019, 489). Gefragt wurde nach der Zustimmung der Bevölkerung bezüglich der Ausgrenzung und Vernichtung der Juden. Konnten die Täter scharf vom Rest der Bevölkerung abgegrenzt werden? Wer hatte weshalb mitgemacht? Bei dem Blick auf die soziale Praxis der NS-Verfolgung spielte die Moral der Deutschen ebenso eine Rolle, wie das individuelle Schicksal der Verfolgten, deren Lebensbedingungen man anhand von Ego-Dokumenten, beispielsweise Tagebüchern oder Briefwechseln, nachging. Prominent setzte sich Saul Friedländer für die Wahrnehmung der Verfolgtenperspektive ein. In seinem mittlerweile zum Standardwerk avancierten, mehrbändigen Opus magnum *Das Dritte Reich und die Juden* (1998 und 2006) versuchte er, in Gestalt einer »integrierten« Geschichte seinen Lesern und Leserinnen gleichzeitig die Wahrnehmungen von Tätern und Opfern zu vermitteln.

In den letzten zehn Jahren widmete sich die historische Forschung verstärkt den Tatorten mobiler Erschießungskommandos im »Osten«, den sogenannten *Killing Fields*. Damit gingen zahlreiche Neuperspektivierungen einher: Im Gegensatz zu früheren Darstellungen, die den Typus »Schreibtischtäter« konturiert hatten, gewann nun ein neuer Tätertyp an Bedeutung: der Mordschütze. Damit verbunden war ein Perzeptionswandel, weg vom Holocaust als ein Massenverbrechen, bei dem das distanzierte, »klinische Töten« mithilfe von Zyklon B praktiziert worden war und für das »Auschwitz« stand. Ebenso deckte die Zeitgeschichtsforschung die Beteiligung nicht-deutscher Täter auf, darunter polnische oder baltische Hilfspolizisten. Hierdurch kam es gleichsam zu einer »Europäisierung« des Holocaust (Bajohr 2019, 487): Der bis dahin konstatierte genuin »deutsche« Charakter des Massenmordes trat sukzessive in den Hintergrund.

Die Analyse der *Killing Fields* führte zu zwei Entwicklungen: Zum einen lassen sich in den letzten 25 Jahren Versuche beobachten, den Holocaust in einen breiteren historischen Kontext zu stellen. Im Zuge der Massenmorde in Ruanda und Jugoslawien in den 1990er-Jahren gewann die vergleichende Genozidforschung an Bedeutung, die den Holocaust als »Archetyp eines ethisch-rassistisch angelegten Massenmordes« (Pohl 2019, 511) interpretiert. Darüber hinaus wurde und wird der Mehrwert einer Forschung reflektiert, die den Mord an den europäischen Juden in eine Geschichte antijüdischer Gewalt, in eine Geschichte von Massengewalt als spezifisches Phänomen des 20. Jahrhunderts oder in eine Geschichte sämtlicher NS-Massenverbrechen jeweils mit dem Ziel einbettet, bestimmte Muster von Gewalt zu identifizieren (s. Pohl 2019).

Zum anderen warfen viel beachtete Studien wie Timothy Snyders Werk *Bloodlands* (2011) die Frage auf, welche Rolle dem »Raum« als Initiator gewaltsamer Handlungen zugeschrieben werden muss. Snyder definierte in seiner Studie ein Gebiet in Osteuropa, in dem zwischen 1933 und 1945 14 Millionen Menschen durch nationalsozialistische und stalinistische Massenmorde umkamen. Dieses Konzept der »Gewalträume« blieb und bleibt nicht unwidersprochen. So verwies jüngst Sybille Steinbacher (2019) darauf, dass der Raumbezug in der NS-Forschung keineswegs neu sei, er habe bereits in den 1970er-Jahren in Gestalt von Lokalstudien existiert. Den »Raum«, so wie es neuerdings getan wird, indes zum »Subjekt« beziehungsweise zentralen Akteur zu erheben, hält sie hingegen für problematisch. Dieser Ansatz vergesse nämlich, dass Räume von Menschen geschaffen werden, er ignoriere folglich das handelnde *menschliche* Subjekt und dessen Motive. Zudem habe es Massengewalt auch außerhalb der *Bloodlands* gegeben. Hinter der Konjunktur des Raumbegriffs, der sich vor allem auf Osteuropa bezieht, vermutet die Holocaustforscherin mitunter geschichtspolitische Interessen. Bei Snyder gehe es »im Kern darum, den Holocaust in der wissenschaftlichen wie der öffentlichen Debatte neu zu gewichten, mit dem Ziel, ein gesamteuropäisches Narrativ zu entwickeln und ein gemeinsames Geschichtsbewusstsein für Ost und West zu liefern [...]« (Steinbacher 2019, 517).

Konkurrierende Erinnerungen

Ähnliche Phänomene wie das von Steinbacher konstatierte Ringen um bestimmte Narrative im 21. Jahrhundert ließen sich auch kurz nach dem Mauerfall beobachten. Unmittelbar nach den Grenzöffnungen trafen zwei Erinnerungskulturen konfliktreich aufeinander: Auf der einen Seite existierte ein dezidiert von der SED geprägtes, politisch instrumentalisiertes Gedenken an den »Antifaschismus« fort. Zu Orten dieser staatlich orchestrierten Erinnerung waren seit den 1950er-Jahren ehemalige Konzentrationslager wie Buchenwald erhoben worden, das Ost-Berlin 1958 zur »Nationalen Mahn- und Gedenkstätte« erklärt hatte. Des Weiteren hielten zu Lebzeiten der DDR Denkmäler für Karl Marx, Wladimir Iljitsch Lenin oder Ernst Thälmann die Erinnerung an die revolutionäre Arbeiterbewegung wach. Auf der anderen Seite war in der Bundesrepublik eine pluralistische Erinnerung entstanden, die sich seit 1949 als äußerst dynamisch herausgestellt und seit den 1960er-Jahren immer stärker auf den Holocaust fokussiert hatte.

Die mit dieser Diskrepanz verbundenen gesellschaftspolitischen Kontroversen über die »Zukunft der Erinnerung« ereigneten sich parallel zu anderen Prozessen der »Diktaturfolgenbewältigung«. Bernd Faulenbach, Mitglied der Enquete-Kommission »Überwindung und Folgen der SED-Diktatur im Prozess der deutschen Einheit«, hat diese in vier Phasen unterteilt (Faulenbach 2002, 18-22): Typisch für die erste Phase um 1989/90 sei die gesellschaftliche Auseinandersetzung als Teil des »revolutionären Prozesses« gewesen: Bürgerrechtler sicherten Unterlagen, die zur Aufklärung von Verbrechen der DDR beitragen konnten. Das Vorgehen der Akteure war nicht systematisch, erläuterte Faulenbach, ein klarer Bezug auf die Taten des Ministeriums für Staatssicherheit und die Frage, wer »Inoffizieller Mitarbeiter« der Stasi gewesen sei, dominierten das Geschehen. Die Ereignisse, deren Träger die Ostdeutschen selbst oder auch westdeutsche Medien waren, führten dazu, das Bild vom ostdeutschen Staat als Unrechtsregime zu festigen. 1991/92 begann eine zweite Phase, die bis Mitte der 1990er-Jahre andauerte. Diese war dadurch charakterisiert, dass sich die Beschäftigung mit der DDR auf andere Ebenen ausweitete und es zu einer Reihe von Institutionalisierungsprozessen kam. Beispielsweise setzte der Bundestag eine erste Enquete-Kommission ein, die sich mit dem SED-Staat befasste. Zugleich trat das Stasi-Unterlagengesetz in Kraft. Mehr und mehr avancierte die »Aufarbeitung«

zu einem »gesamtdeutschen Projekt«, das von Westdeutschland aus gesteuert wurde. Nach 1995, in der dritten Phase, ebbte das allgemeine Interesse am »anderen Deutschland« in der Öffentlichkeit langsam ab. Nichtsdestoweniger stellte die zeithistorische Forschung Fragen nach dem »Alltag« in der DDR, seiner »Durchherrschung« durch staatliche Kontrollapparate und nach dem Wertesystem der Ostdeutschen. Wiederum fünf Jahre später war die strafrechtliche Aufarbeitung weitgehend abgeschlossen. Die Historisierung der DDR-Vergangenheit hält hingegen bis heute an.

Nach 1989 entwickelten sich vor allem die Nationalen Mahn- und Gedenkstätten der DDR zu Schauplätzen des »Kampfes der Erinnerungen«. Besonders in Buchenwald, wo jahrzehntelang ein selektives Bild von den Opfern des Nationalsozialismus vermittelt worden und somit die Darstellung des Dritten Reiches von politischer Propaganda gefärbt war, entzündeten sich Konflikte bezüglich der Neukonzeption des ehemaligen Lagers. Dort war das offizielle Geschichtsbild des SED-Staates entworfen und in Form eines monumentalen Erinnerungsortes, dem Glockenturm »Turm der Freiheit« und der von Fritz Cremer entworfenen Figurengruppe aus Bronze, die den Widerstandskampf im Lager repräsentiert, vermittelt worden.

Die Nationalen Mahn- und Gedenkstätten waren seit den 1950er-Jahren dem Kultusministerium der DDR unterstellt. Sowohl das Zentralkomitee der SED als auch das Komitee der Antifaschistischen Widerstandskämpfer hatten dabei zentralen Einfluss auf die Ausgestaltung des Ortes und die Inhalte der Dokumentationen nehmen können, während die dortigen Mitarbeiter kaum Mitspracherecht besessen hatten. Gerade Buchenwald hatte dazu gedient, den Mythos des »antifaschistischen Kampfes« gegen den Nationalsozialismus zu legitimieren und sich darüber als das bessere Deutschland ausweisen zu können. Gleichzeitig waren die Nationalen Mahn- und Gedenkstätten eingebunden in die staatliche Erziehungsarbeit der Jugend zu »sozialistischen Persönlichkeiten«. Problematisch war nach 1989 darüber hinaus die Tatsache, dass in Buchenwald gleich die Opfer zweier Diktaturen gelitten hatten: Einerseits die Verfolgten des Nationalsozialismus, andererseits – zwischen 1945 und 1950 – die des Stalinismus.

Abb. 10: Der ehemalige Buchenwald-Häftling und Kommunist Walter Bartel während einer Lehrerschulung in der Gedenkstätte des ehemaligen Konzentrationslagers bei Weimar, 1973.

Denn in Buchenwald trafen sogar drei interdependente Geschichten aufeinander: die des nationalsozialistischen Konzentrationslagers, das 1937 errichtet worden war, die des sowjetischen Speziallagers Nr. 2, das 1950 nach Gründung der DDR aufgelöst wurde, und darüber hinaus auch noch die der 1958 eingeweihten Nationalen Mahn- und Gedenkstätte. Demzufolge wunderte es nicht, dass nach dem Mauerfall zwangsläufig unterschiedliche Erinnerungskulturen und Geschichtsbilder aufeinander prallten, die es galt, neu zu ordnen. Häftlingskomitees des ehemaligen Konzentrationslagers hielten an der überkommenen Gestaltung fest und wehrten sich vehement gegen eine Ausweitung des Gedenkkonzepts auf die Geschichte des Speziallagers, die nun ehemals Internierte lautstark forderten. Der Erziehungswissenschaftler Hasko Zimmer bezeichnete den »Buchenwald-Konflikt« deshalb als einen »Vereinigungskonflikt« (1999, 9), in dem die Akteure auf einer übergeordneten Ebene zugleich politisch verhandelten, was fortan als erinnerungswürdig zu gelten habe. Die Auseinandersetzungen über Orte wie Buchenwald firmierten insofern als Indikatoren bezüglich des Umgangs der Deutschen mit der NS-, aber auch der DDR-Vergangenheit.

Die Kontroverse über die Zukunft des Lagers auf dem Ettersberg bei Weimar setzte unmittelbar im Jahr 1990 ein. Im Januar berichtete die *Thüringer Allgemeine* über Massengräber am Rand des ehemaligen Konzentrationslagergeländes, die aus einer Zeit stammten, als Buchenwald zu einem sowjetischen Internierungslager, dem Speziallager Nr. 2, umfunktioniert worden war. Dieses war nach dem Krieg dem Volkskommissariat respektive seit 1946 dem Ministerium für Innere Angelegenheiten der UdSSR unterstellt. Es sollte als Instrument der Entnazifizierung dienen, zugleich aber auch sowjetische Machtinteressen berücksichtigen, das heißt, als ein Internierungslager für politisch Andersdenkende fungieren. Diese zweite Geschichte des Ortes war in der DDR indes entschieden beschwiegen worden. Ihre Thematisierung in dem Bericht der Lokalzeitung ermutigte wenige Monate später Überlebende des Speziallagers dazu, am historischen Ort Gedenkfeiern abzuhalten und Entschädigung für das erlittene Leid zu fordern. Überdies untergrub der Leichenfund die Glaubwürdigkeit der in Buchenwald für die historische Erinnerung Verantwortlichen; schnell stand die Leiterin, Irmgard Seidel, in der Kritik. Vor diesem Hintergrund forderte ein in Weimar errichteter Untersuchungsausschuss die Entlassung aller in Buchenwald tätigen Mitglieder der SED.

Am 11. April kam es zu einem ersten kritischen Aufeinandertreffen der beiden Opfergruppen anlässlich der Befreiung des Lagers 1945. Monate später wandte sich das Internationale Lagerkomitee Buchenwald-Dora an den Europarat, um öffentlich Bedenken gegen eine »gemeinsame« Erinnerung auf dem Ettersberg zu äußern und darum zu bitten, dass Buchenwald eine Gedenkstätte für die Verbrechen des Dritten Reiches bleibe. Bereits im Sommer 1991 schienen sich die Befürchtungen des Komitees zu bestätigen, als Bundeskanzler Helmut Kohl das ehemalige Lager besuchte, um dort beider Verfolgtengruppen zu gedenken. In der Folgezeit kam es immer wieder zu Auseinandersetzungen zwischen den KZ-Häftlingen und den Internierten. Infolgedessen titelte am 12. September 1991 *Die Zeit: Ein geteilter Totenwald?*

Derweil berief das Thüringische Ministerium für Wissenschaft und Kunst eine (westdeutsche) Historikerkommission um den renommierten Stuttgarter NS-Forscher Eberhard Jäckel, die Vorschläge für den zukünftigen erinnerungspolitischen Umgang mit Buchenwald erarbeiten sollte. Im September 1991 beschloss dieses Gremium, dass auf dem Ettersberg sowohl die Geschichte des Konzentrationslagers als auch die des Speziallagers thematisiert werden sollte, allerdings in räumlich abgegrenzten Bereichen. Die betroffenen Verfolgtengruppen machten bald darauf ihrem Unmut Luft. Die *Leipziger Volkszeitung* berichtete am 22. November von ihren Wortgefechten während einer Tagung:

> »Schon in der ersten Diskussion entbrennt der Streit der ehemaligen Häftlinge von Buchenwald. ›Unglaublich!‹ Erregt springt ein älterer weißhaariger Herr auf. ›Wie können Sie es wagen, die russischen Internierungslager mit den KZs der Nazis zu vergleichen! Dort sind Millionen Menschen vergast worden. Haben die Russen Ihre Familien fast vollständig umgebracht? Wer so hart von Barbarei und Unmenschlichkeit betroffen wurde, wer die nächsten Angehörigen verloren hat, bei dem sitzt der Schmerz unvergleichlich tief.‹ Zuvor hatte ein Mittvierziger von einem Transport berichtet, mit dem sein Vater in das sowjetische Speziallager nach Buchenwald gebracht worden war. Dutzende waren auf der tagelangen Fahrt im Güterwaggon, bei Hunger und klirrender Kälte, umgekommen: ›Methoden wie bei den Nazis‹. [...] Seit Monaten werfen sich ehemalige KZ-Häftlinge und Gefangene des sowjetischen Sonderlagers einander vor, sie wollten das durchlittene Leid der anderen herabsetzen.«

Gleichzeitig brachte eine weitere Nachricht das traditionelle Geschichtsbild der Ostdeutschen ins Wanken. Auf Basis von Archivrecherchen verwiesen Historiker und Historikerinnen und Medien auf die Unrechtstaten von Kommunisten während ihrer Konzentrationslagerhaft, die als »Funktionshäftlinge« (»rote Kapos«) für die Lagerführung tätig waren. Diese Enthüllungen schockierten, da nach 1949 vom ostdeutschen Staat der kommunistische Widerstand gegen den Nationalsozialismus im Lager Buchenwald wiederholt glorifiziert worden war.

Den Vorschlägen der Historikerkommission folgend konstituierte sich im April 1994 die Stiftung Gedenkstätten Buchenwald und Mittelbau-Dora. Zu ihr gehörten ein Stiftungsrat, ein wissenschaftliches Kuratorium sowie drei Beiräte, in denen Inhaftierte der beiden Buchenwald-Lager und des Lagers Mittelbau-Dora vertreten waren. Dies bedeutete, dass den ehemals im Speziallager Internierten der gleiche Status eingeräumt wurde wie den ehemaligen KZ-Häftlingen. Überschattet wurde die Stiftungsgründung durch einen weiteren Skandal, den die Medien begierig aufgriffen: Irmgard Seidels Nachfolger, Thomas Hofmann, der selbst nur kurz das Amt des Leiters der Gedenkstätte in Buchenwald innehatte, kritisierte öffentlich, dort seien »restaurative Kräfte« am Werk. Daraufhin sollte die Gauck-Behörde sämtliche Mitarbeiter und Mitarbeiterinnen bezüglich ihrer politischen Vergangenheit überprüfen.

Unter Volkhard Knigge, der Historiker ist seit 1994 Leiter der Gedenkstätte, entstand eine Dauerausstellung, die mit tradiertem Wissen und Darstellungsformen brach und die während der offiziellen Gedenkfeiern am 8. und 9. April 1995 anlässlich des 50. Jahrestages der Befreiung des Konzentrationslagers Buchenwald eröffnet wurde. Angedacht waren an diesen Tagen drei Veranstaltungen: ein Staatsakt der Landesregierung Thüringen, eine vom Internationalen Komitee Buchenwald-Dora ausgerichtete Feier sowie die Präsentation der Gedenkstättenneukonzeption. An gleich mehreren Programmpunkten und Entscheidungen offenbarte sich, dass die Veranstalter auf Kritik an überkommenen Geschichtsbildern und eine inhaltliche Diskussion zielten. So begannen die Feierlichkeiten mit der Einweihung eines Denkmals auf dem Lagergelände für Personen, die im Dritten Reich als »Zigeuner« verfolgt worden waren. Bezüglich des Umgangs mit Sinti und Roma sowohl in der ehemaligen DDR als auch in der »alten« Bundesrepublik war dies ein bemerkenswerter Akt, der völlig gegensätzlich zu einer – auf beiden Seiten der Mauer – lang anhaltenden Ausgrenzung dieser Opfer war. Des Weiteren waren Angehörige der III. US-Armee, die 1945 das KZ befreit hatten, offiziell zu der Veranstaltung eingeladen worden. Auch mit dieser Geste signalisierte die Gedenkstätte eine

Abkehr von früheren DDR-Narrativen, wonach die kommunistischen Häftlinge das Lager befreit hätten. Dementsprechend kam es in den zwei Tagen zu Eklats: Während der Rede des ehemaligen Buchenwald-Häftlings und Schriftstellers Jorge Semprún im Nationaltheater von Weimar verließen KZ-Überlebende den Saal. Semprún hatte sich differenziert-kritisch zur Rolle des antifaschistischen Widerstands in Buchenwald geäußert. Aber auch die Worte des Ministerpräsidenten Bernhard Vogel am nächsten Tag auf dem ehemaligen Appellplatz des Lagers provozierten Proteste. Denn Vogel schrieb die Befreiung des KZ allein der US-Armee zu. Den kommunistischen Widerstand in Buchenwald thematisierte er überhaupt nicht. Schließlich hatte der »Wind of Change« auch in die Konzeption der betont sachlichen Dauerausstellung Einzug gehalten: Nichts erinnerte mehr an die ideologisch aufgeladene Inszenierung zu DDR-Zeiten. Auch hier firmierte der Widerstand im Konzentrationslager als lediglich ein Thema unter mehreren.

Während der Gedenkfeier wurden die Spannungen unter den Verfolgtengruppen – nicht nur jene innerhalb der Gruppe der KZ-Häftlinge, sondern auch jene zwischen den KZ-Häftlingen und den Gefangenen des Speziallagers – noch einmal sichtbar. Versuche, danach zwischen den gegnerischen Opferparteien zu vermitteln, scheiterten. Als im Oktober 1996 die zweite Enquete-Kommission »Überwindung der Folgen der SED-Diktatur im Prozess der deutschen Einheit« eine Anhörung von Verfolgten ansetzte, um Möglichkeiten und Formen der zukünftigen Erinnerungsarbeit zu ergründen, verließ der Präsident des Internationalen Lagerkomitees Buchenwald-Dora, Pierre Durand, den Saal, weil er sich weigerte, mit »den Vertretern der Henker« (zitiert nach Zimmer/Flesser/Volmer 1999, 24) am runden Tisch zu sitzen. Dies konnte allerdings nicht verhindern, dass schließlich im Mai 1997 in einem neu errichteten Dokumentationszentrum eine Ausstellung zur Geschichte des sowjetischen Lagers eröffnet wurde, die die hitzigen Diskussionen der vergangenen Jahre erkalten ließ. Gezeigt wurden darin mitunter 18 exemplarische Biografien von Verfolgten.

Zwar kritisierte Gerhard Finn, der Vertreter der Opfer des Speziallagers Nr. 2, die (auf Archivrecherchen beruhenden) Äußerungen Volkhard Knigges, wonach ein Großteil der Internierten Funktionsträger des Dritten Reiches gewesen seien – was das Bild von gleichsam willkürlichen und wilden Verhaftungen der Sowjets nach 1945 konterkarierte. Gleichzeitig jedoch signalisierte er den Wunsch nach einem Konsens unter den Verfolgtengruppen. In Gestalt der Ausstellungen existiere ferner die Grundlage für eine sachliche Auseinandersetzung. Letztlich war damit aber nicht nur die Entscheidung für eine »pluralistische« Erinnerung am historischen Ort Buchenwald gefallen. Des Weiteren lud die Ausstellungskonzeption zu einem kritischen Umgang mit den beiden Vergangenheiten ein, die den Besuchern und Besucherinnen abverlangte, die bis 1989 durch unterschiedliche Erinnerungskulturen geformten und aus neueren historischen Forschungen resultierenden Widersprüche einer nun »gesamtdeutschen« Erinnerungskultur auszuhalten.

Schließlich legte 1998 die Enquete-Kommission »Überwindung und Folgen der SED-Diktatur im Prozess der deutschen Einheit« ihre Empfehlungen zum Umgang mit der »doppelten Vergangenheit« auf Bundesebene vor. Die Mitglieder sprachen sich dafür aus, die Geschichte des Konzentrationslagers Buchenwald und die des Speziallagers Nr. 2 in ihren jeweiligen Kontexten zu dokumentieren und deren Unterschiede herauszuarbeiten (s. BT-Drucksachen 13/11 000, 10.6.1998, 240 ff.). Damit positionierte sich die Kommission entschieden hinsichtlich der in der Öffentlichkeit und von den Medien aufgeworfenen Fragen nach der Vergleichbarkeit – wenn nicht gar Gleichsetzung – von stalinistischen und nationalsozialistischen Verbrechen. Sämtliche Häftlingsgruppen, mit denen die Gedenkstätten eine Form der Zusammenarbeit finden sollten, müssten einen Gedenkort erhalten, eine Hierarchisierung von Opfergruppen sei zu vermeiden. Zu beachten sei überdies: »Die NS-Verbrechen dürfen durch die Auseinandersetzung mit den Verbrechen des Stalinismus nicht relativiert werden. Die stalinistischen Verbrechen dürfen durch den Hinweis auf die NS-Verbrechen nicht bagatellisiert werden.« Nach dem Ende der Enquete-Kommissionszeit wurden die Erforschung der DDR-Diktatur sowie die Ausgestaltung eines Erinnerungskonzepts der 1998 gegründeten Bundesstiftung zur Aufarbeitung der SED-Diktatur übertragen.

In der »Mitte« angekommen: das Mahnmal

In den 1990er-Jahren schien das politische und wissenschaftliche Interesse an der DDR-Geschichte jenes am Nationalsozialismus zu überschatten. Die Historiker Charles S. Maier (1992) und Johannes Gross (1995) prognostizierten eine durch die Wiedervereinigung bedingte »Musealisierung« der NS-Zeit. Danach sei die historische Epoche Hitler-Deutschlands nunmehr abgeschlossen; politische Wirkmacht, orakelten sie, werde die Auseinandersetzung mit ihr fortan nicht mehr entfalten. Andere befürchteten gar eine erinnerungskulturelle Nivellierung der NS-Verbrechen, die in der Suche nach einer gesamtdeutschen Identität keinen Platz mehr fänden.

Mit Blick auf die jahrelangen Auseinandersetzungen über das Denkmal für die ermordeten Juden Europas, das im Herzen Berlins errichtet werden sollte und nachfolgend thematisiert wird, lassen sich die Einschätzungen jedoch nicht bestätigen. Aus historischer Sicht ist die Betrachtung der damaligen Kontroversen deshalb besonders aufschlussreich, weil sich in diesem Streit Geschichtsbilder und Wertvorstellungen der Deutschen offenbarten. Über »Erinnerungsmale« wie das Holocaust-Denkmal äußerte der Historiker Wolfgang Hartwig (1997, 751):

> »Über das Denkmal kommt man der Verteilung von Deutungsmacht und damit der jeweiligen politischen und gesellschaftlichen Machtverteilung überhaupt näher. Als ein spezifisches Medium der Erinnerung gibt es Hinweise auf die Geschichte nicht nur der Erinnerungsbedürfnisse und -interessen, sondern auch der Erinnerungstechniken.«

Im Rückblick, besonders vor dem Hintergrund der zeithistorischen Diagnose einer »Globalisierung« der NS-Erinnerung zu Beginn des 21. Jahrhunderts, erscheinen die Diskussionen über diesen Gedenkort *erstens* als die letzte große nationale Kontroverse über das Dritte Reich. Ihr Ausgangspunkt im Jahr 1988 lag zeitlich vor dem Mauerfall und damit auch vor der sogenannten Holocaust-Konferenz in Stockholm im Jahr 2000, die den Übergang von einem nationalen zu einem europäischen respektive globalen Gedenken markierte. *Zweitens* stellen die damaligen Kontroversen ein Beispiel für die seitdem staatlich forcierte Normierung des Gedenkens an die NS-Verbrechen dar (diese zeigte sich übrigens schon, allerdings mit Blick auf die DDR, in Gestalt der bereits erwähnten beiden Enquete-Kommissionen). *Drittens*, und damit zusammenhängend, demonstrieren die seinerzeitigen Aussprachen, dass ebenjene Erinnerung in der Berliner Republik ein bedeutender Bestandteil der politischen Kultur des vereinten Deutschlands geworden ist. Diesbezüglich konstatierte der Leiter der Gedenkstätte Buchenwald, Volkhard Knigge, dass die Bedeutung von Erinnerungsorten seit den 1990er-Jahren auffällig gewachsen sei. Man könne einen beispiellosen »Prozess der Nationalisierung negativen Gedenkens« beobachten (Knigge 2001, 136). Diese ziele auf eine »willentliche und bedachte Selbstbeunruhigung, die in Verantwortung umschlagen« soll (Knigge 2001, 143).

Die Geschichte des Berliner Holocaust-Mahnmals, das im Jahr 2003 eingeweiht wurde, begann im Sommer 1988, als die Journalistin und Vorsitzende der Bürgerinitiative »Perspektive Berlin«, Lea Rosh, auf einer Diskussionsveranstaltung das »Land der Täter« öffentlich aufforderte, auf dem früheren Gelände des Reichssicherheitshauptamtes ein Denkmal für die ermordeten Juden Europas zu errichten. Am 30. Januar 1989, dem 56. Jahrestag der »Machtergreifung«, folgte ein entsprechender Aufruf, den zentrale Presseorgane abdruckten. Darin bezeichnete Rosh die Tatsache, dass es an einem solchen Gedenkort mangele, als »Schande«. Seine Einrichtung sei daher eine »Verpflichtung« für die Deutschen. Unterzeichnet hatten diese Stellungnahme unter anderem Walter Jens,

Günter Grass, Willy Brandt und Otto Schily. Sie und andere hegten den Wunsch, dem Programm einer Relativierung der NS-Zeit, für das ihrer Ansicht nach etwa Kohls Museumspläne standen, entgegenzutreten. Im April 1989 wiederholte Rosh ihre Forderung. Zwischenzeitlich konnte sie, eigenen Aussagen nach, auf rund 10 000 Unterstützer bauen. Gemeinsam mit dem Historiker Eberhard Jäckel gelang es ihr auch, Marcus Bierich von der Robert Bosch GmbH und Edzard Reuter, den Vorstandsvorsitzenden der Daimler-Benz AG, für das Mahnmalprojekt zu gewinnen.

Anfang November 1989 konstituierte sich der Förderkreis zur Errichtung eines Denkmals für die ermordeten Juden Europas. Dessen Kuratorium gehörten Jäckel, Reuter, Bierich, der Literat Siegfried Lenz, der ehemalige Verfassungsrichter Helmut Simon und der Dirigent Kurt Masur an. Die involvierten Akteure tauschten in dieser frühen Planungsphase hauptsächlich Gedanken über das »Wie« der Erinnerung aus. Diesbezüglich äußerte der Zentralrat der Sinti und Roma Bedenken gegen einen exklusiven Erinnerungsort, der sich allein dem Schicksal der Juden im Dritten Reich widme, andere Opfer, insbesondere die nach 1933 als »Zigeuner« Verfolgten, jedoch ignoriere. Andere präferierten einen didaktisch klug konzipierten »Lernort« in Berlin: Das Konzept des Mahnmals, argumentierten sie, sei am Ende des 20. Jahrhunderts anachronistisch. Befürworter einer »exklusiven« Widmung des Mahnmals entgegneten dem Zentralrat der Sinti und Roma, der Antisemitismus habe den Kern der NS-Ideologie gebildet, die Größenordnung zwischen dem Massenmord an den Juden und den Sinti und Roma sei nicht vergleichbar beziehungsweise zwischen diesen beiden Gruppen hätten in den nationalsozialistischen Lagern keine Berührungspunkte existiert. Ignatz Bubis führte überdies religiöse Gründe an, um die Sinti und Roma auszugrenzen: Wenn gleichzeitig auch an Nicht-Juden erinnert werde, könnten Rabbiner an dem Ort des Mahnmals keine Totengebete sprechen. Wirkmächtig präsentierte sich aber auch der Einwand, man dürfe Opfergruppen nicht gegen ihren Willen an einem Erinnerungsort zusammenführen. Befürworter eines Denkmals für Juden und Sinti und Roma äußerten hingegen, es dürfe am Ende des 20. Jahrhunderts keine Hierarchisierung von Leid geben und unterstrichen den Sozialdarwinismus und Antiziganismus als weitere Säulen der nationalsozialistischen Ideologie.

Während diese Auseinandersetzungen andauerten, stand 1990 hingegen fest, dass sich Berlin gegen die Nutzung des ehemaligen RSHA-Geländes sperrte. Rosh und Jäckel kam diese Entscheidung allerdings entgegen. Denn ein früherer »Todesstreifen« in der Nähe des Touristenmagneten Brandenburger Tor, der durch den Mauerfall seine Funktion verloren hatte, schien ihnen für ihr Vorhaben geeigneter. Während Jäckel den Medien gegenüber auf das neue Gelände als historischen Ort und Sitz der Reichskanzlei, dem Amtssitz Hitlers als Verantwortlichen für den Holocaust, verwies, unterstrich Rosh seine Symbolkraft: Wenn auf den Trümmern der NS-Herrschaft ein Mahnmal für die ermordeten Juden entstehe, werde die Bundesrepublik die Opfer über die Täter erheben. Kritischen Beobachtern wie dem Soziologen Michal Bodemann blieb die in Roshs Äußerung enthaltene Sakralisierung nicht verborgen: Wie bei anderen heiligen Stätten, schrieb er am 19. Oktober 1998 in der *taz*, werde das Holocaust-Denkmal »auf den Orten der unterworfenen Gottheit errichtet«.

1992 signalisierte ausgerechnet die Regierung Kohl Kooperationsbereitschaft, deren Kanzler bis dahin eher versucht hatte, das Dritte Reich als potenzielle identitätsstiftende Epoche für das Selbstverständnis der Bundesrepublik zu marginalisieren. Der Bund und das Land Berlin sollten die Hälfte der Baukosten tragen. Der restliche Betrag sollte über Spenden finanziert werden. In der Folgezeit konzentrierte man sich auf die konkrete Ausgestaltung des Mahnmals. Nachdem im April 1994 eine entsprechende Ausschreibung veröffentlicht worden war, forderten rund 2 600 Interessenten Unterlagen an. Als Ziele nannte die Ausschreibung, das Mahnmal solle der »Wahrheit nicht ausweichen«, die jüdischen Ermordeten Europas ehren und ihrer in Scham und Trauer gedenken, die »Last« deutscher Geschichte annehmen und ein Zeichen setzen »für ein neues Kapitel menschlichen Zusammenlebens, in dem kein Unrecht an Minderheiten möglich sein darf« (s. Kirsch 2003, 127 f.). Es war kaum zu übersehen, dass das geplante Großprojekt – und damit der Bezug auf den Holocaust – der Identitätsbildung des vereinigten Deutschlands dienen sollte. Demzufolge erklärte Bundestagspräsident Wolfgang Thierse vollmundig, man werde das Mahnmal nicht für die ermordeten Juden bauen, sondern für sich selbst (s. BT-Plenarprotokoll, 14. WP., 48. Sitzung, 25.6.1999, 4086).

Nach Ablauf der Bewerbungsfrist lagen der Berliner Senatsverwaltung beziehungsweise der 30-köpfigen Jury unter dem Vorsitz von Walter Jens 528 Entwürfe vor, deren motivische Ordnungsmuster der Historiker Jan-Holger Kirsch (2003, 217–231) herausgearbeitet hat. Demnach arbeiteten die Entwürfe mit Metaphern von Zerstörung und Beschädigung, dem Motiv der Reinigung und Opfererfahrung, ikonografischen Versatzstücken des nationalsozialistischen Lagerkosmos und jüdischer Symbolik. Zahlreiche Beiträge schrieben traditionelle Formsprachen staatlichen Gedenkens fort. Andere Skizzen warteten mit kurios-progressiven Vorschlägen auf. So schlug ein Beitrag vor, auf dem Gelände eine Pumpe mit künstlichem Blut zu installieren, die rote Farbe über »Leichen« aus Plastik vergieße. Aber auch in einer späteren Wettbewerbsrunde erreichten die Jury radikale Entwürfe. So forderte Horst Hoheisel, ein bedeutendes Wahrzeichen Berlins, das Brandenburger Tor, abzureißen und dort Granitplatten mit den Namen der Ermordeten und denen ihrer Herkunftsländer zu verlegen.

Ein gutes Jahr nach der Ausschreibung präsentierten die Verantwortlichen der Öffentlichkeit ihre engere Auswahl. Im Sommer 1995 hatten sie sich für den Entwurf der Künstlergruppe um Christine Jackob-Marks entschieden: eine riesige Tafel mit den Namen der Ermordeten. Jackob-Marks bezweckte, den Millionen Toten ihre Individualität wiederzugeben. Im Zentrum stand demnach das Erinnern als Akt der Pietät (s. Kirsch 2003, 254). Bundeskanzler Kohl legte jedoch sein Veto ein – vor allem aus Gründen der Loyalität gegenüber Ignatz Bubis, dem Vorsitzenden des Zentralrats der Juden in Deutschland, der den Entwurf als misslungen empfand. Bubis störte sich daran, dass die bloße Nennung der Namen die Individualität der Ermordeten nicht abbilden könne, vielmehr könnte durch den Entwurf der Eindruck eines »Registers« entstehen. Kohl stand Bubis deshalb zur Seite, weil beide im Rahmen der Umwandlung der Neuen Wache in Berlin einen Deal eingegangen waren. Die Neue Wache firmierte seit 1993 als zentrale Gedenkstätte für die »Opfer von Krieg und Gewaltherrschaft«. Der Zentralrat der Juden fasste die Formulierung so auf, als würde NS-Opfern und deutschen Soldaten an diesem Ort gemeinsam gedacht. Bubis war seinerzeit lediglich durch eine Offerte des Kanzlers zu beschwichtigen. Diese bestand darin, den Bau eines Mahnmals für jüdische Verfolgte in Berlin zu unterstützen.

Daraufhin setzte der Streit über das Mahnmal erneut ein: Einstige Fürsprecher äußerten nun grundsätzliche Zweifel an diesem Projekt, Kunsthistoriker beklagten dessen »deutschen« Charakter, der sich im Versuch eines Schuldbekenntnisses materialisiere. 1997/98 erreichte die Debatte ihren Höhepunkt. Drei Expertenkolloquien intensivierten den Dialog über die Ausgestaltung des Mahnmals, während Lea Rosh versuchte, Druck auf die Politik auszuüben, um es zeitnah zu realisieren. Die Kolloquien läuteten sodann eine zweite Wettbewerbsphase ein. Aus 19 Entwürfen wählte die Jury schließlich vier Konzepte aus. Kanzler Kohl machte derweil keinen Hehl daraus, dass er den Vorschlag von Peter Eisenman und Richard Serra bevorzugte, womit er den Ausgang des Verfahrens maßgeblich beeinflusste. Eisenman sprach sich für eine »lebendige Erinnerung« aus, für ein Mahnmal, das »Erleben« ermögliche. Sein Stelenfeld sollte diesem Zweck dienen.

Zur gleichen Zeit gingen Günter Grass und Walter Jens auf Distanz zu Rosh und Jäckel: Ihrer Meinung nach sei es nicht möglich, mit einer abstrakten Installation den Holocaust und das durch ihn verursachte Leid angemessen darzustellen. Andere schlugen gänzlich andere Erinnerungskonzepte vor, darunter die Intensivierung des Geschichtsunterrichts oder ein jüdisches Theater in Berlin, während Rechtsradikale gegen das »Schandmal« Sturm liefen. Zum Leidwesen der Initiatoren signalisierten überdies SPD-Spitzenpolitiker, dass ihre Partei nach einem Regierungswechsel einen solchen Erinnerungsort nicht realisieren werde. In dieser Situation war es ausgerechnet Helmut Kohl, der am 17. September 1998 in einem Interview mit der *FAZ* die Deutschen zur Besinnung rief: »Wir würden weltweit verflucht werden, wenn wir jetzt sagten: Weil das so schwierig ist, lassen wir es besser sein.«

1998, nach dem Regierungswechsel, signalisierte das Kabinett Schröder entgegen früherer Verlautbarungen seine Bereitschaft, sich an der Diskussion über ein Mahnmal in Berlin zu beteiligen. Den Befürwortern des Projekts spielte, wie sich später herausstellen sollte, jedoch noch etwas ganz anderes in die Hände: Martin Walser sprach sich am 11. Oktober 1998 in seiner Dankesrede anlässlich der Verleihung des Friedenspreises des Deutschen Buchhandels in der Frankfurter Paulskirche mit deutlichen Worten gegen ein Denkmal aus: »In der Diskussion um das Holocaustdenkmal in Berlin kann die Nachwelt einmal nachlesen, was Leute anrichteten, die sich für das Gewissen von anderen verantwortlich fühlten. Die Betonierung des Zentrums der Hauptstadt mit einem fußballfeldgroßen Alptraum. Die Monumentalisierung der Schande.« »Auschwitz« sei zu einer »Moralkeule« verkommen, die für gegenwärtige Zwecke instrumentalisiert werde. Es sei besser, so Walser, die Auseinandersetzung mit dem Dritten Reich dem individuellen Gewissen zu verantworten.

Walsers Rede, die sowohl das deutsch-jüdische Verhältnis als auch die Erinnerung an die NS-Verbrechen tangierte, evozierte heftige Reaktionen bei seinen Kritikern wie Lea Rosh oder Ignatz Bubis, der Walser als »geistigen Brandstifter« bezeichnete, der mit seinen Äußerungen den Wunsch nach einem Schlussstrich hoffähig gemacht habe. In seiner Rede am 9. November 1998 in der Synagoge Rykerstraße in Berlin erklärte Bubis, Walser spreche sich für eine »Kultur des Wegschauens« aus. Aber er sei damit nicht allein: »Der intellektuelle Nationalismus«, so Bubis, »nimmt zu und ist nicht ganz frei von unterschwelligem Antisemitismus.« Aber auch andere interpretierten Walsers Rede als Versuch einer Täter-Opfer-Umkehr. Die Fronten in dieser »Walser-Bubis-Debatte« verhärteten sich abermals, nachdem die *FAZ* im Dezember 1998 beide zu einem Gespräch einlud. Bis dahin hatten bereits zahlreiche Intellektuelle in öffentlichen oder privaten Briefen vergeblich versucht, zwischen den beiden Männern zu vermitteln beziehungsweise wenigstens die Position des anderen nachvollziehbarer zu machen (s. Schirrmacher 1999).

Bei der scharfen Kritik an Walser müssen folgende Faktoren berücksichtigt werden:

- *erstens* die Wahrnehmung eines Tabubruchs, nämlich dem vermeintlichen Wunsch Walsers, das Dritte Reich zu dispensieren;
- *zweitens* ein Generationswandel, in dessen Rahmen die Zeitzeugen des Nationalsozialismus versuchten, die Zukunft der Erinnerung, solange es noch ging, dezidiert mitzuprägen und
- *drittens* ein großpolitischer Umbruchskontext in den 1990er-Jahren, der die Frage nach dem Ort für ein Gedenken der Opfer des NS-Regimes stellte.

In der Rückschau – und mit Blick auf die gesamte Rede Walsers – mag die Vehemenz der Auseinandersetzung verwundern. Denn der Literat hatte eingangs durchaus darauf hingewiesen, dass seine Rede nicht frei von Polemik sein würde. So traf seine Häme zunächst die bundesdeutsche Justiz, anschließend widmete sich der Schriftsteller den »Gewissensthemen der Epoche«, beginnend mit rechtsextremen Ausschreitungen und deren Rückbindung intellektueller Beobachter in einer »Routine des Beschuldigens« an die deutsche Geschichte, in deren Konsequenz sich Walser stets selbst als »Beschuldigter« fühlte. Walser ignorierte dabei mitnichten die Verbrechen der Nationalsozialisten: »Kein ernstzunehmender Mensch leugnet Auschwitz; kein noch zurechnungsfähiger Mensch deutelt an der Grauenhaftigkeit von Auschwitz herum«, erklärte er. Des Weiteren beklagte er die »Instrumentalisierung« der NS-Verbrechen für nicht weiter ausdifferenzierte »gegenwärtige Zwecke«. Was Walser kritisierte, war demnach die inflationäre öffentliche Bezugnahme auf das Dritte Reich: »Öffentliche Gewissensakte sind deshalb in der Gefahr, symbolisch zu werden. [...] Öffentlich gefordert, regiert nur der Schein.« So spricht vieles dafür, Michael Wolffsohn zuzustimmen, der am 18. Oktober 1998 in der *Frankfurter Allgemeinen Zeitung* feststellte:

> »Walser hat weder Bubis noch dem Zentralrat oder gar Israel und ›den Juden‹ unterstellt, Auschwitz zu instrumentalisieren oder als Moralkeule zu verwenden. Walsers Vorwurf und Kritik galt nicht-jüdischen Deutschen, die sich durch das Auschwitz-Argument und -instrument kokett als politisch korrekt und stets unfehlbare moralische Instanz darstellen, Andersdenkende als ›Nazis‹ diffamieren und durch Inflationen des Grauens Auschwitz letztlich verharmlosen. Von Brandstiftung kann also keine Rede sein. Ganz im Gegenteil. Walser verlangt die innere, seelische ›Vergangenheitsbewältigung‹ und lehnt die rein äußerliche, zum Ritual verkommene ab.«

Die Bedeutung von Walsers Rede bezüglich des Baus der Holocaust-Gedenkstätte ist letztlich die: Aufgrund der hochemotionalen Reaktionen von Walsers Kritikern machte sich unter den politisch Verantwortlichen der Eindruck breit, es gäbe – moralisch gesehen – »nach Walser« in der Mahnmalfrage kein Zurück mehr.

Tatsächlich fiel im Parlament 1999 die Grundsatzentscheidung, ein »Denkmal für die ermordeten Juden Europas« in Berlin zu bauen. Eisenmans Stelenfeldentwurf setzte sich am Ende durch. Gleich daneben sollte ein »Ort der Information« entstehen. Über die Details verständigte sich seit Dezember 1999 das Kuratorium der Mahnmalstiftung unter dem Vorsitz des Bundespräsidenten Johannes Rau. Im April 2003 begannen die Baumaßnahmen. Nach einem dreiwöchigen Baustopp – es wurde bekannt, dass Produkte der Firma Degussa, deren Tochterfirma Degesch im Dritten Reich die Vernichtungslager mit Zyklon B versorgt hatte, beim Bau des Mahnmals verwendet wurden – konnte das Denkmal für die ermordeten Juden Europas im Mai 2005 eröffnet werden.

Am Ende hatten die Diskussionen über ein zentrales Holocaust-Mahnmal gezeigt, dass die Sorge kritischer Beobachter, nach dem Mauerfall könnte das Dritte Reich in der Geschichte der Deutschen marginalisiert werden, unbegründet war. Nach wie vor stell-

Abb. 11: Auslöser kontroverser vergangenheitspolitischer Diskussionen: das Denkmal für die ermordeten Juden in Berlin, Aufnahme von 2006.

te »Auschwitz« ein konstitutives Element der nationalen Identität Deutschlands dar. Der Hamburger Zeithistoriker Axel Schildt (2000, 1211) erklärte: »Von einer Historisierung in dem Sinne, daß die alte Bundesrepublik abgeschlossen und ein gänzlich neues Diskursterrain betreten würde, kann hier gar keine Rede sein.« Auch der Leiter der Gedenkstätte Buchenwald, Volkhard Knigge (2001, 137), kam zu dem Schluss, dass – während in früheren Jahrzehnten die Erinnerung an den Holocaust bestenfalls am Rande der Gesellschaft gepflegt worden war – das Verbrechen an den europäischen Juden nun in der »Mitte« der Gesellschaft angekommen sei.

»Weltgewissen« und »der gute Deutsche«: *Schindlers Liste*

Bezüglich der Nachgeschichte des Dritten Reiches kommt dem Kinofilm *Schindlers Liste* in gleich mehrfacher Hinsicht Bedeutung zu. *Erstens* steht er paradigmatisch für die Inbezugnahme aktuellerer Gräueltaten mit dem Holocaust beziehungsweise für das Postulat, Lehren aus der Vergangenheit zu ziehen. *Zweitens* entfachte der emotionalisierende Kassenschlager in den 1990er-Jahren in Deutschland (aber auch in anderen Ländern) eine breite Auseinandersetzung über den Mord an den Juden. *Drittens* wirkte *Schindlers Liste* für die Bundesbürger identitätsstiftend. Wenngleich der Film die Grausamkeiten der Nationalsozialisten darstellte, so berichtete er auch vom Widerstand eines »Volksgenossens«: Der Fabrikant Oskar Schindler wurde als »guter Deutscher« von Hollywood hell ausgeleuchtet.

Als *Schindlers Liste* 1994 in die deutschen Kinos kam, war der reale Protagonist der Handlung bereits seit 20 Jahren tot. Oskar Schindler hatte während des Zweiten Weltkriegs über 1 100 Juden gerettet, indem er sie in seiner Fabrik »kriegswichtige« Arbeit verrichten ließ. Seine Tat war unmittelbar nach 1945 kein Geheimnis. Der Jüdische Weltkongress wusste darum, und Schindler selbst hatte einen entsprechenden Bericht verfasst. Es dauerte indes einige Zeit, bis man sich auch außerhalb der jüdischen Gemeinden für Schindlers Rettungsaktion interessierte. Erst in den 1960er-Jahren überlegte Metro-Goldwyn-Mayer, Schindlers Leben mit Hollywood-Größen wie Richard Burton, Romy Schneider und Gregory Peck zu verfilmen. Zudem ehrte ihn 1962 die israelische Gedenkstätte Yad Vashem, Schindler durfte in der »Allee der Gerechten unter den Völkern« einen Baum pflanzen. Drei Jahre später erhielt er in der Bonner Republik das Bundesverdienstkreuz I. Klasse und eine Ehrenrente. In den 1970er-Jahren lebte Oskar Schindler in Frankfurt. Bis zu seinem Tod 1974 versuchte er, sich als Handelsvertreter finanziell über Wasser zu halten.

Es sollte bis in die 1990er-Jahre dauern, ehe Regisseur Steven Spielberg, der sich mit *E.T.* und *Indiana Jones* einen Namen gemacht hatte, einen Kinofilm plante, der Oskar Schindler in den Mittelpunkt rückte. Anlass, *Schindlers Liste* zu produzieren, war für Spielberg neben seinem persönlichen Verhältnis zum Judentum seine Überzeugung, die Welt habe aus dem Holocaust bislang keine Lehren gezogen, jedenfalls »nicht genug, um ein stärkeres Weltgewissen gegen die Gewalt entwickelt zu haben« (Der Spiegel 1994, Heft 8, 183). Damit schlug Spielberg einen Bogen zwischen der NS-Vergangenheit und der Gegenwart – so, wie es bereits in den 1980er-Jahren in Diskursen über den Nationalsozialismus zu beobachten war. Offensichtlich traf Spielberg damit einen Nerv. Einige Rezensenten griffen sein Angebot, Lehren aus der Geschichte zu ziehen, jedenfalls dankbar auf: Der Publizist Henryk M. Broder kritisierte mit Blick auf den Bosnienkrieg, in dessen Rahmen Bosniaken »ethnischen Säuberungen« durch die serbische Bevölkerung zum Opfer fielen, am 3. März 1994 in *Die Woche* die Doppelmoral der deutschen Außenpolitik auf dem Balkan: »Es ist kaum möglich, einen Mann zu ehren, der Tausende von Juden vor den Nazis gerettet hat, und zugleich die Meinung zu vertreten, zum Schutz der Muslime in Bosnien könnte nichts unternommen werden. [...] Natürlich ist Sarajevo nicht Sobibor, doch einem Menschen, der in Sarajevo massakriert wurde, war es völlig gleich, ob er im Rahmen eines ›industriell organisierten Massenmordes‹ umkam oder in einem eher konventionellen Gemetzel vom Leben zum Tode befördert wurde.« Einen Tag später stellte der Münchener Historiker Michael Wolffsohn im *Rheinischen Merkur* die Frage: »Wo bleibt der Mut zum Widerstand?« und verwies auf die Ignoranz der Öffentlichkeit bezüglich des Völkermords in Bosnien.

Schindlers Liste basiert auf dem Roman *Schindler's Ark* von Thomas Keneally aus dem Jahr 1982. Der Film erzählt die Geschichte des Fabrikanten, seines jüdischen Buchhalters Itzhak Stern und deren schärfstem Kontrahenten, dem SS-Offizier Amon Göth. Als Hauptdarsteller reüssierte der in den 1990er-Jahren erst am Anfang seiner Karriere stehende Liam Neeson, ebenso wählte Spielberg für die Rolle des Nazi-Bösewichts Göth den Newcomer Ralph Fiennes. Für die Rolle des Itzhak Stern konnte Spielberg hingegen den damals schon bekannteren Ben Kingsley gewinnen. Im Film begegnen sich die drei Männer nach der Besetzung Polens: Während die Wehrmacht beginnt, Juden in Ghettos umzusiedeln, erreicht Oskar Schindler Krakau. Der bislang erfolglose Geschäftsmann hofft, im Osten mithilfe billiger Zwangsarbeiter eine lukrative Fabrik aufbauen zu können. Schnell kommt das NSDAP-Mitglied mit den Verantwortlichen in Polen ins Gespräch, nicht zuletzt auch mithilfe von Bestechungen. In Krakau möchte Schindler in der »Deutschen Emailwarenfabrik« Töpfe und Pfannen für die Wehrmacht herstellen, allerdings fehlt ihm dazu das nötige Geld. Über seinen Mitarbeiter Stern, der im Krakauer »Judenrat« arbeitet, knüpft er Beziehungen zu jüdischen Geschäftsleuten. Von ihnen leiht sich Schindler Geld. Im Gegenzug versorgt er seine Finanziers mit Waren für den Schwarzmarkthandel. Nach Aufnahme der Produktion beginnt Stern damit, möglichst viele jüdische Arbeiter aus dem Krakauer Ghetto, das der SS-Offizier Göth (ebenfalls eine reale Figur) später gewaltsam räumen lässt, in Schindlers Fabrik unterzubringen.

Oskar Schindler ist bis zu diesem Zeitpunkt in den Augen der Zuschauer noch kein Sympath, eher ein zwielichtiger Opportunist, der die Zwänge der Juden in Krakau für sich zu nutzen weiß und auch nicht davor zurückschreckt, sie unter Druck zu setzen, um seine Ziele zu erreichen. Doch je gewaltsamer die SS und Wehrmachtssoldaten vor Ort gegen die jüdische Bevölkerung vorgehen, desto mehr Empathie entwickelt er für die Verfolgten. Die Räumung des Krakauer Ghettos markiert einen Wendepunkt in seiner Haltung zu den Deutschen. Schindler beobachtet von einem Hügel aus den Mord an den Juden. Dabei sieht er in den Massen ein kleines Mädchen im roten Mantel, das das Schicksal der Ghettobewohner individualisiert. Als Göth später von seinen Vorgesetzten aufgefordert wird, die dort ermordeten Juden zu verbrennen, ist Schindler zugegen. Auf einem Leichenkarren entdeckt er mit Bestürzung den roten Mantel.

Die Überlebenden, darunter auch Schindlers Arbeiter, verbringt Göth in das Lager Plaszow. Daraufhin besticht der Fabrikant den SS-Offizier, um sie zurückzuholen. Als Göth den Befehl erhält, alle Juden aus seinem Lager Plaszow nach Auschwitz zu deportieren, erstellt Schindler gemeinsam mit Stern eine Liste mit Namen von Personen, die gegen entsprechende Zahlungen an Göth davon ausgenommen werden sollen. Sie sollen in einer neuen Fabrik in

Brünnlitz beschäftigt werden. Während die männlichen Arbeiter sicher mit der Bahn dorthin gelangen, wird der Zug mit den Frauen irrtümlicherweise nach Auschwitz umgeleitet. Wieder einmal gelingt es Schindler – dieses Mal mit Diamanten – die Zuständigen zu bestechen und die Frauen zu retten. Gegen Ende des Kriegs ist Schindler pleite. Sein Geld hat er in die Leben der Belegschaft investiert, seine in Brünnlitz produzierten Granaten können (und sollen) nicht zünden. Am Tag der deutschen Kapitulation lässt der Fabrikant seine jüdischen Arbeiter frei. Am Ende zeigt Spielberg in Farbaufnahmen die »Schindlerjuden heute«. 1993 reihen sie sich, Hand in Hand mit den Schauspielern, in einer langen Menschenschlange am Grab des Fabrikanten in Jerusalem. Als letzter erscheint Liam Neeson, der eine Rose auf den Grabstein legt.

Schindlers Liste unterscheidet sich von früheren Holocaust-Produktionen durch sein Thema, noch mehr allerdings durch die Art und Weise der Darstellung. Im Gegensatz zur TV-Serie *Holocaust* behandelt Spielberg die Taten einer realen Person: Oskar Schindler hat es ebenso gegeben wie verbrieft ist, dass er Juden vor der Gaskammer gerettet hat. Auch Amon Göth, der 1945 am Galgen endete, war eine reale Person. Gleichwohl arbeitet der Film mit Fiktion. Insofern folgt er einem Trend, der in den 1990er-Jahren als *Reality TV* Furore machte (Bösch 2007, 16). Vor allem aber bricht er mit Claude Lanzmanns Position, man könne und dürfe den Holocaust nicht visualisieren. Tatsächlich tat Spielberg alles, um sein Werk so authentisch wie möglich zu gestalten, um Schindlers Geschichte den Zuschauern gegenüber zu beglaubigen: Ein Großteil der Drehaufnahmen fand daher in Krakau statt und Schindlers Filmwohnung war tatsächlich die einstige Wohnung des Fabrikanten. Zur authentischen Wirkung trug auch das Produktionsmaterial bei. Spielberg entschied sich dafür, den Film in Schwarz-Weiß zu produzieren, schließlich existierten in den 1990er-Jahren nur wenige Farbaufnahmen vom Dritten Reich, sodass die Zuschauer unmittelbar an Bilder aus dem kollektiven Gedächtnis anknüpfen konnten. Mithilfe gestochen scharfer Aufnahmen, Nahaufnahmen und Handkameras verkleinerte Spielberg die Distanz zwischen den Zuschauern und seinen Protagonisten. Außerdem verstärkte die Einblendung präziser Zeit- und Ortsangaben den Eindruck historischer Faktizität: Dadurch entstand der Eindruck, man verfolge einen Live-Bericht (s. auch Bösch 2007, 169). Folglich titelte 1994 *Der Spiegel*: *Die ganze Wahrheit schwarz auf weiß* (1994, Heft 8, 183).

Das Neuartige an *Schindlers Liste* brachten seinerzeit zwei Stellungnahmen auf den Punkt. Während der westdeutsche Antisemitismusforscher Wolfgang Benz *Schindlers Liste* lobte und bemerkte, die »Welt liegt im Schindler Fieber« (Die Zeit, Nr. 10, 4.3.1994) und die Hauptfigur sei »scharf und überzeugend« gezeichnet, hielt Claude Lanzmann unnachgiebig an seinem Bilderverbot fest. Für Benz hingegen war die Art der Darstellung unproblematisch. Im Gegensatz zu Lanzmann empfand er Spielbergs fiktionale Elemente als nötig, um die Zuschauer zu erreichen: »Die Zerstörung von Menschen durch Todesangst, Mordlust der Täter, die Ambivalenzen der Moral in chaotischer Zeit und unter existentieller Bedrohung kann man nicht dokumentieren. Um begreiflich zu machen, was geschah, braucht es eben die literarische und dramatische Form.« Die Faktizität der Geschichte Schindlers würde dem Zuschauer in den letzten Szenen eindrücklich vor Augen geführt, als die noch lebenden Originalpersonen Hand in Hand (und in Farbe) mit den Schauspielern an Schindlers Grab treten: *Schindlers Liste*, lobte Benz in der *Zeit*, »ist mehr als Dokumentation und Geschichtsschreibung. Der Film ist über den Appell an die moralische Sensibilität des Betrachters hinaus ein dramatischer Beitrag zu Geschichtsschreibung und Aufklärung«.

Für Lanzmann hingegen war, wie er am 5. März 1994 in der *Frankfurter Allgemeinen Zeitung* in Bezug auf den Holocaust erklärte, »jede Darstellung verboten«. Für ihn hatte Spielberg ein Tabu gebrochen. Er habe alles gezeigt, was sein Film *Shoah* aus Respekt vor den Opfern nicht gezeigt habe. Darüber hinaus kritisierte er: Man dürfe den Holocaust nicht, wie es Spielberg getan habe, mit einem Happy End beschließen. Zwei Kritikpunkte stachen in Lanzmanns Urteil besonders negativ hervor: *Erstens*, der Film kolportiere in einigen Szenen das Stereotyp des kapitalistischen Juden.

Zweitens empörten ihn die Dynamisierung und Diversifizierung des überkommenen Täter-Opfer-Bilds. Vertreter der deutschen Tätergesellschaft wirkten ihm zufolge sympathisch. Allerdings, warf er ein: »So waren die Deutschen nicht.« Für Lanzmann stand mit einem Mal die Welt Kopf, weil Spielberg Täter und Opfer zwar in Schwarz-Weiß filmte, sie jedoch nicht länger in Schwarz-Weiß zeichnete. Das bemerkte auch *Der Spiegel* (1994, Heft 8, 184) in einem Interview mit den Hollywood-Produzenten: »Merkwürdigerweise sagt in ihrem Film keiner der Nazis ›Heil Hitler‹. [...]. Und keiner knallt mit den Hacken. Trotzdem erscheinen sie einem noch bedrohlicher als die üblichen Nazi-Chargen des Kinos.« Spielberg bejahte dies und verwies auf die Komplexität der Charaktere und Motive: »Sie sind bedrohlicher, weil sie als Geschäftsleute gezeigt werden. Trotz ihrer Uniformen handelt es sich um Buchhalter, Eisenbahningenieure, Wirtschaftsexperten, alle mit ihrer ganzen Kraft in einer Todes-Industrie beschäftigt. Leute, die ihre Intelligenz und Energie dieser Industrie widmen, nicht anders, als es Angestellte in der, sagen wir, Autoindustrie tun.« Überdies dekonstruierte Spielberg das Exkulpationsnarrativ der damals Verantwortlichen über einen absoluten Befehlsgehorsam im Dritten Reich ebenso wie das Narrativ, wonach der Widerstand Einzelner nichts hätte vermögen können.

Im Gegensatz zu Kritikern wie Lanzmann äußerten sich die Staatsoberhäupter verschiedener Länder positiv über *Schindlers Liste* und empfahlen Spielbergs Film sogar für den Schulunterricht. Auch in Deutschland machten sich Politiker wie Hans Zehetmair dezidiert für den Kinobesuch stark. Denn *Schindlers Liste* erschien in einer Zeit, als die Mehrheit der Deutschen forderte, die Judenverfolgung in Vergessenheit geraten zu lassen: Rund 40 Prozent äußerten, die Juden würden den Holocaust für ihre Zwecke instrumentalisieren (s. Reichel 2004, 318). Der Medienhistoriker Frank Bösch (2007, 16) wies darauf hin, dass die Ausstrahlung von *Schindlers Liste* in der Bundesrepublik parallel zu rechtsradikalen Wahlerfolgen und einer Reihe von rassistisch motivierten Brandanschlägen in Deutschland lief. Insofern könne eine möglichst »authentische« Darstellung der

NS-Zeit Ausdruck des Wunsches gewesen sein, mit ihrer Hilfe dem Geschichtsrevisionismus entgegenzutreten.

Zwar waren seit dem Ende des Zweiten Weltkriegs nationalsozialistische beziehungsweise demokratiefeindliche Ideologeme immer wieder zum Vorschein gekommen – sei es in den 1950er-Jahren in Gestalt der Sozialistischen Reichspartei (SRP) oder in Gestalt der Hakenkreuzschmierereien Jugendlicher. Doch erst seit den 1980er-Jahren mehrten sich in der Öffentlichkeit negativ aufgeladene Begriffe wie »Überfremdung« und »Ausländer«. So unterschiedlich diese Phänomene auch waren, sie einte eine gewisse mentale Disposition, die auf das Streben nach ethnischer Homogenität, auf die Betonung des Kollektivs, auf die Vorstellung »rassischer« oder ethnischer Ungleichheit, auf die Ablehnung der liberalen Demokratie und des Gleichheitsgebots der Menschenrechtsdeklaration zielte.

Zu dem Zeitpunkt existierten in Westdeutschland längst eine institutionalisierte politische Rechte sowie eine braune Subkultur in Gestalt von Neonazis, die sich in der Tradition der SA sahen und die »nationale Revolution« zu vollenden trachteten. Mit Themen wie »Volk« und »Nation« und der »Ausländerpolitik« hatten dann ab 1983 die Republikaner um Franz Schönhuber in Westdeutschland versucht, Wähler zu gewinnen. Vier Jahre später war die Deutsche Volksunion (DVU) gegründet worden. Zumindest bei einem Teil der Bundesbürger hatten seinerzeit diese Inhalte verfangen. Die von Bundeskanzler Helmut Schmidt 1980 in Auftrag gegebene Sinus-Studie war zu dem Ergebnis gekommen, dass rund 13 Prozent der Befragten über ein »geschlossenes rechtsextremes Weltbild« verfügten. 37 Prozent waren ferner für rechtes Gedankengut empfänglich.

Gleichwohl war es den Republikanern nach dem Mauerfall – in einer Phase großer gesellschaftlicher Verunsicherung – nicht gelungen, schnell in Ostdeutschland Fuß zu fassen. Das änderte jedoch nichts daran, dass rechtsgerichtete Positionen dort auf einen Resonanzraum trafen: In der DDR der 1970er-Jahre hatte sich mit Skinheads eine radikal-gewaltbereite Jugendgruppe formiert. Aber auch andere Gruppierungen konnten nach 1989/90 Zulauf verbuchen, beispielsweise die nicht minder gewaltbereite Nationalistische Front. Einige Jahre später gingen die Bilder fremdenfeindlicher Ausschreitungen gegen Asylbewerberheime und Flüchtlingsunterkünfte um die Welt: In Hoyerswerda, Rostock, Mölln und Solingen grassierte Gewalt – und forderte Todesopfer. Die Bundesregierung reagierte mit Verboten, die sich gegen rechtsextreme Organisationen richteten. Sie trafen die Nationalistische Front und die neonazistische Wiking-Jugend und führten dazu, dass militante Neonazis in den Untergrund gingen. Gleichzeitig gewann die DVU Wähler; sie zog Ende der 1990er-Jahre mit 12,8 Prozent in den Landtag Sachsen-Anhalts ein.

Parallel dazu traten in den 1990er-Jahren Holocaust-Leugner verstärkt an die Öffentlichkeit. Just in einer Zeit, in der die historische Forschung detaillierte Kenntnisse über die Massenmorde im Osten zu präsentieren begann, meldeten sich Personen wie der Deutsch-Kanadier Ernst Zündel oder der britische Historiker David Irving mit ihren Interpretationen der NS-Verbrechen zu Wort. Aber auch die Verurteilung alliierter Bombardierungen zum Zwecke nationalistischer Mobilisierung zählte zu den charakteristischen Phänomenen dieser Jahre. Semantisch erfuhr der Holocaust an den Juden eine Verwässerung. In Dresden beispielsweise war (und ist) in rechten Kreisen die Rede vom »Bombenholocaust« der Alliierten, der gegen die deutsche Bevölkerung gerichtet war.

Im Gegensatz zu Entwicklungen im rechten und rechtsradikalen Spektrum vermochte Spielbergs *Schindlers Liste* in den 1990er-Jahren ein positiveres Image von den Deutschen zu zeichnen. Luzide bemerkte Jan-Holger Kirsch (2003, 71) mit Blick auf den immensen Publikumserfolg des Films: »1994 lieferte der ›gute Deutsche‹ Oskar Schindler ein willkommenes Gegenbild zum ›häßlichen Deutschen‹ von Rostock, Mölln und Solingen.«

Neue Unbefangenheiten

Bereits in den 1980er-Jahren hatte sich mit Helmut Kohls Geschichtspolitik und dem »Historikerstreit« ein Wandel der vergangenheitspolitischen Sagbarkeitsregeln angekündigt. Innerhalb dieses Diskurses stellte die Walser-Rede in der Paulskirche 1998 sicherlich einen Höhepunkt dar. Seit den 1990er-Jahren ließen sich aber auch noch weitere gesellschaftliche Bemühungen beobachten, die darauf abhoben, den mentalen Abstand zum Dritten Reich zu vergrößern.

Eine Möglichkeit, dies zu tun, bestand darin, die Frage, ob sich die Deutschen noch immer für den Nationalsozialismus schuldig fühlen sollten, selbstbewusst zu verneinen. So konstatierte Bundespräsident Roman Herzog anlässlich des ersten Holocaust-Gedenktags am 27. Januar 1996, das »Entsetzen« über Auschwitz solle nicht »konserviert« werden. Gleichwohl ginge es für die nachfolgenden Generationen darum, »Lehren« aus der Vergangenheit zu ziehen. Das Gedenken an die NS-Zeit kommunizierte der Bundespräsident »nicht als ein in die Zukunft wirkendes Schuldbekenntnis«. »Schuld« erklärte Herzog vielmehr zu einem Generationenproblem, indem er sie als ein individuelles Phänomen definierte; die Schuld an »Auschwitz« würden folglich allein jene tragen, die einst den NS-Terror zu verantworten hatten. Dies auszusprechen, fiel Herzog leicht, denn der 1934 Geborene hatte das Dritte Reich als Kind erlebt; für die damaligen Verbrechen konnte er nicht verantwortlich gemacht werden. Die Deutschen, so Herzog weiter, hätten nach 1945 Konsequenzen aus der NS-Erfahrung gezogen. Artikel 1 des Grundgesetzes dokumentiere diesen Lernprozess. Nichtsdestotrotz stünde die Bundesrepublik in einer »kollektiven Verantwortung«, deren Fluchtpunkt der Schutz von Demokratie und Menschenrechten darstelle.

Dass einige Deutsche nach der »Wende« zunehmend eine historische Verantwortung für das nach 1933 begangene Unrecht beiseiteschoben, zeigte auch der Umgang von Großunternehmen in der Frage der Zwangsarbeiterentschädigung. Wie bereits in den 1950er-Jahren war die Wiedergutmachung dieser Betroffenen den Verantwortlichen auch Jahrzehnte danach noch immer keine »Herzenssache«. Die Regierung Schröder stimmte einer finanziellen Kompensation dieser Gruppe letztlich vor allem deswegen zu, weil sie die deutsche Wirtschaft schützen wollte. Der Ruf namhafter *global player* wie Daimler-Benz, Siemens oder Volkswagen war in den späten 1990er-Jahren aufgrund der dort »beschäftigten« Fremdarbeiter ernsthaft in Gefahr. Vorwürfe richteten sich aber auch gegen die Deutsche Bank und die Degussa, die sich das Gold jüdischer NS-Opfer angeeignet hätten. Vor allem in den USA, in denen die Möglichkeit von Sammelklagen (*class actions*) besteht, drohten der deutschen Industrie sowohl ein Image- als auch ein veritabler finanzieller Schaden. Nach komplizierten Verhandlungen, Nicole Diekmann nannte es im Oktober 2006 auf *tagesschau.de* auch »Das große Feilschen«, wurde im Jahr 2000, nachdem das Parlament ein Gesetz zu ihrer Gründung verabschiedet hatte, die Stiftung »Erinnerung, Verantwortung und Zukunft« errichtet. Die Bundesregierung und die Stiftungsinitiative der deutschen Wirtschaft stellten je 10 Milliarden DM Entschädigung bereit. Allerdings stand die Vergabepraxis in der Folgezeit wiederholt in der Kritik; Opfer sprachen von einer »Verschleppung« der Auszahlungen. 2007 erklärten die Verantwortlichen die Entschädigung für abgeschlossen. Darüber hinaus werden bis heute jedoch Projekte, beispielsweise internationale Schüler- und Jugendprojekte, gefördert, deren Ziel die Festigung von Menschenrechten und die Völkerverständigung zwischen Deutschland und vor allem Osteuropa darstellt. Zwar fließen die Mittel auch in Projekte, die an das Leid der NS-Opfer erinnern sollen. Die Tatsache jedoch, dass die Entschädigung mit dem Jahr 2007 eingestellt, eine spezifische Projektförderung jedoch fortgeführt wurde, deutet auf die Relevanz der Gegenwartsgestaltung hin.

Ferner mündete die wachsende Distanz zu Hitler in einen Diskurs, der die Deutschen nicht länger nur als »Täter«, sondern als »Opfer« präsentierte. Medienwissenschaftliche Studien haben darauf hingewiesen, dass das *voice over* oder auch bestimmte Schnitte in Film- und Fernsehproduktionen über das Dritte Reich »Täter« zu »Opfern« machten. Beispielsweise beobachtete Michael Elm eine Stilisierung von Wehrmachtssoldaten zu »Hitlers Opfern« im ZDF-Geschichtsfernsehen Guido Knopps: Bilder von Auschwitz trafen auf Aufnahmen von Stalingrad in schneller Abfolge. Gleichzeitig erklärte der Kommentator den Russlandfeldzug zu einem »Opfergang für einen Massenmörder« (Elm 2008, 282; ähnlich Keilbach 2008, 234 ff.).

Einen Höhepunkt erreichte die Selbstviktimisierung der Deutschen allerdings in den gesellschaftlichen und politischen Auseinandersetzungen über das Thema Flucht und Vertreibung. »Ein kollektiver Erinnerungsstau hat sich zu lösen begonnen«, bemerkte der Historiker K. Erik Franzen (2003, 49). Wohlgemerkt: Das Leid der aus den Ostgebieten rund 14 Millionen Vertriebenen, von denen schätzungsweise 2 Millionen auf der Flucht umkamen, war schon unmittelbar nach Kriegsende thematisiert worden, allerdings waren in Westdeutschland diese Diskurse nicht mehrheitsfähig. In der DDR war das Thema hingegen ein Tabu; die öffentliche Infragestellung der Grenze an Oder und Neiße konnte sogar strafrechtliche Konsequenzen nach sich ziehen. Gleichwohl existierte das Bedürfnis der Betroffenen nach einem Gedenken an die Schrecken der Vertreibung und nach Anerkennung ihres Leids auch in den Jahrzehnten danach fort. Mitte der 1980er-Jahre hatte die soziologische Migrationsforschung offengelegt, dass die Integration der Vertriebenen in die beiden deutschen Gesellschaften nach 1945 keineswegs reibungslos verlaufen war: Traumata, die von der Flucht herrührten, und das Gefühl, in Deutschland »fremd« zu sein, erschwerten das Leben der Vertriebenen. Als 1989 die Mauer fiel, brach sich bei vielen das Verlangen Bahn, über die Vergangenheit zu sprechen, besonders unter Ostdeutschen, deren Gesprächsbedarf staatlicherseits unterdrückt worden war.

Bereits in den späten 1990er-Jahren hatte der Bund der Vertriebenen öffentlich die Frage aufgeworfen, ob sich die Deutschen auch als »Opfer« fühlen dürften. Von 1998 bis 2014 firmierte die

Abb. 12: Erinnerungen an die Vertreibungen der Deutschen: In Delmenhorst weisen seit 1963 Schilder den Weg in den ehemaligen »deutschen Osten«.

CDU-Politikerin Erika Steinbach als Präsidentin der bereits 1957 zusammengetretenen Vereinigung, deren Gründungsmitglieder vornehmlich ehemalige SS- und NSDAP-Mitglieder sowie sonstige Träger der NS-Ideologie waren. Steinbach vertrat die Interessen der durch Flucht und Vertreibung geschädigten Deutschen, wobei gegen die Organisation immer wieder der Vorwurf von Rechtsextremismus und Geschichtsrevisionismus laut wurde. Katalysiert hatten das Mitteilungsbedürfnis der Vertriebenen mitunter aktuelle Bilder vom Balkan, die Menschenmassen zeigten, die versuchten, »ethnischen Säuberungen« zu entkommen. Vor allem in Polen und Tschechien beobachtete man die Forderungen des Bundes der Vertriebenen mit Sorge, wurde doch befürchtet, er wolle die jetzige Bevölkerung in den früheren deutschen Gebieten verdrängen. Dass diese Sorge nicht unbegründet war, verdeutlichten die Ansprüche der »Preußischen Treuhand« – ein Unternehmen, das versuchte, die Eigentumsansprüche von Bewohnern ehemaliger Ostgebiete einzuklagen. Man wollte – sicherlich motiviert durch die Planung und den Bau des Berliner Denkmals für die ermordeten Juden – ebenso die Erinnerungskultur entscheidend prägen: Dazu gründete der Bund der Vertriebenen im September 2000 die Stiftung »Zentrum gegen Vertreibungen«, deren Ziel in der Errichtung eines entsprechenden Dokumentationsortes in Berlin bestand und das prominente Fürsprecher wie den Politologen Arnulf Baring oder den Literaturkritiker Hellmuth Karasek für sich gewinnen konnte. Historiker forderten für ein solches Zentrum eine europaweite Perspektive – keineswegs eine Verengung auf das Schicksal der Deutschen – und eine Fokussierung auf Formen der Vertreibung für das gesamte Jahrhundert. Das Zentrum solle, falls es entstehe, ein Haus für Forschung, Studium und Erinnerung werden. Im Dezember 2012 verabschiedeten 40 Wissenschaftler unter anderem aus den USA, Deutschland, Israel, Russland und Polen im Rahmen einer internationalen Konferenz in Darmstadt die Erklärung *Ein europäisches Zentrum gegen Vertreibungen. Historische Erfahrungen – Erinnerungspolitik – Zukunftskonzeptionen.* Darin führten sie aus:

> »Das Hauptanliegen einer sich entwickelnden gemeinsamen europäischen Erinnerungskultur um den Komplex der Vertreibungen ist nicht die Mahnung um der Erinnerung willen, sondern der zukunftsorientierte, pädagogische Aspekt der wissenschaftlich fundierten Darstellung und mehrdimensionalen Vermittlung der historischen, politischen, sozialen und psychologischen Mechanismen, die in der Vergangenheit zu den tragischen Ereignissen und Verbrechen geführt haben, und die *Prävention* angesichts zukünftiger Versuchungen, politische Probleme durch ethnische Säuberung und Massenumsiedlung zu lösen.« (Bingen/Troebst/Borodziej 2003, 102 ff., Kursiv im Original)

Die Bundesregierung griff das Thema Vertreibung ebenfalls auf. Seit 2008 existiert die »Stiftung Flucht, Vertreibung, Versöhnung«, die allerdings universal an Zwangsmigrationen im 20. Jahrhundert in Europa erinnern will. Des Weiteren hatte auch *Der Spiegel* das Thema einer breiteren Öffentlichkeit publik gemacht. 2002 war die vierteilige Serie *Die Flucht* veröffentlicht worden.

Für Diskussionsbedarf sorgte überdies Günter Grass' Werk *Im Krebsgang*, der vier Jahre nach Erscheinen des Buches (2002) publik machte, er habe in der Waffen-SS gedient. Das Werk beinhaltet drei komplexe Erzählebenen: Auf der ersten erfolgt die Schilderung der historisch verbrieften Ermordung des NSDAP-Funktionärs Wilhelm Gustloff durch den Juden David Frankfurter in Davos 1936. Gustloff wird daraufhin von der NS-Spitze zum Märtyrer stilisiert. Die zweite Erzählebene umfasst die Erinnerungsfragmente der fiktiven Figuren des Ich-Erzählers und Journalisten Paul Pokriefke, seiner Mutter Tulla, die sich im Januar 1945 als Passagierin auf dem KdF-Schiff Gustloff befunden hatte und Paul kurz nach dessen Torpedierung zur Welt brachte, sowie die Konrad (Konny) Pokriefkes, Pauls rechtsradikalem Sohn. Auf der dritten Ebene reflektieren Paul und »der Alte«, ein arbeitsmüder Schriftsteller, den Erinnerungsprozess um das Schiff Gustloff als gesamtdeutsches Tabu zum Zeitpunkt der Erzählung, nämlich in den 1990er-Jahren. Von ihm wird Paul damit beauftragt, die Geschichte des Dampfers niederzuschreiben. Auch jener Satz, der 2002 in der Bundesrepublik schließlich Anlass zur Diskussion bot, stammte vom »Alten«: »Niemals [...] hätte man über so viel Leid, nur weil die eigene Schuld übermächtig und bekennende Reue in all den Jahren vordringlich gewesen sei, schweigen, das gemiedene Thema den Rechtsgestrickten überlassen dürfen.«

Während Literaturkritiker die fachliche Qualität des Werkes beanstandeten (gleichwohl seine Rechercheleistung hervorhoben), motivierte die mit dem Buch einhergehende innerdeutsche Auseinandersetzung den Sozialpsychologen Harald Welzer dazu, am 3. April 2002 in der *Neuen Zürcher Zeitung* kritisch zu fragen, ob sich die Deutschen auf einem Weg zurück »zur Opfergesellschaft« befänden. Welzer bemerkte:

> »Seit dem Erscheinen von Günter Grass' Novelle über die Versenkung der ›Wilhelm Gustloff‹ durch einen sowjetischen Torpedoangriff gilt es nicht mehr als anstößig, sondern geradezu als notwendig, von den Leiden und Opfern der Deutschen in und nach dem Zweiten Weltkrieg zu sprechen. Viele Kommentare zu diesem Buch waren von einem fast hörbaren Aufat-

> men durchdrungen, so als sei Grass ein Befreiungsschlag gegen das jahrzehntelange gültige Verdikt gelungen, im Angesicht von Auschwitz sei von deutschem Leid besser zu schweigen. Wenn es mit Rudolf Augstein nun endlich ›wieder angebracht‹ scheint, der eigenen Opfer zu gedenken, dann markiert das in der möglichen Tendenz nicht nur eine neue Unbefangenheit der eigenen Geschichte gegenüber, sondern zugleich einen Umbau der deutschen Erinnerungskultur: von der Täter- zur Opfergesellschaft.«

Der Sozialpsychologe war bereits vor der Lektüre des Romans mit dem Phänomen einer »deutschen« Selbstviktimisierung in Berührung gekommen. Gemeinsam mit Sabine Moller und Karoline Tschuggnall hatte Welzer die Funktionsweisen des »Familiengedächtnisses« von Bundesbürgern und Bundesbürgerinnen analysiert. Insbesondere kreiste seine Arbeit um die Frage, wie die Erinnerung an den Nationalsozialismus und an den Holocaust von Großeltern an ihre Kinder oder Enkelkinder tradiert wurde. In der Gemeinschaftspublikation *Opa war kein Nazi*, die 2002 in der Erstauflage erschien, thematisierten Welzer und seine Mitautorinnen auch das Faktum, dass vielfach die Zeitzeugen des Dritten Reiches in Familienerzählungen der Angehörigen zu »Opfern« stilisiert wurden oder sich selbst dazu stilisierten, was ihnen zufolge sozial und kulturell determiniert sei: »Denn was die einzelnen Familienmitglieder für erzählenswert halten«, bemerkten die Forscher, »hängt nicht bloß von ihrer situativen Übereinkunft ab, sondern von sozial und kulturell spezifischen Erzählformen, die vorgeben, was eine Geschichte zu einer erzählens- und hörenswerten macht« (Welzer/Moller/Tschuggnall 2012, 81). Welzers Team konnte eine Umkehrung der Täter-Opfer-Rollen beobachten sowie »Wechselrahmungen«. Darunter verstand es die Übernahme von Narrativen, Bildern und Geschichten, die ursprünglich aus dem Kontext der Judenverfolgung stammten: Diese Holocaust-Erzählmuster hatten ehemalige Mitglieder der »Volksgemeinschaft« für die Darstellung des eigenen Leidens übernommen.

Im gleichen Jahr, in dem *Im Krebsgang* erschien, stimmte auch der Publizist Jörg Friedrich in die Diskussion über die Deutschen als Opfer mit ein. Seine Darstellung des alliierten Luftkriegs gegen

Deutschland mit dem Titel *Der Brand* rückte das Leid der Bevölkerung ins Zentrum und präsentierte die These, wonach die USA und Großbritannien einen gezielten Vernichtungsschlag gegen die deutsche Zivilbevölkerung ausgeführt hätten. Damit, aber auch mit seinen sprachlichen Vergleichen der alliierten Bomber mit »Einsatzgruppen«, rückte Friedrich den Bombenkrieg in die Nähe des Holocaust. In seiner Rezension auf dem Onlineportal *sehepunkte* konstatierte der Hagener Historiker Ralf Blank 2002:

> »Dem Leser der Publikation bietet sich eine Essenz aus den Veröffentlichungen anderer Autoren sowie den thesenartigen, wortreich umschriebenen und oft bis zur Unsachlichkeit getriebenen emotionalisierenden Ausführungen des Autors. Friedrich schafft keine neuen historischen Erkenntnisse, sondern nur eine persönliche Sichtweise auf den Bombenkrieg.«

Hans-Ulrich Wehler, der in seiner Rezension für *Deutschlandradio Berlin* am 6. Dezember 2002 einen »psychischen Gezeitenwechsel« diagnostizierte, bescheinigte Friedrich, dass er wenig erkläre, aber viel detailliert schildere. Vor allem jedoch ignoriere er die »Proportionen«. So rief Wehler die Mordaktionen des NS-Staates ins Gedächtnis, die Friedrich marginalisiere.

Schließlich, um eine letzte Facette einer neuen Unbefangenheit im Umgang mit dem Dritten Reich in Deutschland seit den 1990er-Jahren zu demonstrieren, brach sich eine Entmythologisierung und Vermenschlichung Adolf Hitlers Bahn. Nun, das war neu, durfte man über Hitler lachen und sogar – wie durch Oliver Hirschbiegels Kinofilm *Der Untergang* (2004) evoziert – Empathie und Mitleid mit ihm empfinden. Besonders die Satire des Schriftstellers Timur Vermes *Er ist wieder da*, der Adolf Hitler im Jahr 2011 auf einer Wiese in Berlin erwachen lässt und ihn anschließend mit der gesellschaftlichen und politischen Gegenwart des 21. Jahrhunderts konfrontiert, erreichte ein Millionenpublikum. Der Roman rangierte wochenlang auf Platz 1 der Bestsellerliste des *Spiegel*, 2015 kam die Verfilmung in die Kinos. Auch tourte seit 1996 der Deutschtürke Serdar Somuncu mit seiner Lesung *Nachlass eines Massenmörders* durch die Republik, in der er Textstellen aus Hitlers *Mein Kampf* vortrug. Der Komödiant wollte einem breiten Publikum die Banalität des Textes offenbaren, von dem er den Eindruck hatte, er würde aufgrund der staatlichen Zensur mythologisch überhöht. Zugleich informierte Somuncu über den Entstehungskontext und die Rezeption des Pamphlets sowie über die Rechtslage in Bezug auf *Mein Kampf.* »Es ist weder ein Parteiprogramm noch ist es eine Biographie noch ist es ein Roman«, erläuterte er dem Publikum, »es ist eben eine Ansammlung von sehr wirren Sätzen«. Bei ungefähr 1 500 Auftritten erreichte er rund 250 000 Zuhörer. »Das ist wirklich Aufklärung«, urteilte der Kulturjournalist Gert Scobel.

Universalisierung des Holocaust

Anlässlich einer interdisziplinären Tagung über die »Zukunft der Erinnerung« im Jahr 2000 äußerte Franziska Augstein mit Blick auf Unterschiede des Gedenkens zwischen den 1980er-Jahren und dem Beginn des 21. Jahrhunderts: »Damals lag Auschwitz – nicht das historisch-reale, wohl aber das gegenwärtig-metaphorische – auf deutschem Boden. Heute liegt es potentiell überall« (Augstein 2002, 225). Die renommierte Journalistin verwies damit auf eine Entwicklung, die vereinzelt zwar bereits in den 1950er-Jahren zu beobachten war – etwa am Beispiel des Tagebuchs der Anne Frank –, die jedoch erst während der weltpolitischen Wendungen der 1990er-Jahre vollends durchschlug. Gemeint ist jenes Phänomen, das in der zeithistorischen Forschung mit »Universalisierung des Holocaust« bezeichnet wird. Mit ihm gehen nicht nur eine »Entortung« und historische Dekonkretisierung des Judenmordes einher – dieser wurde (und wird) nicht länger allein als eine Angelegenheit Deutschlands verstanden –, sondern zugleich eine Normierung, Institutionalisierung, Moralisierung und Politisierung von Erinnerung.

Für diese Normierung, Institutionalisierung und Moralisierung von Gedenken stand, wie keine andere Veranstaltung an der Schwelle vom 20. zum 21. Jahrhundert, das *International Forum on the Holocaust* in Stockholm im Jahr 2000. Auf Einladung des schwedischen Ministerpräsidenten Göran Persson, der als 1949 Geborener mit dem Zweiten Weltkrieg nicht in Berührung gekommen war, trafen sich dort Historiker, Zeitzeugen und Vertreter aus 46 Ländern zu der ersten großen internationalen Konferenz im neuen Millennium. Die Veranstaltung zielte auf die staatlich betriebene Implementierung eines internationalen Wertesystems, das auf den »Lehren« der Vergangenheit basieren und dazu dienen sollte, die gemeinsame Zukunft der Weltgemeinschaft friedlich zu gestalten. Beachtenswert daran war, dass einige dieser Staaten wie beispielsweise Australien überhaupt keinen Bezug zum Mord an den europäischen Juden hatten. Gleichwohl verabschiedeten die Teilnehmer und Teilnehmerinnen die *Declaration of the Stockholm International Forum on the Holocaust of 2000*. Darin kam – mit Verweis auf aktuelle Formen von Gewalt und Menschenrechtsverletzungen wie Genozide beziehungsweise »ethnische Säuberungen«, Rassismus und Xenophobie und einer Betonung der Notwendigkeit ihrer Bekämpfung – dem Holocaust eine übergreifende Bedeutung zu:

> »The unprecedented character of the Holocaust will always hold universal meaning. [...] The depths of that horror [...] can be touchstones in our understanding of the human capacity for evil and good.«

Mit diesen Sätzen hatten die Teilnehmer und Teilnehmerinnen grundlegende Werte des Zusammenlebens definiert. Des Weiteren formulierten sie die Empfehlung, den 27. Januar als »Holocaust-Gedenktag« einzuführen. 2005 bekräftigte auch die Generalversammlung der Vereinten Nationen mit einer Resolution dieses Vorhaben. Fortan sollte jährlich am Tag der Befreiung des Lagers Auschwitz der *International Day of Commemoration in Memory of the Victims of the Holocaust* zelebriert werden. In den Medien war die Rede von einem »Weltgedenktag« (Jüdische Allgemeine, 27.1. 2005, 2).

Abb. 13: Gastgeber des Stockholm International Forum on the Holocaust: der schwedische Ministerpräsident Göran Persson.

Dass der Holocaust nach dem Fall des Eisernen Vorhangs eine exponierte Bedeutung erhielt, war kein Zufall. Verschiedene Ereignisse in den Jahren vor der Stockholmer Konferenz hatten Einfluss auf die Genese dieses internationalen Referenzrahmens genommen. Dazu hatte schon 1979 die Entscheidung der UNESCO gezählt, Auschwitz zum »Weltkulturerbe« zu erklären. In den 1990er-Jahren war ein Boom entsprechender zeithistorischer Forschungen in Deutschland und den USA gefolgt, die detailliert den Verlauf des Judenmordes nachzeichneten und die dafür Verantwortlichen benannten. Studien betonten die Kollaboration anderer Länder mit dem NS-Staat und erklärten damit die Judenverfolgung zu einem europäischen Verbrechen. Ferner hatten diverse Filmproduktionen, vor allem *Schindlers Liste*, einen Beitrag zur Bewusstmachung dieses Großverbrechens geleistet. Aber auch neuere Skandale wie der Eklat über die Rolle der (bis dahin als unverdächtig gegoltenen) Schweizer Banken für den Raub an Juden während des Zweiten Weltkriegs hatten deutlich gemacht, dass die Beteiligung anderer Länder an deren Verfolgung und Ermordung größer war als bis dahin der Öffentlichkeit bekannt. In den USA war der Holocaust derweil durch die Einweihung des *Holocaust Memorial Museum* in Washington, D.C. im Jahr 1993 gleichsam in die Mitte der politischen Hauptstadt gerückt. Verantwortlich für dessen Bau war, dass bereits die jüdischen Gemeinden in den Jahrzehnten davor ihre Stimme erhoben und parallel zu den großen NS-Prozessen seit den 1960er-Jahren es erreicht hatten, den Holocaust und das Leid der Juden als gesellschaftliche Themen zu etablieren. Zugleich hatte sich das Ansehen des Holocaust-Überlebenden in der amerikanischen Gesellschaft gewandelt, der fortan als moralische Instanz galt (s. Eckel/Moisel 2008; Eder 2008). Überdies eignete sich der Holocaust, dessen Weg mitunter Intoleranz, Diskriminierung, Antisemitismus und Ideologie gepflastert hatten, zur Identifikation aufseiten unterschiedlicher Opfergruppen, die Ausgrenzungs- und Verfolgungserfahrungen machten.

Unabhängig von diesen spezifisch vergangenheitspolitischen Entwicklungen existierten weitere Gründe, die in Stockholm die Vertreter verschiedener Regierungen motiviert hatten, nach dem Top-down-Prinzip ein europäisches respektive globales Holocaust-Gedenken zu implementieren. In diesem Zusammenhang war die Wahrnehmung einer sich schnell verändernden Welt – und damit verbunden, die einer kontingenten Zukunft – bei einer gleichzeitigen globalen Verflechtung von Staaten bedeutend: Inmitten überraschender Umbrüche wie dem Mauerfall versuchten Regierungen, Unsicherheiten zu kompensieren, ihre Beziehungen zueinander zu stärken und eine Vorstellung davon zu entwickeln, was in Zukunft mit aller Kraft zu vermeiden sei. Dahinter stand der Rückblick auf das 20. Jahrhundert als »Jahrhundert der Gewalt«. Denn Schreckensnachrichten über grausame Gewaltakte rissen seinerzeit nicht ab: Die Medien berichteten über Massenmorde in Bosnien und Ruanda, während die historische Forschung, etwa mit Studien über das Gulag-System, die Befürchtung schürte, dass politische Gewalt, Massenmord und Genozid auch nach dem Zweiten Weltkrieg keineswegs der Vergangenheit angehören würden. So brachten Zeitungen in den USA Bosnien direkt in einen Zusammenhang mit dem Dritten Reich, indem sie von dortigen *Death Camps* berichteten. Die Fotografie eines ausgemergelten Mannes in einer Menge von Bosniaken hinter einem Stacheldraht ging um die Welt. Der britische *Daily Mirror* unterschrieb das Bild 1992 mit »Belsen 92. Horror of the new Holocaust«.

Dass überdies der Judenmord gerade in Deutschland zu einem Referenzpunkt der politischen Kultur avancierte, erklären Historiker unterschiedlich. Mit dem Mauerfall und dem Untergang der DDR sei, so lautet eine Interpretation, ein zentraler Bezugspunkt für die westdeutsche Identität weggefallen. Andere argumentieren, gerade weil Deutschland für zahlreiche Verbrechen – zunächst während des Nationalsozialismus, anschließend auf dem Gebiet der DDR – verantwortlich gewesen sei, verstehe man es als Pflicht, die Menschenwürde besonders zu achten und deshalb an den Holocaust zu erinnern. Wieder andere erklären sich die Exposition des Massenmordes an den Juden mit einem neuen deutschen Selbstbewusstsein, das sich aus der Tatsache speise, gleich zwei Diktaturen überwunden zu haben (s. Augstein 2002, 226–229).

Die Soziologen Daniel Levy und Natan Sznaider haben 2001 in ihrem viel beachteten Buch *Erinnerung im globalen Zeitalter* dargestellt, wie sich die Erinnerung von der »Ersten Moderne«, für die das Nationalstaatsdenken charakteristisch war, im Gegensatz zur »Zweiten Moderne«, die sich durch die »Entortung von Politik und Kultur« (9) auszeichne, veränderte. In dieser Zweiten Moderne, die durch große Unsicherheit im Zuge der Globalisierung geprägt sei, hätten die Menschen als Reaktion auf den Wegfall von überkommenen Orientierungshilfen und Gewissheiten versucht, neue »Solidaritätsformen« in Gestalt einer »Schicksalsgemeinschaft« (11, 14) zu schaffen, die darauf zielt, jenseits des Nationalstaates transnationale Verbindungen und Allianzen einzugehen. Infolgedessen sei der Holocaust von seinem historischen Kontext entkoppelt und zu einem Allgemeingut erklärt worden.

Abgesehen von der Implementierung eines gemeinsamen Gedenkens »von oben« besteht eine zweite Facette der Universalisierung des Holocaust in der Selbstaneignung dieses Verbrechens durch nicht-staatliche Akteure. Hierbei firmierte der Holocaust im ausgehenden 20. Jahrhundert als Chiffre für extreme Gewalt und Menschenrechtsverletzungen, deren Gebrauch automatisch öffentliche Aufmerksamkeit erzeugte. Nach dem Fall des Eisernen Vorhangs und dem Ende des Kolonialismus avancierte gleichzeitig die westdeutsche Wiedergutmachung als Reaktion auf den Judenmord weltweit zu einem Vorbild für den Umgang mit »historischem Unrecht« – einem Unrecht, dessen Folgen bis in die Gegenwart hinein reichen. Parallel dazu erfuhren Konzepte und Werte wie Demokratie und Rechtsstaatlichkeit eine globale Ausbreitung. Elazar Barkan, Direktor des Menschenrechtsinstituts an der Columbia University, attestierte sogar die Entstehung einer neuen internationalen Moral, die in den Aushandlungsprozessen zwischen Deutschen und Juden nach 1945 ihren Anfang genommen habe (Barkan 2002). Nicht nur in den USA, sondern in verschiedenen Ländern beanspruchten Opfer von Gewalt und Verfolgung nun die Anerkennung ihres Leids, Entschädigung und Restitution, darunter Frauen, die als Sexsklavinnen in Japan während des Zweiten Weltkriegs missbraucht worden waren oder diskriminierte indigene Gruppen, die auf universale Menschenrechte rekurrierten. Die internationale Inkorporation der deutschen NS-Vergangenheit zur Durchsetzung eigener politischer Interessen wurde zu einem Signum der Zeit.

Das Beispiel der Afroamerikaner in den USA verdeutlicht, wie im Zuge dieser Entwicklung Geschichte politisiert und instrumentalisiert wurde, um Anerkennung und Forderungen nach Entschädigung zu legitimieren: Zwar hatte die Thematisierung der NS-Verbrechen vonseiten afroamerikanischer Publizisten, aber auch einzelner Politiker wie Martin Luther King Jr., seit den 1930er-Jahren in den USA Tradition; mithilfe des Vergleichs zwischen Sklaverei und NS-Verfolgung suchte man den Schulterschluss zur Gruppe der Juden und wollte eine Opfergemeinschaft kreieren. In den 1980er-Jahren wandelte sich die Verwendung des Holocaust jedoch signifikant. Nun war die Rede von einem *Black Holocaust*, der grausamer gewesen sei als die Shoah.

Dezidiert versuchten Vertreter dieser These, sich von den Juden zu distanzieren; vielmehr seien gerade sie für die Gräuel der Sklaverei verantwortlich gewesen. Die Sklaverei wurde, beispielsweise von dem Historiker John Henrik Clarke, Professor an der City University of New York, als Folge eines globalen Kapitalismus interpretiert, von dem insbesondere die Juden profitieren wollten. Clarke setzte die Zahl der in den Vernichtungslagern Ermordeten mit den Opfern der Sklaverei gleich und leitete daraus eine Hierarchisierung dieser Unrechtstaten her. Auch die religiös-politische Organisation »Nation of Islam« kolportierte diese Deutung. In ihrer Publikation *Secret Relationship between Blacks and Jews* hieß es 1991:

> »Jews have been conclusively linked to the greatest criminal endeavor ever undertaken against an entire race of people – a crime against humanity – The Black Holocaust. They were participants in the entrapment and forcible exportation of millions of black African citizens into the wretched and inhuman life of bondage for the financial benefit of Jews« (zitiert nach Taylor 2017, 181).

Seit den 1990er-Jahren instrumentalisierte auch die Religiöse Rechte in den USA den Holocaust für ihre Zwecke. Man erklärte, dass insbesondere bei afroamerikanischen Frauen Abtreibungen durchgeführt werden würden. Erneut war die Rede von einem *Black Holocaust*. Dahinter, so die Theorie, verberge sich eine heimliche Bevölkerungs- beziehungsweise Genozidpolitik einer feindlich gesonnenen, »weißen« Elite.

Im Gegensatz zu diesen Instrumentalisierungen kann die Holocaust-Erinnerung in Südafrika nach dem Ende der Apartheid als ein konstruktives Beispiel der Selbstaneignung angeführt werden. Dort fungierten der Mord an den europäischen Juden sowie der spätere Umgang mit diesem Unrecht in der Bundesrepublik als Medium der Orientierung und Sinnstiftung. Dazu die Historikerin Shirli Gilbert (2017, 200 f.):

> »During the transition, the Holocaust was central to a wider process of creating consensual memory cultures with the aim of reconciliation and nation-building. [...] The Holocaust was also a means for the newly-elected

> government to stake out the moral high ground in the new political order, establishing its commitment to human rights and restoring the country's image on the international stage.«

Wenngleich auch in Südafrika der Bezug zum Nationalsozialismus eine bis in die 1940er-Jahre zurückreichende Geschichte besitzt – Rassismus-Gegner hatten seinerzeit auf die Politik des NS-Staates verwiesen –, stellten die Einrichtung von Holocaust-Museen (etwa in Kapstadt), die Etablierung einer *Holocaust Education* und die Übersetzung des Tagebuchs der Anne Frank in Afrikaans (die zu einem universalen Opfer von Rassismus und Menschenrechtsverletzung stilisiert wurde, um die Notwendigkeit von Toleranz zu unterstreichen) Phänomene der 1990er-Jahre dar. Die *Truth and Reconciliation Commission*, die antrat, um die Verbrechen während der Apartheid umfassend aufzuklären, verstand sich in der Tradition der Nürnberger Prozesse, die nach 1945 nicht Siegerjustiz zum Ziel hatten, sondern die Demokratisierung Nazi-Deutschlands. Währenddessen dienten die Museen und die sonstige pädagogische Arbeit der Vermittlung von Werten und demokratischen Prinzipien. Über den Umweg über die (fremde) deutsche Geschichte war es möglich, diese Inhalte zu vermitteln, ohne sofortige Assoziationen an die jüngste Geschichte des eigenen Landes zu wecken und dadurch innere Abwehr zu erzeugen.

Gleichwohl muss die Wirkmacht des Projektes einer gemeinsamen Holocaust-Erinnerung infrage gestellt werden, ebenso wie es gilt, den Anstoß für die Stockholmer Konferenz einer Kritik zu unterziehen. Denn die schwedischen Initiativen, die bereits 1998 mit der Gründung der *Task Force for International Cooperation on Holocaust Education, Remembrance and Research* (ITF) einsetzten, waren, wie der Politologe Jens Kroh 2008 zeigte, nicht ausschließlich moralisch oder pädagogisch motiviert. Vielmehr stand am Anfang einer tiefer gehenden Auseinandersetzung der schwedischen Regierung mit dem Holocaust ein entschieden politisches Eigeninteresse. Kroh konstatierte, dass der weltweit beachtete Schweizer-Banken-Skandal um 1996, genauer: das Handeln und die Äußerungen des Sonderbeauftragten der US-Regierung für Vermögensrückgabe in Mittel- und Osteuropa, Stuart Eizenstat, ausschlaggebend dafür waren, sich dem Dritten Reich zu widmen. Denn in seinem 1997 veröffentlichten Bericht nahm Eizenstat auch bislang von der Öffentlichkeit mit dem Nationalsozialismus nicht in direkte Verbindung gebrachte Staaten ins Visier, darunter auch Schweden. Einen Monat nach der Publikation des Eizenstat-Berichts kündigte der schwedische Premierminister Göran Persson eine Informationskampagne über den Judenmord an. Bald darauf erschien eine kostenlose Veröffentlichung über den Holocaust. Zugleich dienten die vergangenheitspolitischen Initiativen aber auch dazu, das gesellschaftliche Leben in Schweden direkt zu beeinflussen: Im Fahrwasser der *Holocaust Education* thematisierte die Regierung wachsende Probleme des eigenen Landes, nämlich Rechtsextremismus und Fremdenfeindlichkeit.

Zudem ist fraglich, inwiefern gemeinsame Vereinbarungen von Stockholm, wie die Einführung des »Holocaust-Gedenktages«, eine europäische beziehungsweise globale »Erinnerung« fördern. So konstatierte der Politikwissenschaftler und Zeithistoriker Harald Schmid (2008, 192): »Der formale Status und die konkrete Praxis des Gedenktages 27. Januar unterscheiden sich [...] beträchtlich.« Seine Analyse demonstriert, wie sehr sich das proklamierte europäische Gedenken oftmals in nationalen Kontexten bewegt.

Ein Beispiel für die Universalisierung der Erinnerung liefert indes Großbritannien, wo auf Tony Blairs Fürsprache hin erstmals am 27. Januar 2001 ein Gedenktag für die Opfer der NS-Herrschaft angesetzt wurde. Gleichzeitig war es Blair aber wichtig, auch an die Opfer anderer Verbrechen und Diskriminierungen zu erinnern. Folglich lud er zur Feierstunde in der Westminster Hall neben Überlebenden der nationalsozialistischen Lager auch Betroffene und Zeugen der Völkermorde in Ruanda, Kambodscha, Armenien, dem Kosovo und Bosnien ein, ebenso wie homosexuelle und behinderte Menschen. Auch in Dänemark, um ein zweites Beispiel anzuführen, zeichnete sich der »Holocaust-Gedenktag« durch einen entschiedenen pädagogischen Gegenwartsbezug aus. Ziel solle es sein, ließ die Regierung verkünden, mithilfe dieses Gedenkens Verantwortung für den Nächsten, Menschenrechte, Toleranz und die Demokratie zu fördern. Demgegenüber wiesen die Gedenktage in anderen Staaten stärkere Bezüge zur eigenen nationalen Geschichte auf, was sich allein in der Tatsache spiegelte, dass die dortigen Regierungen nicht den 27. Januar als Zeitpunkt der Feierlichkeiten ansetzten, sondern alternative Termine. In Lettland erinnert man beispielsweise mit dem 4. Juli an die Zerstörung der Synagoge in Riga 1941. Litauen entschied sich für den 23. September: An diesem Tag im Jahr 1943 begann dort mit der Auflösung des Ghettos in Vilnius die »Endlösung«. In Polen hat sich zwar der 27. Januar als Feiertag etabliert. Offizieller Gedenktag ist hingegen der Beginn des Aufstandes im Warschauer Ghetto (19. April 1943). Die Slowakei gedenkt jährlich am 9. September der Opfer des Holocaust. An diesem Tag waren 1941 zentrale antijüdische Verordnungen erlassen worden.

Zum Schluss bleibt für die Jahre nach dem Mauerfall festzuhalten, dass der NS-Diskurs maßgeblich von miteinander konkurrierenden Erinnerungen sowie dem Wunsch nach Orientierung und der Suche nach Sinnstiftung geprägt war. Fest steht ebenso: Gegenwärtig dient der Holocaust – als Ausdruck für »das Böse« schlechthin – als moralischer Schrittmacher politischer Systeme, um Verstöße gegen Demokratie und Menschenrechte zu bekämpfen, aber auch dazu, historisches Unrecht zu kompensieren. Auch als im Juni 2016 der Deutsche Bundestag die Massentötung von Armeniern im Osmanischen Reich um 1915 als »Völkermord« einstufte, geschah dies nicht ohne Seitenblick auf den Holocaust. So brandmarkte der Grünen-Politiker Cem Özdemir das Wegschauen des damaligen deutschen Reichskanzlers Theobald von Bethmann Hollweg und erklärte:

> »Liebe Kolleginnen und Kollegen, dass wir in der Vergangenheit Komplizen dieses furchtbaren Verbrechens geworden sind, darf nicht heißen, dass wir heute zu Komplizen der Leugner werden. Die Aufarbeitung der Schoah ist die Grundlage unseres demokratischen Deutschlands. Deshalb ist es Zeit, dass wir nun auch andere Verbrechen von früheren Vorläuferstaaten der

> Bundesrepublik Deutschland aufarbeiten. Darum will ich auch ausdrücklich den Völkermord an den Herero und Nama erwähnen. Auch dieser Völkermord wartet darauf, aufgearbeitet zu werden.« (BT-Plenarprotokolle, 18. WP., 173. Sitzung, 2.6.2016, 17033 B–C)

Insgesamt ist deutlich geworden: Der Holocaust hat die innerdeutsche Auseinandersetzung mit dem Dritten Reich längst verlassen. Im Europa des 21. Jahrhunderts firmiert die Erinnerung an ihn als politischer Auftrag. »Auschwitz« gilt in diesem Kontext als Antithese eines gemeinsamen zivilgesellschaftlichen Wertekanons.

Ausblick

2020 jährte sich zum 100. Mal die Gründung der NSDAP in München (24. Februar 1920). In wenigen Jahren wird dies ebenfalls auf die »Machtergreifung« – und damit auf den Beginn der nationalsozialistischen Herrschaft – zutreffen. Wohl die wenigsten Deutschen hätten 1945, unmittelbar nach dem Untergang des »Führerstaats« prognostiziert, dass ihre Geschichte nach Hitler noch viele Kapitel schreiben werde. Vor diesem Hintergrund ist es umso erstaunlicher, dass die Beschäftigung mit der NS-Zeit bis heute anhält.

In der Gesamtschau präsentiert sich die Nachgeschichte der nationalsozialistischen Verfolgung und Vernichtung von Millionen von Menschen als komplex und dynamisch. Während einige Konstanten herausstechen – vor allem das Ziel, Deutschland zu demokratisieren, aber auch die Tatsache, dass dessen Auseinandersetzung mit dem geschehenen Unrecht wiederholt auf trans- und internationale Impulse reagierte –, wandelten sich in den Dekaden nach dem Zweiten Weltkrieg sowohl die Träger des NS-Diskurses als auch ihre Motive und Ordnungsentwürfe. Aber auch die Diskussionen über das Dritte Reich selbst haben sich im Laufe der Jahrzehnte verändert: Während sich in der unmittelbaren Nachkriegszeit ein früher Opfer-Diskurs etablieren konnte, der seit den 1960er-Jahren durch einen Täter-Diskurs abgelöst wurde, dominiert gegenwärtig ein global ausgerichteter, universaler Menschenrechtsdiskurs.

Gewiss entwickelten sich die einstigen »Volksgenossen« nicht über Nacht zu Vorzeigedemokraten. Maßgebliche Impulse von außen waren nötig, um Wandlungsprozesse zu initiieren. Deswegen kann die Konfrontation der Bevölkerung mit dem Nationalsozialismus auch nur schwerlich als rein nationales Phänomen beschrieben werden. Während diskriminierende Einstellungen gegenüber bestimmten Gruppen respektive die Prägekraft der NS-Propaganda jahrelang die Demokratisierung in beiden deutschen Staaten hemmten, rissen gleichzeitig transnationale Einflüsse auf die ost- und westdeutsche Vergangenheitspolitik nicht ab. Erinnert sei an dieser Stelle an die Entschädigungsverhandlungen der Bundesrepublik mit dem Staat Israel in der unmittelbaren Nachkriegszeit, die permanente wechselseitige Beobachtung der beiden »Systemgegner«, die Sammelklagen in den 1990er-Jahren in den USA gegen deutsche Großfirmen, die Zwangsarbeiter »beschäftigt« hatten, und zuletzt die Stockholmer Holocaust-Konferenz, die nationale Gedenkkulturen in einen europäischen Kontext überführte und die Shoah zum Gegenstand einer gemeinsamen Geschichte erklärte.

Unmittelbar vor und nach dem Beginn der Zweistaatlichkeit wurde der Umgang der Deutschen mit der jüngsten Vergangenheit einerseits von den alliierten Siegern, andererseits von wenigen Opfern des NS-Terrors angestoßen. Maßnahmen wie die Entnazifizierung oder die Strafverfolgung der Täter trafen dabei auf eine

Gesellschaft, die sich mehrheitlich selbst als »postdiktatorisch« verstand – der »Führer« und seine Entourage wurden zu den Hauptschuldigen an sämtlichen Massenverbrechen erklärt. Was diese Ereignisse bis 1949 verband, waren Versuche, die ehemalige »Volksgemeinschaft« zu demokratisieren. Obgleich diese Versuche sowohl von »außen« als auch von »innen«, also von Deutschen selbst, an die Bevölkerung herangetragen wurden, war ihre Wirkung begrenzt. Verantwortlich dafür waren mitunter die internationalen Rahmenbedingungen vor dem Hintergrund des auflodernden Kalten Krieges, die die Durchschlagskraft des westalliierten Projekts einer umfassenden *Reeducation* beschränkten, sowie eine sich in »Täter« und »Opfer« spaltende Gesellschaft, in der sich wiederum die große Gruppe der NS-Verfolgten in miteinander um Anerkennung konkurrierende Untergruppen ausdifferenzierte.

Während in der DDR das Gedenken an die Hitler-Zeit von der ersten Minute an (und bis zur letzten) einen politisch-instrumentellen Charakter besaß, präsentierten sich die vergangenheitspolitischen Entwicklungen in Westdeutschland nach 1949 ungleich vielschichtiger. Spätestens seit den 1950er-Jahren setzten sich einzelne Politiker, die mit Fragen der Wiedergutmachung betraut worden waren, mit den NS-Verbrechen auseinander. Ferner markierte die Geburt der Zeitgeschichtsschreibung in München den Beginn der wissenschaftlichen Aufklärung über das Dritte Reich. Einige Jahre danach gelangte die NS-Vergangenheit in Gestalt international beachteter Prozesse gegen die Exekutoren der »Endlösung« in eine breite Öffentlichkeit. Daraufhin machte sich eine neue Trägergruppe die Auseinandersetzung mit den verübten Verbrechen zur Aufgabe: Erschüttert über die Enthüllungen von »Jerusalem« oder »Frankfurt« wollte nun zunehmend mehr über das Dritte Reich erfahren, wer damals noch zu jung gewesen war, um in dessen Verbrechen verstrickt gewesen zu sein, oder erst nach 1945 geboren wurde. Des Weiteren meldeten sich aufgrund der anhaltenden Thematisierung des Nationalsozialismus in den 1980er-Jahren Opfer öffentlich zu Wort, die bis dahin politisch und sozial marginalisiert worden waren. Mit dem Mauerfall veränderte sich abermals die Gruppe der Promotoren. Im ausgehenden 20. Jahrhundert war es die Politik, die die Erinnerung an den »Führerstaat« normierte, und zwar zunächst die nationale, seit »Stockholm« dann auch die internationale.

Überdies haben sich seit 1945 die mit vergangenheitspolitischen Interventionen einhergehenden gesellschaftlichen Ordnungsentwürfe gewandelt: Hatte unmittelbar nach dem Ende des Zweiten Weltkriegs die Demokratisierung der Deutschen im Zentrum gestanden, so diente nach der Gründung beider deutscher Staaten der Umgang mit dem Dritten Reich der jeweiligen Systemkonsolidierung: Nach der Besatzungszeit und inmitten des Kalten Kriegs genoss in der Bundesrepublik und in der DDR die Stabilisierung der politischen Ordnung Vorrang vor einem kritischen Umgang mit Hitler. Wer seinerzeit die Vergangenheit in Regierungskreisen zur Sprache brachte, tat dies zumeist aus politischer Notwendigkeit, das heißt, zur Stärkung der gesellschaftlichen und politischen Ordnung. Danach, und zwar bis zum Fall des Eisernen Vorhangs, zielte die Auseinandersetzung mit dem Nationalsozialismus im Westen erneut auf die Werteerziehung der Deutschen. Dieses Mal jedoch in Form der *Selbst*demokratisierung: Erst der kritische Umgang mit dem NS-Staat, so die Annahme, ermögliche der Bundesrepublik die Herausbildung von Rechtsstaatlichkeit und einer soliden Demokratie. Dieser moralisch-pädagogische Impetus, der eine Zukunft in Frieden und Freiheit anstrebte, fand nach 1989/90 seine Fortsetzung, nun allerdings nicht länger nur im nationalen, sondern im internationalen Raum. Wie rezente Studien zur Wirkmacht einer europäischen Holocaust-Erinnerung allerdings zeigen, existieren trotz dieses transnationalen Referenzrahmens weiterhin starke nationale Prägungen bezüglich des Gedenkens und der Aufklärung.

Damit ist diese Darstellung in der Gegenwart angekommen. Wie aber könnte sich die Nachgeschichte des Dritten Reiches fortschreiben? Über die »Zukunft der Erinnerung« ist seit den 1990er-Jahren, in denen der »Abschied von der Zeitgenossenschaft« (Norbert Frei) zunehmend Realität wurde, oft diskutiert worden. Nichtsdestotrotz sollen an dieser Stelle vor dem Hintergrund der jüngsten Entwicklungen einige Annahmen formuliert werden. Eines lässt sich dabei mit Gewissheit sagen: Die Vermittlung der NS-Verbrechen sieht sich im 21. Jahrhundert mit neuen Herausforderungen konfrontiert.

Erstens ist inzwischen eingetreten, was seit langem unaufhaltbar war: Das Ableben der Opfer des Nationalsozialismus markiert einen Wandel in der »zweiten Geschichte« des Dritten Reiches. Zwar war es 2019 noch möglich, mit Saul Friedländer einen Holocaust-Überlebenden (und Historiker) als Gastredner für den Gedenktag am 27. Januar zu gewinnen. In Zukunft jedoch wird die persönliche Begegnung mit Verfolgten, vor allem im Rahmen der politischen Bildung, wegfallen. Gleichzeitig tritt die mediale Vermittlung von Geschichte durch Fernsehdokumentationen oder das Internet in Konkurrenz zu den emotionalisierenden Erzählungen der Zeitzeugen und Zeitzeuginnen. Unbestritten dürfte sein, dass die neuen Medien die bundesdeutsche Erinnerungskultur beeinflussen. Die Kommunikationswissenschaftlerin Dörte Hein (2011, 166) fragt angesichts dieser Wandlungsprozesse sogar: »Ist die Zukunft des Erinnerns virtuell?« Für Pädagogen und Didaktiker bedeutet dies, Strategien zu entwickeln, um diese Medien im Rahmen der politischen Bildung sinnvoll einzusetzen.

Zweitens spricht einiges dafür, dass sich in einer Welt ohne Vetomöglichkeit der NS-Verfolgten die Politik zum zentralen Sprachrohr des Vergangenheitsdiskurses erheben wird. Erst 2015 bekräftigten die Teilnehmer und Teilnehmerinnen der Stockholmer Holocaust-Konferenz erneut ihr Ziel, einen gemeinsamen Erinnerungsraum zu schaffen. Nach wie vor wurde dabei dem Massenmord an den Juden eine »universale Bedeutung« zugesprochen. Sieben Jahre zuvor hatte die 1998 auf Initiative des schwedischen Ministerpräsidenten Göran Persson gegründete *International Holocaust Remembrance Alliance* (IHRA) ihren permanenten Sitz in Berlin bezogen. Mit anderen Worten: Das europäische beziehungsweise globale Gedenken an die NS-Zeit hat sich endgültig institutionalisiert. Folglich könnte sich die politische Normierung des Gedenkens in den nächsten Jahren fortsetzen.

In diesem Zusammenhang ist ferner anzunehmen, dass, parallel zu Formen nationaler Erinnerungen, die Universalisierung des Holocaust thematisch weiter ausgreift – und damit die inhaltliche Verflachung einer öffentlichen Auseinandersetzung mit der NS-Zeit vorangetrieben wird. Ziel einer solchen Auseinandersetzung sollte jedoch sein, die Entstehungsbedingungen von Unrecht und Gewalt zu ergründen. Schon jetzt wird deutlich, dass der Holocaust, verstanden als abschreckendes Beispiel historischer Entwicklungen, gleichsam als ein »Allheilmittel« firmiert, mit dessen Hilfe sich jedwede Form von Gewalt präventiv eindämmen lasse. So weitete der Historiker Yehuda Bauer (2015, 16 f.) jüngst dessen didaktisches »Anwendungsgebiet« noch einmal aus, als er nicht nur auf genozidale Gewalt, sondern auf den internationalen Terrorismus und religiöse Extremisten verwies:

> »There is a parallel between radical Islam, Stalinist communism, and National Socialism. [...] The Holocaust is not the past; seventy years is a very short time in historical terms, and all the conditions that surrounded the Holocaust are still there. The Holocaust is the present [...].«

Sollten die politische Normierung und die Universalisierung des Holocaust anhalten, kann ferner nicht ausgeschlossen werden, dass sie Auswirkungen auf die historische Forschung beziehungsweise die Finanzierung von Forschungsprojekten haben. Demnach könnten Studien, die Bezüge zur Gegenwart herstellen, größere Chancen auf die Vergabe von Mitteln haben, als solche, die sich ausschließlich mit der Rekonstruktion und Erklärung historischer Ereignisse befassen. Aus förderungspolitischen Gründen besteht insofern die Gefahr für Wissenschaftler und Wissenschaftlerinnen, Wechselbeziehungen und Vergleiche zu konstruieren, wo im Grunde keine sind.

Drittens dürfte der Stellenwert der schon erwähnten *Holocaust Education* zunehmen, worunter die Auseinandersetzung mit der Ermordung der europäischen Juden zu verstehen ist, was allerdings andere vom NS-Staat verfolgte Opfergruppen nicht ausschließt und ebenso wenig eine Aufrechnung von Leid impliziert (s. Ballis/

Gloe 2019, 4). Dafür spricht bereits die Tatsache, dass jene Moral- und Werteerziehung, die in Deutschland nach 1945 einsetzte, um den Widerstand gegen Rassismus und Antisemitismus zu stärken, 1998 in Schweden in Gestalt einer internationalen Task Force politisch und institutionell fest verankert wurde. Damit hat das Postulat einer »Erziehung nach Auschwitz« (Adorno) die Grenzen der Bundesrepublik verlassen. So konstatiert die UNESCO, *Holocaust Education* diene dazu, Menschen zu verantwortungsvollen »Weltbürgern« zu erziehen: Die Rede ist auch von einer *Global Citizenship Education*. Des Weiteren erscheint aufgrund von Berichten über antisemitisch motivierte Straftaten in Deutschland (für das Jahr 2018 registrierte das Bundesinnenministerium 1 799 solcher Fälle) und über das Nichtwissen deutscher Schüler und Schülerinnen die Förderung der *Holocaust Education* als zwingende Notwendigkeit. 2017 warnte *Die Zeit*: »Vier von zehn Schülern wissen nicht, wofür Auschwitz steht.«

Auch die Wissenschaftlichen Dienste des Deutschen Bundestages identifizierten 2018 in ihrem Dossier *Die Verankerung des Themas Nationalsozialismus im Schulunterricht in Deutschland, Österreich, Polen und Frankreich* eklatante Defizite in der politischen Bildung junger Bundesbürger und -bürgerinnen. Dazu zählen die Reduzierung der Unterrichtsstunden für das Thema Nationalsozialismus sowie eine Stärkung der Sachkompetenz der Lernenden, nicht aber deren Urteils- und Handlungskompetenz. Daneben, so referiert das Dossier die Inhalte didaktischer Untersuchungen, erhalte im Vergleich zum Jahr 2006 »der Nationalsozialismus eine geringere historische Bedeutung und werde kaum noch als singulär beschrieben«. Eine jüngere Untersuchung komme zu dem Ergebnis, »dass sich aus den Lehrplänen insgesamt ›der Eindruck eines verbrecherischen Staates ohne eigentliche Handlungsträger ergebe‹. Dieses Bild habe sich seit acht Jahren nicht verändert. Während Täter oder Täterorganisationen nur sehr selten thematisiert würden, werde der deutschen Bevölkerung eine auffällig passive Rolle zugeordnet; in nur sechs Bundesländern werde die Mehrheit der Deutschen in den Lehrplänen als Mitläufer bezeichnet. Den verbrecherischen Organisationen des Nationalsozialismus werde sich nur vereinzelt gewidmet« (Wissenschaftliche Dienste des Deutschen Bundestages 2018, 10).

Die Vermittlung von Sach-, Urteils- und Handlungskompetenzen am Beispiel des Dritten Reiches wird im 21. Jahrhundert zusätzlich durch die wachsende soziale Heterogenität der Gesellschaft verkompliziert. Claus Leggewie und Erik Meyer haben bereits 2005 spekuliert, dass Migration und kulturelle Diversifizierung die öffentliche Auseinandersetzung mit dem Nationalsozialismus verändern werden. Geschichte und das Gedenken an historische Ereignisse würden »nicht mehr Eigentum einer ethnisch-nationalen Gruppe bleiben« und folglich würde »Geschichtsbewusstsein nicht mehr, wie es eine (auch kritische) Nationalerziehung seit Jahrhunderten behauptet, stets von der (eigenen) Gemeinschaft her entworfen« (Leggewie/Meyer 2005, 342). »Anders als die Erinnerung von Ethnien, die sich als Schicksalsgemeinschaft betrachten«, erklärten die Autoren, »müssen transkulturelle Erinnerungskulturen per se multi-perspektivisch und offen-kontrovers angelegt sein«. Jüngst kam auch Christina Isabel Brüning in ihrer Dissertation aus dem Bereich *Public History* zu dem Ergebnis, »dass ein deutschnationales Narrativ in unserer hybridkulturellen Gesellschaft ausgedient hat. Es ist deutlich zu wenig anknüpfungsfähig für Identitäten und die Übernahme von Verantwortung in der Gestaltung gegenwärtiger und zukünftiger Erinnerungskulturen.« Brüning fordert eine Perspektive, »in der die Nation selbst als zeitgeschichtliche Kategorie historisiert und als Konstrukt dekonstruiert wird, um daran gemeinschaftsstiftende wie auch exkludierende Strukturen aufzeigen zu können« (Brüning 2018, 373). Damit sind einige Aufgaben für eine zukünftige *Holocaust Education* benannt.

Überdies scheint es im 21. Jahrhundert geboten, die Inhalte der politischen Bildung zu modernisieren, das heißt, sie den Ergebnissen der rezenten Forschung anzupassen. Harald Welzer (2011, 177) hat gefordert, weniger auf eine Identifizierung mit den Opfern abzuheben als vielmehr das Verhalten der Täter in modernen Gesellschaften zu thematisieren:

> »Wenn der Holocaust nicht aus Mangel an Zivilcourage, sondern als ein in breiten Teilen der Bevölkerung zustimmungsfähiges Projekt zustande gekommen ist, liegt darin die Herausforderung, in der Gegenwart die Potentiale für antisoziales Verhalten, für die Aufweichung rechtsstaatlicher Prinzipien, für gegenmenschliche Praktiken wahrzunehmen. Dann aber wäre Erinnerung nicht museal und identifikatorisch, sondern gegenwärtig, reflexiv und politisch.«

Tatsächlich macht es aus der Perspektive einer Pädagogik, deren Ziel die Förderung von Zivilcourage und Demokratie ist, Sinn, in der Beschäftigung mit dem Dritten Reich neue Akzente zu setzen. Der Verweis auf die Taten nach 1933 kann sicherlich ausreichend emotionalisieren, um die Bereitschaft für die individuelle Auseinandersetzung mit dem Nationalsozialismus zu fördern. Allerdings sollte die Vermittlung der NS-Zeit sich nicht darauf beschränken. Welzer schlägt daher zu Recht vor, die Herstellung von Exklusions- und Tötungsbereitschaft in derartigen »Ausgrenzungsgesellschaften« zu analysieren und Erklärungen zu diskutieren, die normative Wandlungsprozesse in sozialen Systemen beinhalten. Des Weiteren müsse über »Konzepte partikularer Verantwortungsstärkung nachgedacht werden« (Welzer 2011, 177), denn die Förderung universaler Moralvorstellungen könne situativer Gewalt in hochgradig arbeitsteiligen modernen Gesellschaften nicht hinreichend präventiv begegnen.

Letztlich jedoch bleibt abzuwarten, wie sich die Auseinandersetzung mit dem Nationalsozialismus in Zukunft entwickeln wird. Deren Qualität wird sich daran messen lassen müssen, inwieweit es ihr gelingt, verschiedene gesellschaftliche sowie nationale und internationale Bedürfnisse sinnvoll auszutarieren. Dabei wäre zum einen zu wünschen, dass der öffentlich-politische und didaktische Drang nach Gegenwartsbezügen den entschiedenen Blick auf die historischen Ereignisse und das zwischen 1933 und 1945 begangene Unrecht nicht verwässert. Zum anderen ist zu hoffen, dass in diesem Kontext Fragen nach dem »Wie?« und dem »Warum?« auch weiterhin mit Nachdruck gestellt werden.

Abkürzungsverzeichnis

ABC	American Broadcasting Company
ADE	Ausschuß für Deutsche Einheit
AfD	Alternative für Deutschland
AKG	Allgemeines Kriegsfolgengesetz
ARD	Arbeitsgemeinschaft der öffentlich-rechtlichen Rundfunkanstalten der Bundesrepublik Deutschland
BEG	Bundesentschädigungsgesetz
BEG-SG	Bundesentschädigungs-Schlussgesetz
BErG	Bundesergänzungsgesetz
BGH	Bundesgerichtshof
BRD	Bundesrepublik Deutschland
BRüG	Bundesrückerstattungsgesetz
BT	Bundestag
BWGöD	Gesetz zur Regelung der Wiedergutmachung nationalsozialistischen Unrechts für Angehörige des öffentlichen Dienstes
CDU	Christlich Demokratische Union
CSU	Christlich-Soziale Union in Bayern e. V.
DDR	Deutsche Demokratische Republik
DEFA	Deutsche Film AG
DGB	Deutscher Gewerkschaftsbund
DGPN	Deutsche Gesellschaft für Psychiatrie und Nervenheilkunde
DGSP	Deutsche Gesellschaft für Soziale Psychiatrie
DHM	Deutsches Historisches Museum
DIZ	Deutsches Institut für Zeitgeschichte der DDR
DM	Deutsche Mark
DVU	Deutsche Volksunion
FAZ	Frankfurter Allgemeine Zeitung
FDP	Freie Demokratische Partei

Gestapo	Geheime Staatspolizei
IfZ	Institut für Zeitgeschichte
IG	Interessengemeinschaft
IHRA	International Holocaust Remembrance Alliance
IM	Inoffizieller Mitarbeiter
IMT	International Military Tribunal
ITF	Task Force for International Cooperation on Holocaust Education, Remembrance and Research
JCS	Joint Chiefs of Staff
JTC	Jewish Trust Company
KdF	Kraft durch Freude
KL	Konzentrationslager
KPD	Kommunistische Partei Deutschlands
KZ	Konzentrationslager
MfS	Ministerium für Staatssicherheit der DDR
NATO	North Atlantic Treaty Organization
NBC	National Broadcasting Company
NMT	Nuernberg Military Tribunals
NS	Nationalsozialismus, nationalsozialistisch
NSDAP	Nationalsozialistische Deutsche Arbeiterpartei
OdF	Opfer des Faschismus
Pg	Parteigenosse
RSHA	Reichssicherheitshauptamt
SA	Sturmabteilung
SBZ	Sowjetische Besatzungszone
SD	Sicherheitsdienst des Reichsführers SS
SDS	Sozialistischer Deutscher Studentenbund
SED	Sozialistische Einheitspartei Deutschlands
SMAD	Sowjetische Militäradministration in Deutschland
SPD	Sozialdemokratische Partei Deutschlands
SRP	Sozialistische Reichspartei
SS	Schutzstaffel
Stasi	Ministerium für Staatssicherheit der DDR
StGB	Strafgesetzbuch
taz	die Tageszeitung

u. a.	unter anderem
UdSSR	Union der Sozialistischen Sowjetrepubliken
UNECSO	United Nations Educational, Scientific and Cultural Organization
US	United States
USA	United States of America
USEG	US-Entschädigungsgesetz
USREG	Amerikanisches Militärregierungsgesetz Nr. 59 (Rückerstattungsgesetz)
VdN	Verfolgter des Naziregimes
VVN	Vereinigung der Verfolgten des Naziregimes
WP	Wahlperiode
ZDF	Zweites Deutsches Fernsehen
ZK	Zentralkomitee der SED

Literaturverzeichnis

Adenauer, Konrad: Erinnerungen 1945–1953, Stuttgart 1965.

Adorno, Theodor W.: Was bedeutet: Aufarbeitung der Vergangenheit, in: Adorno, Theodor W.: Eingriffe. Neun kritische Modelle, 7. Auflage, Frankfurt am Main 1971, 125–146.

Adorno, Theodor W.: Offener Brief an Hochhuth, in: Tiedemann, Rolf (Hg.): Noten zur Literatur, Band 11, Frankfurt am Main 1974, 137–146.

Arendt, Hannah: Eichmann in Jerusalem. Ein Bericht von der Banalität des Bösen, 4. Auflage, München 1976.

Arendt, Hannah: Besuch in Deutschland. Aus dem Amerikanischen von Eike Geisel, Berlin 1993.

Augstein, Franziska: Deutschland, in: Knigge, Volkhard/Frei, Norbert (Hg.): Verbrechen erinnern. Die Auseinandersetzung mit Holocaust und Völkermord, München 2002, 221–232.

Baader, Gerhard/Schultz, Ulrich (Hg.): Medizin und Nationalsozialismus. Tabuisierte Vergangenheit – Ungebrochene Tradition? Dokumentation des Gesundheitstages Berlin 1980, Band 1, Berlin 1980.

Bajohr, Frank: Trends der Holocaustforschung seit den 1990er-Jahren. Errungenschaften, Wandel, Probleme und Herausforderungen, in: Geschichte in Wissenschaft und Unterricht 70 (2019), 485–496.

Ballis, Anja/Gloe, Markus: Von der »-Losigkeit«. Überlegungen zur Theorie einer Vermittlung von Holocaust und NS-Verbrechen, in: Ballis, Anja/Gloe, Markus (Hg.): Holocaust Education Revisited. Wahrnehmung und Vermittlung, Fiktion und Fakten, Medialität und Digitalität, Wiesbaden 2019, 3–20.

Barkan, Elazar: Völker klagen an. Eine neue internationale Moral, aus dem Amerikanischen von Axel Monte, Düsseldorf 2002.

Bartholomei, Lukas: Bilder von Schuld und Unschuld. Spielfilme über den Nationalsozialismus in Ost- und Westdeutschland, Münster 2015.

Bauer, Fritz: Im Namen des Volkes. Die strafrechtliche Bewältigung der Vergangenheit, in: Hammerschmidt, Helmut (Hg.): Zwanzig Jahre danach. Eine deutsche Bilanz 1945–1965, München, Wien, Basel 1965, 301–314.

Bauer, Yehuda: Is the IHRA relevant?, in: International Holocaust Remembrance Alliance (Hg.): Marking 15 years of the Stockholm Declaration 2000–2015, Berlin 2015, 15–17.

Bauman, Zygmunt: Dialektik der Ordnung. Die Moderne und der Holocaust, Hamburg 1992.

Bender, Peter: Deutsche Parallelen. Anmerkungen zu einer gemeinsamen Geschichte zweier getrennter Staaten, Berlin 1989.

Berg, Nicolas: Der Holocaust und die westdeutschen Historiker. Erforschung und Erinnerung, 3. durchgesehene Auflage, Göttingen 2004.

Bingen, Dieter/Troebst, Stefan/Borodziej, Wlodzimierz: Erklärung zum internationalen wissenschaftlichen Kolloquium »Ein europäisches Zentrum gegen Vertreibungen. Historische Erfahrungen – Erinnerungspolitik – Zukunftskonzeptionen«, Darmstadt, 5. bis 7. Dezember 2002, in: Zeitschrift für Geschichtswissenschaft 51 (2003), 102–104.

Bloxham, Donald: »Nürnberg« als Prozess. IMT, NMT und institutionelle Lerneffekte, in: Priemel, Kim C./Stiller, Alexa (Hg.): NMT. Die Nürnberger Militärtribunale zwischen Geschichte, Gerechtigkeit und Rechtschöpfung, Hamburg 2013, 493–524.

Bösch, Frank: Film, NS-Vergangenheit und Geschichtswissenschaft. Von »Holocaust« zu »Der Untergang«, in: Vierteljahrshefte für Zeitgeschichte 55 (2007), Heft 1, 1–32.

Braese, Stephan/Gehle, Holger/Kiesel, Doron/Loewy, Hanno (Hg.): Deutsche Nachkriegsliteratur und der Holocaust, Frankfurt am Main, New York 1998.

Brenneisen, Marco: Das Konzentrationslager Mannheim-Sandhofen im Spiegel der Öffentlichkeit. Die Rezeptionsgeschichte eines KZ-Außenlagers, Marburg 2011.

Brink, Cornelia: Zwangseinweisungen in die Psychiatrie, in: Herbert, Ulrich (Hg.): Wandlungsprozesse in Westdeutschland. Belastung, Integration, Liberalisierung 1945–1980, Göttingen 2002, 467–507.

Broszat, Martin: Der Staat Hitlers. Grundlegung und Entwicklung seiner inneren Verfassung, München 1969.

Broszat, Martin: Hitler und die Genesis der »Endlösung«. Aus Anlaß der Thesen von David Irving, in: Vierteljahrshefte für Zeitgeschichte 25 (1977), 737–775.

Broszat, Martin: »Holocaust« und die Geschichtswissenschaft, in: Vierteljahrshefte für Zeitgeschichte 27 (1979), 285–298.

Browning, Christopher R.: Ganz normale Männer. Das Reserve-Polizeibataillon 101 und die »Endlösung« in Polen, Reinbek bei Hamburg 1993.

Brüning, Christina Isabel: Holocaust Education in der heterogenen Gesellschaft. Eine Studie zum Einsatz videographierter Zeugnisse von Überlebenden der nationalsozialistischen Genozide im Unterricht, Frankfurt am Main 2018.

Chaumont, Jean-Michel: Die Konkurrenz der Opfer. Genozid, Identität und Anerkennung, Lüneburg 2001.

Cornelißen, Christoph: Erinnern in Europa, in: Bundeszentrale für politische Bildung (Hg.): Dossier Geschichte und Erinnerung, Bonn 2011, 157–159.

Dörner, Klaus u. a. (Hg.): Der Krieg gegen die psychisch Kranken. Nach »Holocaust«. Erkennen – Trauern – Begegnen, 2. Auflage mit einem Vorwort von Klaus Dörner, Bonn, Frankfurt am Main 1989.

Drobisch, Klaus/Goguel, Rudi: Juden unterm Hakenkreuz. Verfolgung und Ausrottung der deutschen Juden 1933–1945, Berlin 1973.

Drobisch, Klaus: Über den Terror und seine Institutionen in Nazideutschland, in: Eichholtz, Dietrich/Gossweiler, Kurt (Hg.): Faschismusforschung. Positionen, Probleme, Polemik, Köln 1980, 157–179.

Dubiel, Helmut: Niemand ist frei von der Geschichte. Die nationalsozialistische Herrschaft in den Debatten des Deutschen Bundestages, München, Wien 1999.

Eckel, Jan/Moisel, Claudia: Einleitung, in: Eckel, Jan/Moisel, Claudia (Hg.): Universalisierung des Holocaust? Erinnerungskultur und Geschichtspolitik in internationaler Perspektive, Göttingen 2008, 9–25.

Eder, Jacob S.: Holocaust-Erinnerung als deutsch-amerikanische Konfliktgeschichte. Die bundesdeutschen Reaktionen auf das United States Holocaust Memorial Museum in Washington, D.C., in: Eckel, Jan/Moisel, Claudia (Hg.): Universalisierung des Holocaust? Erinnerungskultur und Geschichtspolitik in internationaler Perspektive, Göttingen 2008, 109–134.

Eder, Jacob S.: Holocaust Angst. The Federal Republic of Germany & American Holocaust Memory since the 1970s, Oxford 2016.

Eichholtz, Dietrich/Gossweiler, Kurt (Hg.): Faschismusforschung. Positionen, Probleme, Polemik, Köln 1980.

Eichholtz, Dietrich/Gossweiler, Kurt: Einleitung, in: Eichholtz, Dietrich/Gossweiler, Kurt (Hg.): Faschismusforschung. Positionen, Probleme, Polemik, Köln 1980, 13–18.

Elm, Michael: Zeugenschaft im Film. Eine erinnerungskulturelle Analyse filmischer Erzählungen des Holocaust, Berlin 2008.

Eschwege, Helmut/Zweig, Arnold/Goguel, Rudi/Drobisch, Klaus (Hg.): Kennzeichen J. Bilder, Dokumente, Berichte zur Geschichte der Verbrechen des Hitlerfaschismus an den deutschen Juden 1933–1945, Berlin 1966.

Faulenbach, Bernd: Konkurrenz der Vergangenheiten? Die Aufarbeitung des SED-Systems im Kontext der Debatte über die jüngere deutsche Geschichte, in: Stephan, Annegret (Hg.): 1945 bis 2000. Ansichten zur deutschen Geschichte, Zehn Jahre Gedenkstätte Moritzplatz Magdeburg für die Opfer politischer Gewaltherrschaft 1945 bis 1989, Opladen 2002, 17–32.

Faulenbach, Bernd: Deutsche Erinnerungsgesellschaft Ost und West seit 1989/90, in: Cornelißen, Christoph/Holec, Roman/Pesek, Jiri (Hg.): Diktatur – Krieg – Vertreibung. Erinnerungskulturen in Tschechien, der Slowakei und Deutschland seit 1945, für die Deutsch-Tschechische und Deutsch-Slowakische Historikerkommission, Essen 2005, 453–471.

Fest, Joachim: Hitler. Eine Biographie, Frankfurt am Main, Berlin, Wien 1973.

Franzen, K. Erik: In der Mitte der Erinnerung. Anmerkungen zur Funktion eines Opferdiskurses, in: Zeitschrift für Geschichtswissenschaft 51 (2003), Heft 1, 49–53.

Frei, Norbert: Vergangenheitspolitik. Die Anfänge der Bundesrepublik und die NS-Vergangenheit, München 1996.

Frei, Norbert: Der Frankfurter Auschwitz-Prozeß und die deutsche Zeitgeschichtsforschung, in: Fritz Bauer Institut (Hg.): Auschwitz. Geschichte, Rezeption und Wirkung, Frankfurt am Main, New York 1996, 123–138.

Frei, Norbert: Vergangenheitspolitik. Die Anfänge der Bundesrepublik und die NS-Vergangenheit, 2. durchgesehene Auflage, München 1997.

Frei, Norbert: 1989 und wir? Eine Vergangenheit zwischen »Erinnerungskultur« und Geschichtsbewußtsein, in: Frei, Norbert: 1945 und wir. Das Dritte Reich im Bewußtsein der Deutschen, erweiterte Taschenbuchausgabe, München 2005, 7–21.

Frei, Norbert: 1968. Jugendrevolte und globaler Protest, München 2008.

Frei, Norbert/Maubach, Franka/Morina, Christina/Tändler, Maik: Zur rechten Zeit. Wider die Rückkehr des Nationalismus, 2. Auflage, Berlin 2019.

Freimüller, Tobias: Alexander Mitscherlich. Gesellschaftsdiagnosen und Psychoanalyse nach Hitler, Göttingen 2007.

Friedländer, Saul: Martin Broszat und die Historisierung des Nationalsozialismus, in: Henke, Klaus-Dietmar/Natoli, Claudio (Hg.): Mit dem Pathos der Nüchternheit. Martin Broszat, das Institut für Zeitgeschichte und die Erforschung des Nationalsozialismus, Frankfurt am Main, New York 1991, 155–171.

Friedländer, Saul: Das Dritte Reich und die Juden, 2 Bände, München 1998 und 2006.

Friedrich, Jörg: Der Brand. Deutschland im Bombenkrieg 1940–1945, Berlin 2002.

Gassert, Philipp: Das kurze »1968« zwischen Geschichtswissenschaft und Erinnerungskultur. Neuere Forschungen zur Protestgeschichte der 1960er-Jahre, in: H-Soz-Kult 30.04.2010, http://hsozkult.geschichte.hu-berlin.de/forum/2010-04-001.

Gilbert, Shirli: Remembering the Racial State. Holocaust Memory in Post-Apartheid South Africa, in: Eder, Jacob S./Gassert, Philipp/Steinweis, Alan

E. (Hg.): Holocaust Memory in a Globalizing World, Göttingen 2017, 199–214.

Goldhagen, Daniel Jonah: Hitlers willige Vollstrecker. Ganz gewöhnliche Deutsche und der Holocaust, Berlin 1996.

Goschler, Constantin: Schuld und Schulden. Die Politik der Wiedergutmachung für NS-Verfolgte seit 1945, Göttingen 2005.

Graml, Hermann: Probleme einer Hitler-Biographie. Kritische Bemerkungen zu Joachim C. Fest, in: Vierteljahrshefte für Zeitgeschichte 22 (1974), 76–92.

Greschat, Martin (Hg.): Die Schuld der Kirche. Dokumente und Reflexionen zur Stuttgarter Schulderklärung vom 18./19. Oktober 1945, in Zusammenarbeit mit Christiane Bastert, München 1982.

Gross, Johannes: Begründung der Berliner Republik. Deutschland am Ende des 20. Jahrhunderts, Stuttgart 1995.

Große Kracht, Klaus: Der Historikerstreit, in: Docupedia Zeitgeschichte; http://docupedia.de/zg/kracht_historikerstreit_v1_de_2010.

Hammerstein, Katrin: Gemeinsame Vergangenheit – getrennte Erinnerung? Der Nationalsozialismus in Gedächtnisdiskursen und Identitätskonstruktionen von Bundesrepublik Deutschland, DDR und Österreich, Göttingen 2017.

Hartwig, Wolfgang: Denkmal, in: Bergmann, Klaus u. a. (Hg.): Handbuch der Geschichtsdidaktik, 5. Auflage, Seelze-Velber 1997, 747–752.

Hasgall, Alexander: Anerkennung von Unrecht in Transitional-Justice-Prozessen, in: Mihr, Anja/Pickel, Gerd/Pickel, Susanne (Hg.): Handbuch Transitional Justice. Aufarbeitung von Unrecht – hin zu Rechtsstaatlichkeit und Demokratie, Wiesbaden 2018, 27–44.

Hein, Dörte: Virtuelles erinnern, in: Bundeszentrale für politische Bildung (Hg.): Dossier Geschichte und Erinnerung, Bonn 2011, 164–171.

Heitzer, Heinz: »Zeitgeschichte« 1945 bis 1958, in: Zeitschrift für Geschichtswissenschaft 35 (1987), 99–115.

Henisch, Peter: Die kleine Figur meines Vaters, Frankfurt am Main 1980.

Herbert, Ulrich: Best. Biographische Studien über Radikalismus, Weltanschauung und Vernunft 1903–1989, Bonn 1996.

Herf, Jeffrey: Zweierlei Erinnerung. Die NS-Vergangenheit im geteilten Deutschland, aus dem Amerikanischen von Klaus-Dieter Schmidt, Berlin 1998.

Heuss, Theodor: Mut zur Liebe (1949), in: Heuss, Theodor: Die großen Reden. Der Staatsmann, Tübingen 1965, 99–107.

Hodenberg, Christina von: Der Kampf um die Redaktionen. »1968« und der Wandel der westdeutschen Massenmedien, in: dies./Siegfried, Detlef (Hg.):

Wo »1968« liegt. Reform und Revolte in der Geschichte der Bundesrepublik, Göttingen 2006, 139–163.

Jaspers, Karl: Die Schuldfrage, Heidelberg 1946.

Kappe-Hardenberg, Siegfried (Hg.): Die Jalta-Dokumente. Roosevelt, Churchill und Stalin auf der Krimkonferenz im Februar 1945, Leoni am Starnberger See 1987.

Kaschuba, Wolfgang: Geschichtspolitik und Identitätspolitik. Nationale und ethnische Diskurse im Kulturvergleich, in: Binder, Beate/Kaschuba, Wolfgang/Niedermüller, Peter (Hg.): Inszenierung des Nationalen. Geschichte, Kultur und die Politik der Identitäten am Ende des 20. Jahrhunderts, Köln 2001, 19–42.

Keilbach, Judith: Geschichtsbilder und Zeitzeugen. Zur Darstellung des Nationalsozialismus im bundesdeutschen Fernsehen, Münster 2008.

Keneally, Thomas: Schindler's Ark, London 1982.

Kirsch, Jan-Holger: Nationaler Mythos oder historische Trauer? Der Streit um ein zentrales »Holocaust-Mahnmal« für die Berliner Republik, Köln, Weimar, Wien 2003.

Klee, Ernst: »Euthanasie« im NS-Staat. Die Vernichtung »lebensunwerten Lebens«, Frankfurt am Main 1983.

Kleßmann, Christoph: Verflechtung und Abgrenzung. Aspekte der geteilten und zusammengehörigen deutschen Nachkriegsgeschichte, in: Aus Politik und Zeitgeschichte 29–30 (1993), 30–41.

Klüger, Ruth: weiter leben. Eine Jugend, Göttingen 1992.

Knigge, Volkhard: Abschied von der Erinnerung. Zum notwendigen Wandel der Arbeit der KZ-Gedenkstätten in Deutschland, in: Gedenkstättenrundbrief 100, 1.4.2001, 136–143.

Kogon, Eugen: Der SS-Staat. Das System der deutschen Konzentrationslager, München 1946.

König, Helmut: Von der Diktatur zur Demokratie oder Was ist Vergangenheitsbewältigung, in: König, Helmut/Kohlstruck, Michael/Wöll, Andreas (Hg.): Vergangenheitsbewältigung am Ende des zwanzigsten Jahrhunderts, Opladen, Wiesbaden 1998, 371–392.

Kritz, Neil J. (Hg.): Transitional Justice. How emerging democracies reckon with former regimes, Washington, D.C. 1995.

Kroh, Jens: Erinnerungskultureller Akteur und geschichtspolitisches Netzwerk. Die »Task Force for International Cooperation on Holocaust Education, Remembrance and Research«, in: Eckel, Jan/Moisel, Claudia (Hg.): Universalisierung des Holocaust? Erinnerungskultur und Geschichtspolitik in internationaler Perspektive, Göttingen 2008, 156–173.

Kundrus, Birte: Komplexes schreiben. Zur Konjunktur von Tagebüchern in der Forschung zum Holocaust, in: Geschichte in Wissenschaft und Unterricht 70 (2019), 521–531.

Leggewie, Claus/Meyer, Erik: »Ein Ort, an den man gerne geht«. Das Holocaust-Mahnmal und die deutsche Geschichtspolitik nach 1989, München, Wien 2005.

Leide, Henry: NS-Verbrecher und Staatssicherheit. Die geheime Vergangenheitspolitik der DDR, Göttingen 2005.

Levy, Daniel/Sznaider, Natan: Erinnerung im globalen Zeitalter. Der Holocaust, Frankfurt am Main 2001.

Longerich, Peter: Politik der Vernichtung. Eine Gesamtdarstellung der nationalsozialistischen Judenverfolgung, München, Zürich 1998.

Maier, Charles S.: Die Gegenwart der Vergangenheit. Geschichte und die nationale Identität der Deutschen, Frankfurt am Main, New York 1992.

Märtesheimer, Peter/Frenzel, Ivo: Im Kreuzfeuer. Der Fernsehfilm Holocaust, eine Nation ist betroffen, Frankfurt am Main 1979.

Maubach, Franka/Morina, Christina: Historiographiegeschichte als Erfahrungs- und Resonanzgeschichte. Eine Einleitung, in: Maubach, Franka/Christina Morina (Hg.): Das 20. Jahrhundert erzählen. Zeiterfahrung und Zeitforschung im geteilten Deutschland, Göttingen 2016, 7–31.

Meinecke, Friedrich: Die deutsche Katastrophe. Betrachtungen und Erinnerungen, Wiesbaden 1946.

Meinecke, Friedrich: Ausgewählter Briefwechsel, herausgegeben und eingeleitet von Ludwig Dehio und Peter Classen, Stuttgart 1962.

Miquel, Marc von: Ahnden oder amnestieren? Westdeutsche Justiz und Vergangenheitspolitik in den sechziger Jahren, Göttingen 2004.

Mitscherlich, Alexander/Mielke, Fred: Wissenschaft ohne Menschlichkeit. Medizinische und eugenische Irrwege unter Diktatur, Bürokratie und Krieg, Heidelberg 1949.

Mitscherlich, Alexander/Mielke, Fred: Medizin ohne Menschlichkeit. Dokumente des Nürnberger Ärzteprozesses, Frankfurt am Main 1960.

Mitscherlich, Alexander/Mitscherlich, Margarete: Die Unfähigkeit zu trauern. Grundlagen kollektiven Verhaltens, München 1967.

Mitscherlich, Alexander: Ein Leben für die Psychoanalyse. Anmerkungen zu meiner Zeit, Frankfurt am Main 1980.

Möller, Horst: Das Institut für Zeitgeschichte und die Entwicklung der Zeitgeschichtsschreibung in Deutschland, in: Möller, Horst/Wengst, Udo (Hg.): 50 Jahre Institut für Zeitgeschichte. Eine Bilanz, München 1999, 1–68.

Mommsen, Hans: Verordnete Geschichtsbilder. Historische Museumspläne der Bundesregierung, in: Gewerkschaftliche Monatshefte 37 (1986), Heft 1, 13–24.

Naumann, Bernd: Auschwitz. Bericht über die Strafsache gegen Mulka u. a. vor dem Schwurgericht Frankfurt, Frankfurt am Main 1968.

Niethammer, Lutz: Entnazifizierung in Bayern. Säuberung und Rehabilitierung unter amerikanischer Besatzung, Frankfurt am Main 1972.

Pätzold, Kurt: Von der Vertreibung zum Genozid. Zu den Ursachen, Triebkräften und Bedingungen der antijüdischen Politik des faschistischen deutschen Imperialismus, in: Eichholtz, Dietrich/Gossweiler, Kurt (Hg.): Faschismusforschung. Positionen, Probleme, Polemik, Köln 1980, 181–208.

Pohl, Dieter: Der Holocaust in der Gewaltperspektive. Veränderte Perspektiven auf den Holocaust, in: Geschichte in Wissenschaft und Unterricht 70 (2019), 497–511.

Raim, Edith: Justiz zwischen Diktatur und Demokratie. Wiederaufbau und Ahndung von NS-Verbrechen in Westdeutschland 1945–1949, München 2013.

Reemtsma, Jan Philipp: Und auch Opas M.G. Wolfgang Borchert als Veteran, in: Burgess, Gordon J.A. (Hg.): »Pack das Leben bei den Haaren«. Wolfgang Borchert in neuer Sicht, Hamburg 1996, 238–249.

Rehmann, Ruth: Der Mann auf der Kanzel. Fragen an einen Vater, München, Wien 1979.

Reichel, Peter: Politik mit der Erinnerung. Gedächtnisorte im Streit um die nationalsozialistische Vergangenheit, München 1995.

Reichel, Peter: Vergangenheitsbewältigung in Deutschland. Die Auseinandersetzung mit der NS-Diktatur von 1945 bis heute, München 2001.

Reichel, Peter: Erfundene Erinnerung. Weltkrieg und Judenmord in Film und Theater, München, Wien 2004.

Reidy, Julian: ›Väterliteratur‹ als literaturgeschichtlicher Problemfall. Das Beispiel Peter Henisch, in: Focus on German Studies 18 (2011), 69–95.

Rothfels, Hans: Zeitgeschichte als Aufgabe, in: Vierteljahrshefte für Zeitgeschichte 1 (1953), 1–8.

Sabrow, Martin: Das Diktat des Konsenses. Geschichtswissenschaft in der DDR 1949–1969, München 2001.

Salomon, Ernst von: Der Fragebogen, Hamburg 1951.

Schefczyk, Michael: »Als Deutscher unter Deutschen«: Karl Jaspers' *Die Schuldfrage*, in: Konitzer, Werner/Fritz Bauer Institut (Hg.): Moralisierung des Rechts. Kontinuitäten und Diskontinuitäten nationalsozialistischer Normativität, Frankfurt am Main, New York 2014, 189–214.

Scheffler, Wolfgang: Anmerkungen zum Fernsehfilm »Holocaust« und zu Fragen zeithistorischer Forschung, in: Geschichte und Gesellschaft 5 (1979), 570–579.

Schildt, Axel: Abschied vom Westen? Zur Debatte um die Historisierung der ›Bonner Republik‹, in: Blätter für deutsche und internationale Politik 45 (2000), 1207–1218.

Schirrmacher, Frank (Hg.): Die Walser-Bubis-Debatte. Eine Dokumentation, Frankfurt am Main 1999.

Schmid, Harald: Europäisierung des Auschwitzgedenkens? Zum Aufstieg des 27. Januar 1945 als »Holocaustgedenktag« in Europa, in: Eckel, Jan/Moisel, Claudia (Hg.): Universalisierung des Holocaust? Erinnerungskultur und Geschichtspolitik in internationaler Perspektive, Göttingen 2008, 174–202.

Schwarz, Walter: Die Wiedergutmachung nationalsozialistischen Unrechts durch die Bundesrepublik Deutschland. Ein Überblick, in: Herbst, Ludolf/Goschler, Constantin (Hg.): Wiedergutmachung in der Bundesrepublik Deutschland, München 1989, 33–54.

Seuren, Günter: Abschied von einem Mörder. Erzählung, Reinbek bei Hamburg 1980.

Snyder, Timothy: Bloodlands. Europa zwischen Hitler und Stalin, Bonn 2011.

Steinbacher, Sybille: »Räume« der Gewalt. Überlegungen zur Tragkraft eines Konjunkturbegriffs in der Holocaustforschung, in: Geschichte in Wissenschaft und Unterricht 70 (2019), 512–520.

Steitz, Kerstin: Juristische und epische Verfremdung. Fritz Bauers Kritik am Frankfurter Auschwitz-Prozess (1963–1965) und Peter Weiss' dramatische Prozessbearbeitung Die Ermittlung. Oratorium in 11 Gesängen (1965), in: German Studies Review 40 (2017), Heft 1, 79–101.

Sternberger, Dolf: Dreizehn politische Radio-Reden, Heidelberg 1946.

Taylor, Clarence: Contested Visions. African American Memories of the Holocaust, in: Eder, Jacob S./Gassert, Philipp/Steinweis, Alan E. (Hg.): Holocaust Memory in a Globalizing World, Göttingen 2017, 171–186.

Tümmers, Henning: Anerkennungskämpfe. Die Nachgeschichte der nationalsozialistischen Zwangssterilisationen in der Bundesrepublik, Göttingen 2011.

Vogt, Jochen: Er fehlt, er fehlte, er hat gefehlt ... Ein Rückblick auf die sogenannten Väterbücher, in: Braese, Stephan/Gehle, Holger/Kiesel, Doron/Loewy, Hanno (Hg.): Deutsche Nachkriegsliteratur und der Holocaust, Frankfurt am Main, New York 1998, 385–399.

Vollnhals, Clemens (Hg.): Entnazifizierung. Politische Säuberung und Rehabilitierung in den vier Besatzungszonen 1945–1949, München 1991.

Weinke, Annette: Die Verfolgung von NS-Tätern im geteilten Deutschland. Vergangenheitsbewältigung 1949–1969 oder: Eine deutsch-deutsche Beziehungsgeschichte im Kalten Krieg, Paderborn, München, Wien, Zürich 2002.

Weinke, Annette: Die Nürnberger Prozesse, München 2006.

Welzer, Harald: Erinnerungskultur und Zukunftsgedächtnis, in: Bundeszentrale für politische Bildung (Hg.): Dossier Geschichte und Erinnerung, Bonn 2011, 172–179.

Welzer, Harald/Moller, Sabine/Tschuggnall, Karoline: »Opa war kein Nazi«. Nationalsozialismus und Holocaust im Familiengedächtnis, 8. Auflage, Frankfurt am Main 2012.

Werle, Gerhard/Vormbaum, Moritz: Transitional Justice. Vergangenheitsbewältigung durch Recht, Berlin, Heidelberg 2018.

Wildt, Michael: Generation des Unbedingten. Das Führungskorps des Reichssicherheitshauptamtes, Hamburg 2002.

Wildt, Michael: Die Epochenzäsur 1989/90 und die NS-Historiographie, in: Zeithistorische Forschungen/Studies in Contemporary History 5 (2008), 349–371.

Wippermann, Wolfgang: »Deutsche Katastrophe«. Meinecke, Ritter und der erste Historikerstreit, in: Bock, Gisela/Schönpflug, Daniel (Hg.): Friedrich Meinecke in seiner Zeit. Studien zu Leben und Werk, Stuttgart 2006, 177–191.

Wissenschaftliche Dienste des Deutschen Bundestages (Hg.): Die Verankerung des Themas Nationalsozialismus im Schulunterricht in Deutschland, Österreich, Polen und Frankreich, Berlin 2018.

Wojak, Irmtrud: Fritz Bauer 1903–1968. Eine Biographie, 2. durchgesehene Auflage, München 2009.

Wolfrum, Edgar: Geschichtspolitik in der Bundesrepublik Deutschland. Der Weg zur bundesrepublikanischen Erinnerung, Darmstadt 1999.

Zimmer, Hasko/Flesser, Katja/Volmer, Julia: Der Buchenwald-Konflikt. Zum Streit um Geschichte und Erinnerung im Kontext der deutschen Vereinigung, Münster 1999.

Personenregister

T

U

V

W

Z

Abbildungsnachweis